HISTÓRIAS DE CAPTURA: INVESTIMENTOS MORTÍFEROS NAS RELAÇÕES MÃE E FILHA

CONSELHO EDITORIAL

André Costa e Silva

Cecilia Consolo

Dijon de Moraes

Jarbas Vargas Nascimento

Luis Barbosa Cortez

Marco Aurélio Cremasco

Rogerio Lerner

Blucher

HISTÓRIAS DE CAPTURA:

INVESTIMENTOS MORTÍFEROS NAS RELAÇÕES MÃE E FILHA

Ana Cláudia Santos Meira

Histórias de captura: investimentos mortíferos nas relações mãe e filha
© 2021 Ana Cláudia Santos Meira
Editora Edgard Blücher Ltda.

Imagem da capa Mariza Carpes. *A menina em 1920*, 2017.

Publisher Edgard Blücher
Editor Eduardo Blücher
Coordenação editorial Jonatas Eliakim
Produção editorial Villa d'Artes
Preparação de texto Lilia Nunes
Diagramação Villa d'Artes
Revisão de texto Vânia Cavalcanti
Capa Leandro Cunha

Blucher

Rua Pedroso Alvarenga, 1245, 4º andar
04531-934 – São Paulo – SP – Brasil
Tel.: 55 11 3078-5366
contato@blucher.com.br
www.blucher.com.br

Segundo o Novo Acordo Ortográfico, conforme
5. ed. do *Vocabulário Ortográfico da Língua
Portuguesa*, Academia Brasileira de Letras,
março de 2009.

É proibida a reprodução total ou parcial por
quaisquer meios sem autorização escrita da
editora.

Todos os direitos reservados pela Editora Edgard
Blücher Ltda.

Dados Internacionais de Catalogação
na Publicação (CIP)
Angélica Ilacqua CRB-8/7057

Meira, Ana Cláudia Santos

Histórias de captura : investimentos mortíferos nas relações mãe e filha / Ana Cláudia Santos Meira. –- 1. ed. -- São Paulo : Blucher, 2021.

356 p.

Bibliografia

ISBN 978-65-5506-139-0

1. Psicanálise 2. Relação mãe e filhas - Psicanálise 3. Psicanálise freudiana 4. Família e psicanálise I. Título

21-4260 CDD 150.1954

Índice para catálogo sistemático:
1. Psicanálise

A minha Mãe
e a meu Pai,
aqueles
que teceram
meus primeiros fios...

Argumento da capa

"A menina em 1920": este é o nome da obra, cuja imagem foi generosamente cedida para a capa deste livro, e ela tem uma história, ou muitas. Tem uma pré-história que ignoramos: eu, autora do livro aberto por ela; Mariza Carpes, artista que encontrou, em uma viagem a Nova York – terra estrangeira –, a foto que foi tirada justamente em 1920. Da data da foto até o encontro de Mariza com ela, 70 anos se passaram. Do encontro com a foto até o momento em que a retrabalhou – já de volta à sua terra-natal –, mais 27 anos se seguiram. No correr de todo esse tempo, um século de gerações de meninas, de jovens e de mulheres teve suas histórias registradas em fotos, em quadros, em arte, em escrita e, certamente, no interior de cada uma.

"Digo de onde venho" é o nome da exposição em que conheci esse trabalho. Na exposição de nome tão rico de significado, Mariza Carpes compartilha muito: quadros, peças, desenhos, assemblagens, montagens, fotos e vídeos de suas histórias e, nelas, um tanto da história de sua mãe e da história que elas compartilharam, um tanto perto, outro tanto longe, a uma distância em que a filha pequena sentava-se e observava o universo em que a mãe transitava por entre máquinas de costuras, manequins, moldes, carretéis de linhas, botões.

Sua história com essa mãe que foi costureira encontra a minha história com minha mãe que também foi costureira, uma feliz coincidência. A partir delas, vamos nós dando conta e dando ponto e vamos, como nossas mães, juntando um ponto e outro: Mariza em suas obras, eu em minha escrita. Vamos unindo, ligando e compondo, descompondo, recompondo e recontando. Veste, investe, desinveste, reinveste e desveste, desnuda: a nossa alma e a do outro.

Quando pequenas, olhávamos; hoje, mostramos e damo-nos a ver, a olhar. Então, olhando hoje a obra de Mariza, para além da primeira imagem da menina pequena que posa para a foto, nosso olhar vai aos poucos enxergando outras composições: no interior de seu corpo, ela carrega outra menina e dois vultos, seus antepassados, seus passados e os passados de tantas outras mulheres que habitam cada uma de nós e, por vezes, nos prendem como o grampo de cabelo também presente na cena.

É disto que trata o livro: dos encontros entre mães e filhas, porém, não o mais amoroso encontro, pelo contrário; trata-se de encontros mortíferos – na verdade, da impossibilidade de um encontro de fato – entre uma mãe que tem o olhar voltado para si mesma e uma filha sem poder, por isso, contar sua história em primeira pessoa.

Obrigada, Mariza, por tua história contada e mostrada, (re)encontrada e (re)trabalhada com tua mãe, com tua arte, com esta foto, com esta obra. Obrigada por este presente e por nosso encontro.

Digo agora para onde vou.

Conteúdo

Apresentação ... 11

1. Uma ou duas palavras para começar ... 19

2. Os melhores desenvolvimentos a partir da relação mãe-bebê ... 31

3. Investimentos narcísicos: berço esplêndido do Eu Ideal ... 49

4. Um trajeto do Eu Ideal ao Ideal do Eu ... 67

5. A história antes da história: quando a mãe fálica era filha ... 89

6. A mãe fálica das histórias de captura ... 107

7. Do incestuoso edípico ao incestuoso pré-edípico ... 123

8. Nuances das histórias de captura: mães fálicas, mães narcisistas ... 149

9. O pai da horda primeva não é pai, é mãe ... 165

10. "O pai que nunca esteve lá não estava lá" ... 183

11. Pátria mãe gentil: lealdades e obediências ... 199

12. Esse ambíguo desejo de *fusãoseparação* ... 223

10   CONTEÚDO

13. Difíceis, mas necessárias inconfidências   241

14. (Des)Enlaces entre investimentos e pulsões nas histórias
de captura   255

15. As aberturas possíveis da análise: projetos de autonomia   283

16. Análise: da função materna para terras estrangeiras   307

17. (Re)Construções de caminhos: por quais
terrenos andamos?   323

18. Uma ou duas respostas para seguirmos vivos   337

Referências   349

Apresentação

Recebi com muita alegria o convite para fazer esta apresentação. Muitos dos leitores do livro que agora é oferecido publicamente já conhecem, como eu, sua autora, Ana Cláudia Meira e sua relação com as palavras, com a escrita, com os livros. Muitos também, assim eu o desejo, passam a conhecê-la neste momento, com esse lançamento. Ato de seiva, de ousadia e de força de quem se enfrenta com o texto freudiano. Torná-lo vivo é compromisso ético do psicanalista. Transformar a clínica em escrita é tarefa que requer muito empenho e coragem.

O convite, acredito, entrelaça os livros, a psicanálise, mas, sobretudo, pequenos núcleos de aproximação ao longo de dezenas de anos de conhecimento. Vivências de longa duração, atadura de afetos e memória, lembrança do vivido. Conheci Ana Cláudia no curso de graduação da então Faculdade de Psicologia da PUCRS, quando se inicia uma convivência, primeiramente assimétrica, sustentada na relação professora/aluna. Após a formalização desse primeiro tempo, acadêmico, da sua titulação como psicóloga, de sua saída dos bancos universitários, somente a reencontrei em sua primeira instituição de formação, neste tempo de Psicoterapia Psicanalítica. Formação que acontece em paralelo a sua determinação de ser também uma psicóloga concursada, que exercia suas atividades em um dos maiores conglomerados hospitalares de nossa cidade.

Reinicia-se aí, um outro modo de relação, de acompanhamento de sua trajetória profissional que passaria pela supervisão e estudos teóricos, pelo acompanhamento de sua clínica e de suas opções profissionais. Escolhas essas inerentes ao próprio movimento de passagem de quem se inicia em um ofício até a apropriação de um lugar, por mais transitório que possa e deva ser. Da assimetria inicial, constituiu-se, pouco a pouco, uma ligação pautada na troca, nas contribuições recíprocas. Acompanhei de perto sua incursão, uma vez mais, no meio acadêmico, mestrado e doutorado, sua dedicação a órgãos de classe e a realização de suas oficinas de escrita. Desta construção de idas e vindas, de mergulhos e convicções de que seu lugar havia sido alcançado, a formação em psicanálise é um destino enfim alcançado e usufruído. E são muitos os enlaces, muitos foram e muitos os serão.

Retomo o afirmado. Essa apresentação evoca ser partícipe da trajetória de uma jovem estudante de psicologia até o hoje, psicanalista e autora de seu segundo livro, o primeiro oriundo de seu mergulho na teorização de sua clínica psicanalítica e em um tema que elege como objeto de estudo a partir dela. Acolher o desejo de estar junto desse novo lançamento deu-me alegria, mas não surpresa, pois posso pensar que ele representa um pouco essa conexão. Dá sentido ao convite também a temática que nos é cara, e nos aproximou em muitas ocasiões, como quando da realização de minha dissertação de mestrado.

O livro, como a liberdade em espaços de troca, admite o partilhamento de ideias, o simbolizar de experiências. Espaço de resistência à barbárie, pode fazer uma função analítica, transformando o selvagem em civilizado. Oportunidade de deslocamento, de enfrentamento das adversidades da vida, de ampliação do repertório com o qual buscamos nos entender a nós mesmos. Nossa escrita pode atenuar o que de mais selvagem está em nosso inconsciente, pode dar ordem ao nosso caos psíquico. A tragédia pode ser palco do trágico que nos habita.

Há possibilidade de que, pela leitura, possamos fazer escoar nosso darwinismo social, nossa misoginia, o horror às diferenças, o tornar sintoma o que é exercício de cidadania, o desejo de apoderamento do outro, infundindo-lhe medo. Desejosa de que essa apresentação se torne datada na ênfase de que a palavra seja recurso para não colocarmos em ato, como tem sido, a violência que vivenciamos nesse momento político, retorno à escrita de Ana Cláudia e o encontro com a clínica, e a possibilidade de dar forma, através da palavra, à angústia do não saber.

A escrita é uma possibilidade de busca de novas experiências, quando a falta se apresenta; uma oportunidade de experimentar e reexperimentar infinitas leituras do texto que nos inaugura como psicanalistas. A angústia do erro, da preocupação em não ser fidedigna, que assola muito frequentemente quem se arrisca a atualizar o texto das nossas origens, em sua escrita, precisa ser enfrentada como o risco do mergulhar em um novo, na convocatória da leitura e do trabalho psicanalítico. Cito a própria autora em seu livro inaugural, fruto de sua tese de doutoramento:

> ...desejo que encontrem, não exatamente nas páginas dele [seu livro], mas através das páginas dele, o que em si mesmos toca, mobiliza, impacta, para que, identificados os entraves, as resistências e as dificuldades, possam sair deles e aproveitar as melhores partes deste processo de se fazer falar, de dar voz ao que, sem a escrita, talvez quedasse em silêncio (MEIRA, 2016, p. 21).

14 APRESENTAÇÃO

A atualização do texto fundante da Psicanálise nos assegura que nunca a Psicanálise, sua teoria, será um saber que envelhece e morre, uma vez que se ocupa do humano. O clássico não fica velho, é sempre contemporâneo e se atualiza enquanto o lemos. O percurso da escrita convoca quem escreve a ser autor de si mesmo, ampliando sua força disruptiva e acolhendo o chamamento para a singularização da sua leitura sem a arrogância de atribuir a si a descoberta de algo que sempre ali esteve. O jogo que nos constitui sujeitos civilizados: autonomia e respeito ao outro. Segundo Belon, "um contemporâneo é um livro que nunca terminou de dizer aquilo que tinha para dizer ou não assegura a sua contemporaneidade, já que ela é irmã de sua permanência, do valor de sua leitura sempre retomada".

Volto-me agora ao que de específico o livro de Ana Cláudia nos oferece. Uma história clínica como mote, um deslizamento de um tema contundente do nosso cotidiano da prática psicanalítica, da nossa escuta. Um passeio por capítulos que nos inquietam e nos acalmam. A atemporalidade da temática, o contemporâneo do que é clássico porque humano, é apresentada por Ana Cláudia, ensejando pensar sobre como uma filha pode parir, em análise, sua mãe. Mãe que ela descreve de modo incisivo, aquela a quem não escolhemos, que nos é dada pelo fortuito do acaso.

Tomo duas palavras para ir encerrando: Mãe e filha.

Encontro-me, na crônica *Ultra aequinoxialem non peccari*, escrita por Eduardo Giannetti, com a expressão *não há pecado ao sul do Equador*, verso tornado popular por Chico Buarque e Ruy Guerra na canção escrita para a peça *Calabar, o elogio da traição*, censurada integralmente e impedida de ser apresentada pela Ditadura que se iniciou no Brasil em 1964. Sempre a escutei como um libelo – um grito de quem quer tomar para si o direito a usufruir do que até então era vetado:

"Não existe pecado do lado de baixo do Equador
Vamos fazer um pecado rasgado, suado, a todo vapor
Me deixa ser teu escracho, capacho, teu cacho
Um riacho de amor
Quando é lição de esculacho, olha aí, sai de baixo
Que eu sou professor".

A autoria do verso, no entanto, remonta, segundo me deparo ao ler Gottfried M. Heuer, no livro *Otto Gross, por uma Psicanálise Revolucionária*, ao modo como os europeus trataram o sul do Equador desde que, supostamente, descobriram as Américas, sobretudo do Sul e Central, com o consentimento da Igreja. É permitido, teria dito o Papa Alexandre VI, cometer qualquer atrocidade, matar milhões de nativos dessas terras ao sul, escravizá-los em um ato genocida da alma, importar doenças que os dizimassem, uma vez que a Igreja, conivente com as crueldades, não consideraria pecado tal violência contra povos não cristãos, portanto, inumanos.

Euclides da Cunha e Sérgio Buarque referem o mesmo axioma, respectivamente em *A Margem da História* e *Raízes do Brasil*, inspirados, imagino, no que Barlaeus, teólogo humanista, morto em 1648, escreveu: *Como se a linha que divide os hemisférios separasse também a virtude do vício.*

É sobre esta questão que Ana Cláudia se debruça em seu livro, impactada com outra linha: a que oferece direito de posse de uma mãe sobre sua filha, sem que essa possa se despregar por não lhe ser atribuído o direito à existência. Tendo como ponto de partida o texto freudiano, o grito das histéricas por uma escuta de suas singularidades, de suas erogeneidades desde o sul do Equador, do não direito ao desejo e, portanto, à vida em sua essência do humano, os capítulos nos direcionam ao apoderamento das mães narcísicas em relação a suas filhas.

Escreve a autora: "no mergulho feito e proposto neste livro, interessa-me compreender, em especial, a qualidade de investimento pulsional das mães dirigida às filhas no que aqui nomeio como *histórias de captura*". Mães que afirmam serem únicas para suas filhas, não tolerando um desejo de singularização e despedida da sua condição fundante, não suportando o desfazer-se da mítica em torno do duplo vivido como idêntico, da irrealidade da união idílica, da inexistência de uma relação perfeita, conforme as palavras da autora.

A sina é permanecer no simulacro da condição fundante, quando a mãe, aquela da ação específica, faz com que a criança, a do desamparo, conheça o mundo exclusivamente a partir de sua intermediação, deixando-lhe as marcas de suas expectativas. Se é por aí que o aparelho psíquico vai se constituindo, a partir da intimidade dessa relação, a mãe dominada pela certeza do idêntico não se deixa atravessar pela castração; não tem elaborada a dor de reconhecer que a filha não lhe pertence para sempre, que não é idêntica, apenas semelhante, em uma alusão ao tão bem esclarecido por Freud, ao referir-se ao complexo do semelhante em seu *Projeto Para uma Psicologia Científica*.

A consideração necessária que é preciso oferecer à precocidade, à anterioridade desse tempo, levou Freud (1931) a fazer uma analogia, bela e real, com a anterioridade da civilização minoico-miceniana por detrás da civilização grega. No entanto, é fundamental abrir espaço para o novo, para um mundo que vá além dessa relação primitiva.

Que força a menina/mulher, tomada por Ana Cláudia como protótipo da questão clínica anunciada no título de seu livro, necessita fazer para voltar os olhos para outro lugar que não a mãe? Quantos motivos são preciso achar para dar a si mesma sustento para essa força que, via de regra, já é uma tarefa de difícil alcance, mesmo quando a mãe não é a *mãe da captura*?

Groddeck nos ajuda a pensar, embora conceitue mãe como a que gesta. Indaga – e afirma, simultaneamente – como contrapor--se a essa mãe que captura, uma vez que é nesse ventre que se forma a criança, que ela vive nove meses, cresce e amadurece. Nunca mais o ser humano manterá com outro ser uma relação de proximidade equiparável à relação com a mãe durante a gestação. Deve-se o desejo de amar e de ser amado à capacidade de amar, portanto, a esse período de intrínseca união.

A ideia da "mãe" como primeira marca psíquica domina a vida sentimental nas relações com os demais. Sobretudo quando a mãe a quem Ana Cláudia escuta por intermédio de sua paciente é a mãe não castrada, a mãe tóxica, a mãe que tem seu prazer no apoderamento de sua filha, no desconsiderá-la em sua condição de ser sujeito de sua própria vida. Ela busca análise e encontra uma analista que pode ser alocada no lugar de parir um novo modo de estabelecer vinculações, novos caminhos, uma fala libidinizada.

Outras falas, outra leitura, é a convocatória do livro que agora vem a público.

Denise Costa Hausen

1. Uma ou duas palavras para começar

> *Escrevo na esperança*
> *de que as palavras me libertem do sangue.*
> *Do corpo da mãe. Mas, e se não existir eu*
> *além dessa mistura de carnes de mãe e filha?*
> *Me sinto deslizar para o burco negro do corpo dela,*
> *onde sou cega e minha faca esgrima no ar*
> (BRUM, 2011, p. 16).

Como começamos? Não sei exatamente em que momento comecei a me interessar pelo tema das relações primitivas entre mãe e filha. Eu já escutara incontáveis histórias em conversas com amigas, já observara em cenas de famílias, de livros e de filmes; não são poucas. Mas o momento em que se tornou premente que eu mergulhasse nele, quando ele se apresentou ao vivo, foi quando tive em análise uma pessoa em especial, uma jovem cujo caso, tão pesado e difícil, colocou-me a pensar, supervisionar, analisar, estudar e, por fim, convocou-me a escrever. O primeiro trabalho que escrevi sobre esse assunto deu início, em 2012, a uma viagem sem volta e sem respiro, por uma temática tão impactante como esta: dos investimentos mortíferos.

Então, diria que o interesse por esse tema surgiu desde o meu lugar de analista, na escuta de sofrimentos – ou, como muitas vezes vem, de uma ausência de sofrimento –, uma sensação de vazio, de apatia, de inexistência, uma falta de sentido, uma falta de sentir, uma impossibilidade de um viver mais livre. Diria que o interesse por esse tema nasceu da clínica, fonte tão rica daquilo que, na teoria, está registrado com palavras; essa clínica tão viva e que, paradoxalmente, me levou a estudar o tema do mortífero nessas relações iniciais, a primeira de nossa história.

Também poderia dizer que o interesse por esse tema se impôs quando li o livro *Uma/Duas*. Eliane Brum, a autora, escreve o que poderia ser uma narrativa no divã, de anos de uma análise profunda, e o faz de forma extraordinária, ao mesmo tempo, contundente e admirável. O livro é composto por uma história de morte e de vida, por uma relação de mágoas e amarrações, de ressentimentos e impossibilidades, de sangue e ódio. Não é fácil lê-lo: a angústia que desperta faz, a um só tempo, querer parar de ler – dado o efeito que causa – e *não poder* parar de ler, tamanho o arrebatamento que provoca. É nesse paradoxo e com essa mistura de sentimentos e movimentos, que me vi tragada por uma leitura violentamente fascinante. A narrativa carregada de emoção deixou-me impactada, pela intensidade do relato, absolutamente vivo e aterrador.

Mas, para ir mais longe, talvez no *ponto zero* de meu interesse, eu tenha que retroceder muitos anos e dizer que é possível que o interesse por esse tema tenha vindo do berço, esse lugar onde todos nós estivemos, berço como matéria e também em seus mais ricos significados simbólicos, com tudo aquilo que, nele, recebemos de nossos pais, em especial de nossa mãe.

Então, é provável que o interesse por esse tema esteja presente desde sempre, desde que sou filha de uma mãe – como todos, porque ainda que nem todos sejam mães ou pais, todos somos filhos e filhas de alguém. É bem possível, pois, que vindo desde lá, ele só tenha *despertado* agora, tantos anos depois, tantos caminhos depois, tantos encontros depois, até o tempo em que fui me tornando uma analista que escuta e, tomando emprestada uma passagem de outro livro de Eliane Brum (2014), uma *escutadeira que conta. E conta. Para contar.*

Destes inícios, nossas nascências...

Somos todos povoados de histórias que vivemos desde que chegamos a este mundo, mas também de histórias que não datam do dia do nosso nascimento, que não são nossas. São histórias que nos antecederam, mas que deixaram marcas feitas como marca d'água, ou feitas a ferro e fogo, depende da sorte ou do azar que tivemos.

Sorte ou azar, porque não escolhemos onde, nem quando, nem por quem fomos gerados; mãe e pai, não escolhemos classe social, época, ou local para nascer. Resta-nos aceitar, mas não sem ter algum trabalho. Ante essa total falta de livre-arbítrio em nossos inícios, Freud (1909) já identificava que é comum acreditarmos na fantasia de que existem outros pais – nossos, então, *verdadeiros* pais – em vários aspectos preferíveis e superiores que os reais. Tal fantasia viria ocupar o vazio deixado pela desilusão com a descoberta de que nem nosso pai nem nossa mãe são exatamente como gostaríamos.

Todavia, Freud (1909) revela o motivo mais essencial de tal substituição: "todo o empenho em substituir o pai verdadeiro por um mais nobre é apenas expressão da nostalgia da criança pelo tempo feliz perdido" (p. 424). É uma forma de dar as costas aos pais do presente, para voltarmo-nos aos pais como figuras de confiança e apoio dos primeiros anos de vida. Esta fantasia é, então, "expressão do lamento de que aqueles tempos felizes tenham passado. Portanto, a superestimação dos primeiros anos da infância vigora de novo nessas fantasias" (p. 424). Logo, é com insistência que tentaremos recuperar tudo aquilo que acreditamos ter vivido, buscando vida afora, desejando reaver ou ansiando restaurar o que não temos mais. Se é que um dia tivemos...

Na vida real, nossos pais são estes que o destino providenciou, uns bons, outros nem tanto. E cada um sabe a dor e a delícia de ter os pais que tem ou teve. Mesmo que nenhum deles tenha sido *tudo isso*, e que saibamos que nenhuma família, de nenhum lugar, faz jus à imagem idealizada de nossos devaneios, vamos tratar de realizar o melhor negócio com isso que nos foi dado. "O que herdaste de teus pais, apropria-te para fazê-lo teu", já foi pronunciado mais de dois séculos atrás. Das melhores e das piores heranças, teremos o resto da vida para dar o melhor encaminhamento e destino, para ver o que fazer com cada bem recebido, também com cada mal recebido.

Apropriar-se de si é tarefa de todos, e não é fácil para ninguém. Saber quanto somos habitados por um outro, muitos outros, e o quanto sobrou de espaço livre para sermos habitados por nós mesmos, é tarefa essencial. Mesmo quem conseguiu chegar a ser um neurótico já não enfrenta pouca coisa para que ter o reconhecimento alheio seja menos importante do que ter uma vida própria. Com muita frequência, esta conquista se faz a duras penas, às vezes com alto custo: sofremos muito, perdemos muito, pensamos muito, e serão muitas as horas passadas em um divã tentando dar conta daquilo que sentimos até hoje nos atrapalhar, dificultar, incomodar. Mas, com sorte, no campo da neurose, *gastaremos com lágrimas e palavras*, no dizer de Nasio (1997), nossas dores e lograremos transformar dentro de nós o que tanto nos tenha feito sofrer.

Certo é que todos nós vivemos, passamos e sofremos cada uma das fases, dos investimentos, das projeções e introjeções, dos movimentos psíquicos de nossos pais. Na relação inaugural do desenvolvimento, a relação com a mãe não será única a apresentação dos meandros de uma configuração tão delicada. Somos, de saída, afetados pelos mesmos embates, impasses e dramas; o que muda e confere riqueza é que, para cada um, será em graus diferentes e singulares. Escutaremos proibições, determinações, definições, mandatos e desígnios que serão pronunciados em diversos níveis e em vários tons de voz. Então, teremos que pensar na imagem de um espectro, para entender que, de diferentes formas e com roupagens diversas, todos viveremos *na pele* algo da luta entre o amoroso e o mortífero nas primeiras relações.

Para quem pôde chegar até a fase edípica, mesmo que não tenha logrado renunciar a ele, o divã analítico será porto para as frustrações, as dores e os dramas de uma ordem. Nestes casos, teremos histórias com três personagens para escutar, e as lembranças recuperadas pelo analisando terão um *quantum* maior de pulsão sexual, colorindo as tramas nas quais ele esteve enredado. Todavia, não é só a neurose que povoa nossas salas de análise. Contudo, no complexo terreno das ligações com os pais, com suas intrincações, não é dos melhores encontros que falaremos neste livro; não é das mães mais amorosas, nem dos pais mais presentes, nem dos casais parentais que foram capazes de se debruçar com as maiores apostas e com um investimento libidinal objetal sobre sua prole, e que foram capazes, ao mesmo tempo, de manterem suas vidas como casal e como indivíduos.

Também não é de histórias com pais e mães que garantiram as condições para que os filhos chegassem até a fase fálica em seu desenvolvimento psicossexual, e vivessem a conflitiva edípica com a coragem que os embates dessa etapa demandam. O sujeito de quem falaremos aqui ainda não está se havendo com a questão das fantasias, de desejos e proibições; para isso, ele teria que ter um Eu mais constituído; essa pessoa que nos busca em momentos mais de vazio do que de conflito, ainda se vê às voltas com sua constituição inicial.

No mergulho feito e proposto neste livro por esse tempo inicial, busco compreender, em especial, a qualidade de investimento pulsional das mães dirigida às filhas, no que aqui nomeio como *histórias de captura*. Nelas, o que parece rogar por uma escuta é algo das mais iniciais e silenciosas relações com o primitivo objeto. É em uma história assim, de captura, que esteve aprisionada minha analisanda, aquela que mencionei antes. Psiquicamente encarcerada por uma mãe que a tomou para si e que nunca a deixou partir, ela teve de romper a relação e ir fisicamente para longe. Foi essa direção contrária que a trouxe até a análise. O que fomos descobrindo lá, no entanto, é que – embora há muitos anos sem falar com a família de origem – ela seguia absurdamente enredada nas mais apertadas amarras de uma história que lhe foi imposta e pela qual ela vinha pagando com a própria vida, não com a morte da vida do corpo, mas com a morte da vida psíquica.

Assim como ela, na clínica dessas histórias, pensaremos na trama que se faz ver na análise dessas pessoas que nos buscam com padecimentos severos, desesperos, agonias, inviabilidades, transtornos alimentares, atuações graves, doenças psicossomáticas; que nos chegam desvitalizadas, desistidas, esvaziadas, reféns, desoladas, em pânico, com a alma em carne viva e, ao mesmo tempo, com tanta morte, a alma. Recebemos filhas que sofreram – por parte da mãe – confusas declarações de um cuidado desmedido, ditos sobre o amor sentido por quem lhes trouxe ao mundo ou quem as criou, sérias imposições, severos impedimentos, chantagens emocionais, ameaças mais ou menos veladas, duras palavras, duplas mensagens.

Da análise de casos como o dessa analisanda, com tantas condutas autodestrutivas, com um intenso ataque ao próprio corpo e às conquistas que duramente pôde fazer ao longo de seus 40 anos de idade, vemos que um investimento de qualidades mortíferas da mãe fez a filha ser portadora de uma história de terror, com um enredo dramático e poucos enlaces, de contornos tanáticos e escassas possibilidades, uma dinâmica complicadíssima, uma vida sendo subtraída pela figura materna e recoberta de uma morte simbólica, mas não simbolizável.

As mães que essas filhas nos apresentam estiveram imersas em processos não vividos, conflitos não assimilados, lutos não elaborados e questões familiares não resolvidas. Com entraves inconscientes não transpostos, seu narcisismo encontrou refúgio naquela a quem deram à luz; são mães que tomam a filha como propriedade sua, para usufruto seu até o fim de seus dias. Pensemos, então, no que se põe em cena no palco da história dessas duas mulheres – mãe e filha – e tantas outras antes delas, cada mãe e cada filha, elos dessa trama tão feminina.

Tais histórias não são sempre evidentes ou claras. Muito acontece no interior das casas, na privacidade dos lares e das relações, muitas motivações explicam o excessivo zelo de um amor supostamente incondicional, muito se disfarça na extrema dedicação de uma mãe. Pronunciado em tom ambíguo e de difícil discriminação, a frase "é para o teu bem" pode guardar as melhores intenções de genitoras que orientam e educam, mas também pode vir para lembrar que a mãe é detentora do poder e do saber sobre a criança que a ela está submetida.

Não raro escutamos da mãe de alguém (e, às vezes, das nossas próprias), quando essas histórias nos chegam, frases contundentes: *Tu és tudo pra mim! Somos só eu e tu... Ninguém te ama mais do que eu! Uma mãe é a melhor amiga que uma filha pode ter...*

Não existe amor maior do que o amor de uma mãe!; afirmações com tom de acusação: *Dei minha vida por ti! Tu vais me matar deste jeito! Se saíres por essa porta, não voltas! Tu queres me enlouquecer! Não foi pra isso que te criei! Tu vais ver o que vai te acontecer lá...*; ou pesadas perguntas: *Vais deixar a mãe sozinha?! Fiz tudo por ti, e é assim que retribuis?! Esqueceste que tens mãe?! E eu, vou ficar aqui abandonada?!.* Conforme a entonação com que são proferidas, conforme o peso que carregam, conforme a ameaça que encobrem, conforme a mãe que as diz e conforme a filha que as ouve, é muito, muito difícil fazer frente a elas; às vezes, é impossível para uma filha desconsiderá-las e acreditar que é possível crescer, desejar e fazer as próprias escolhas, sair e trilhar o próprio caminho.

Nestas relações que, muitas vezes, *parecem* estar no campo de uma neurose – mas que certamente não são – temos um espectro de larga extensão, ao longo do qual se localizam vários pontos até onde puderam evoluir ou onde ficaram detidos estes enredamentos. Encontramos, nesse espectro, apresentações diversas dessa mesma dinâmica, em uma ampla variação que é própria de cada dupla que se forma. Logo, temos que conjugar no plural as histórias de captura e os investimentos mortíferos feitos de modo mais ou menos intenso, com um maior ou menor *quantum* de pulsão sexual ou de pulsão de morte, e um investimento mais narcísico ou mais objetal compondo a cena.

Na ponta superior do espectro, com um colorido mais libidinal, encontraremos filhas divididas entre o encantamento de seguir sendo *tudo* para a mãe e a sensação de aprisionamento que é ficar neste lugar da ilusão de ser *uma só* com ela. Em um determinado ponto da vida, elas conseguem perceber que, nessa estranha mistura entre pulsão de morte e pulsão sexual, mais perdem do que ganham e, mesmo com bastante dificuldade, vêm em busca de análise com mais conflitos e angústias.

Na ponta inferior desse espectro, com um tom escurecido pelo tanático, encontraremos filhas que não se sentem nem autorizadas nem habilitadas a seguir um percurso que não seja aquele que as leva sempre de volta aos braços da mãe. Será com muita dificuldade que elas buscarão análise, já que a análise é uma *outra* via, um outro caminho, um outro objeto. Mais comumente, elas virão trazidas por alguém, encaminhadas por um médico, ou pela escola, ou por alguém de suas parcas relações que não consegue assistir impotente às cenas de uma filha capturada por sua mãe. Elas, porém, sentem-se quase sem forças para lutar contra isso e, por vezes, sequer enxergam o estado em que estão, mergulhadas que estão, aprisionadas que estão.

Nas histórias de captura, uma filha é feita cativa de uma mãe que não reconhece a diferença de gerações nem a castração e constitui com sua filha um circuito fechado. Uma relação assim mantida dual impede que qualquer caminho seja percorrido por essa que nasceu e que deveria poder ganhar mundo. Então, para além do que – no desenvolvimento corrente – seriam os desejos inconscientes dessa filha de ficar, será a mãe que roubará não só a cena, como a fala da personagem feita aí figurante de uma história que não pode ser sua; o protagonismo, nesses casos, é mantido por aquela que deveria retirar-se ao deixar a luz para quem cresce. Mas não. Essa mãe impor-se-á com proibições contundentes e impedimentos massivos de difícil desconstrução ou abalo.

Para ilustrar essa complexa dinâmica e o que fica impedido de acontecer quando uma relação dessa qualidade se impõe, a clínica vem emprestar voz a seus estranhos enredos. Mas também nos acompanhará ao longo deste livro a voz de Laura, personagem do livro *Uma/Duas*, que fala de forma dramática e intensa sobre a pesada relação com Maria Lúcia, a mãe que ela foi obrigada a rever depois de anos afastada, depois de nunca separada. Pela boca de Laura, Eliane Brum expõe essa dinâmica das histórias de captura em sua apresentação mais primitiva e violenta. Ela descreve o fracasso do movimento que deveria permitir ao bebê, naturalmente, ir adquirindo a autonomia necessária para ver-se despregado da promessa de completude e perfeita união com a mãe das mais precoces etapas.

Como recurso estético, a primeira edição do livro foi escrita com letras cor de laranja, quase vermelha, como o sangue esparramado na cena que põe mãe e filha novamente em contato: uma tentativa de suicídio da primeira, que mais parece uma estratégia bem sucedida de prender Laura mais uma vez dentro de si, de onde nunca pôde se libertar, ainda que a geografia as tenha mantido distantes por anos. Ou como o sangue que escorre dos muitos cortes que essa filha fez em seu corpo – *tentativas de separar-se do corpo da mãe*, explica. É disso que fala *Uma/Duas*: de uma história de captura, de claustro em que habita essa dupla[1] inseparada. Fala do momento de um reencontro que não era possível, já que nunca houve uma separação, já que nunca houve um encontro de fato. No tempo narrado no livro, elas estão novamente habitando as mesmas quatro paredes de uma relação em que *duas* são *uma*. *Minhas mãos da mãe*, é como a filha retrata essa indiscriminação.

Laura ganha voz por meio da escrita, uma voz que nunca teve. Era da mãe, em sua onipresença, a única voz ouvida naquele apartamento fechado, naquela cama para a qual atraía sua filha. Para completar a cena, sem voz para fazer-se presente, o pai de Laura sucumbiu ao império materno. Um dia, *aquele homem que nunca esteve lá, não estava lá*. Exilado por quem nunca foi uma esposa, não teve força para salvar a filha das garras e dos tentáculos que ela via na mãe. Sozinha, a menina não foi capaz de outra coisa

---

1 A própria palavra "dupla" é interessante e representa bem a complexidade deste fenômeno, pois ela indica ao mesmo tempo, a existência de duas pessoas (que formam esta dupla), mas a palavra é uma só: é *uma* dupla, singular.

que não se render, e levou alguns anos até que pudesse partir daquela casa. Partir, mas com a mãe amarrada em seu corpo e agarrada a sua alma, por um parto que não pôde ser feito.

É também dessa dinâmica de tantas mães e tantas filhas que meu livro tratará: da posse que uma mãe pode tomar de sua filha desde bebê, mas às vezes para sempre; da captura de sua liberdade, até que alguém se interponha; do sequestro de sua existência, sem direito a nada; de um investimento materno narcísico, que furta da filha a possibilidade de um vir-a-ser; da incapacidade desta que, em sua condição de dependência, não imagina poder viver sem as amarras da mãe, mesmo que, para isso, tenha que renunciar à própria vida psíquica, ou nem mesmo desenvolvê-la – como teve de fazer Laura, como fez minha analisanda, como fazem tantas outras filhas; e da ausência de um terceiro que, mesmo que esteja de corpo presente, malogra em cumprir aquilo que lhe é devido: desfazer a união idílica entre mãe e bebê, separar o que era *uma* e mostrar que ali existem *duas*.

Para compreender metapsicologicamente essas histórias com um enredo mortífero, busquei aporte na teoria freudiana. De ligações em ligações, foi por muitos tempos e conceitos de Freud, este pensador inaugural, que transitei para, depois, percorrer outros autores. Além disso, serão vários os conceitos que nos acompanharão no desenvolver dos capítulos deste livro: pulsão de morte, pulsão sexual, narcisismo, o duplo, Eu Ideal, Ideal do Eu, em um tecido composto por muitos fios, tal como é a malha representacional que constitui, com linhas bem enlaçadas, o aparato psíquico que vai nascendo na alma, depois de ter nascido o corpo.

Na contramão de histórias de tamanha quietude e aprisionamento, desejo que, ao percorrer estas páginas, o leitor encontre fios tramados que o ajudem a compreender algumas questões da clínica, mas também pontos suficientemente largos, prontos para que cada um vá fazendo sua tessitura e novas tramações. Que o leitor encontre eco para o estranhamento que, por vezes, surge na escuta de analisandos que *parecem* neuróticos; mas, mais do que eco – que só repete o que ouviu –, encontre ressonância que o coloque a pensar além, reconhecendo que assim é a Psicanálise, essa teoria sempre em aberto; que assim é a análise, este espaço de sempre abrir; e que assim é a vida, essa que está sempre em movimento, que não cansa de nos desacomodar, reacomodar, movimentar e interrogar.

2. Os melhores desenvolvimentos a partir da relação mãe-bebê

> *Eu não tenho corpo, tentei dizer.*
> *Mas as palavras não saíram.*
> *Ela tinha trancado as palavras em mim*
> *antes que eu nascesse.*
> *E antes tinha trancado as palavras do meu pai.*
> *Ela mesma não tinha palavras.*
> *Éramos uma família sem palavras.*
> *E com um corpo só*
> (BRUM, 2011, p. 58).

Uma mulher engravida, no corpo ou na alma, em geral nos dois. Uma gestante aguarda seu bebê, mas ele nem imagina o que o aguarda por aqui; será muito aos poucos que ele descobrirá. Sua história precede seu nascimento: sua história e as histórias que lhe serão contadas e impressas já eram sonhadas e imaginadas por quem vai acompanhar os primeiros dias, semanas, meses e anos de sua existência e de seu crescimento: sua mãe.

Ao vir ao mundo, de um estado de atendimento e conforto – o ambiente uterino –, o recém-nascido terá que ir, forçosamente, adaptando-se a muitos novos estímulos. Respiração, temperatura, barulho, luminosidade, sensações, fome, cólica, desconforto, serão poucas as condições "adequadas" a quem acabou de chegar; muito trabalho haverá de ser feito. Não é pouca coisa o que acontece nessa passagem do corpo da mãe para o lado de cá. Freud (1926) identifica o nascimento como a primeira vivência de angústia e indica o motivo: a angústia é reação a uma perda, qual seja a separação da mãe; por isso, mesmo que essa perda seja ressignificada somente mais tarde pela castração, o ato do nascimento será prototípico de todos os estados posteriores de angústia ao longo da vida.

Freud (1920) entende que "o ser vivo elementar não pretenderia mudar desde seu início; permanecendo iguais as condições, ele repetiria sempre o mesmo curso de vida" (p. 204), o que ele já identificara em 1895a/1950: há uma tentativa automática do organismo vivo de restabelecer um estado de inércia depois que nasce. A pulsão pulsaria na direção regressiva, na intenção de restaurar esse estado anterior, o que, no entanto, será interrompido a todo instante por estímulos endógenos e exógenos, perturbadores e desviantes, que mudam cada vez mais a rota.

Assim nascido, serão muitas e intensas as excitações a que o bebê humano estará exposto e vulnerável. Para proteger-se dos estímulos externos, ele conta com as funções motoras e os órgãos do sentido que aplacam e amortecem o que vem de fora; para proteger-se dos estímulos internos, porém, ele não conta com recurso algum. A princípio, ele tenta abolir esses estímulos pelo caminho da alteração interna que é, segundo Valls (1995), a primeira forma de descarga que tem o corpo ante o *drang* da pulsão: um grito ou a inervação vascular. Como não pode produzir uma alteração no mundo exterior (provisão de alimento ou aproximação do objeto sexual), o bebê tenta uma alteração no interior do corpo, via eliminação que é, contudo, ineficiente, de modo que ele precisará invariavelmente que a mãe – uma pessoa experiente que se volta para ele e o compreende – atente-se para seu estado e o auxilie naquilo que ele é incapaz de prover por si. Ele necessita que essa ajuda alheia intervenha na suspenção da descarga no interior do corpo e execute uma alteração no mundo externo. Nesse estado de absoluta impotência e desamparo, se alguém não intervier, ele estará *entregue à própria sorte*.

Para acionar o agente da ação específica, o sistema nervoso do recém-nascido se vê obrigado a abandonar sua tendência original à inércia. O que, pela função primária, visava à descarga total, adquirirá a importante função secundária da comunicação. Para isso, contudo, ele precisa tolerar um acúmulo de Q suficiente para satisfazer as exigências da ação específica. A tendência à inércia é, então, modificada pelo empenho de, ao menos, manter a Q no mais baixo nível possível e de mantê-la constante (FREUD, 1895a/1950). A partir daí, há uma evolução para o princípio de constância.

Freud (1920) complementa a ideia da constância, ao tomar o princípio do Nirvana como a tendência dominante da vida psíquica, ou seja, o esforço para reduzir, manter constante ou remover a tensão interna devida aos estímulos. O que podemos depreender das colocações do autor é que, dessa tendência original e orgânica de eliminar a vida e encaminhar para a morte, algo a mais se passa: a chegada do objeto com sua carga pulsional que será investida no pequeno ser. Freud (op.cit) dirá que, por razões internas, os processos vitais do indivíduo levam-no ao nivelamento das tensões químicas, isto é, conduzem-no à morte. Contudo, ele também anuncia: "a união com uma substância viva individualmente diversa magnifica essas tensões, introduz como que novas *diferenças vitais*" (p. 228, grifo do autor).

Traduzindo, diremos que a mãe apresenta-se como esse primeiro objeto *individualmente diverso* e, pela união de dois corpos, garante "a animação do inorgânico" (FREUD, 1920, p. 235, n.r.) e a tendência à vida. O bebê, porém, não pode ainda tomar conhecimento da chegada dessa mãe. Então, como será registrada intrapsiquicamente a presença desse objeto que, do ponto de vista de quem observa, está lá, necessariamente lá, mas que, do ponto de vista do *infans*, sequer existe?

No vínculo que irá se estabelecendo entre mãe e bebê, esse vínculo será um dos assentos sobre os quais irão nascendo a linguagem e a comunicação entre eles. Para que o bebê sobreviva, e se alicercem as bases de seu aparato psíquico, deve haver, segundo Valls (1995), a conversão de um grito jogado ao nada, a um chamado que será compreendido pela mãe que providenciará, assim, que as necessidades do bebê sejam atendidas e que a quantidade de excitação seja atenuada. Logo, a expressão da emoção que, no princípio, era uma simples descarga corporal, irá se transformando em uma solicitação. Para o autor, essa é a vivência de satisfação, "que deixará profundas marcas fundantes do funcionamento de um psiquismo cada vez mais complexo" (p. 80). As marcas serão as do objeto, com seus movimentos e a sensação de descarga produzida no contato com ele. Mais adiante, "frente às novas aparições da quantidade de excitação no aparato psíquico já em formação, quedará facilitada sua ligação com as marcas mnêmicas da anterior vivência" (p. 80).

Um recém-nascido ainda não distingue o seu Eu do mundo externo como fonte das sensações que fluem sobre ele. Aprende gradativamente a fazê-lo, reagindo a diversos estímulos (FREUD, 1930). Quando diferencia a incidência dos estímulos internos e dos estímulos externos no tão precário aparato do bebê, Freud (1915a) avalia que a fuga – que é eficaz como forma de defesa contra o que perturba desde fora – é muito ineficaz para o que provém do mundo interno; de dentro, tais perturbações atuam de modo diferente sobre a psique e requerem outras ações para serem eliminadas. Retomando, para o autor, dos estímulos externos é possível subtrair-se, via movimentos musculares; os estímulos que surgem no interior do organismo, porém, não podem ser liquidados por esse mecanismo. Então, eles colocam exigências mais elevadas, induzindo a atividades mais complexas que modifiquem o mundo exterior; ao mesmo tempo, obrigam o aparelho nervoso a renunciar a sua intenção ideal de mantê-los a distância, pois eles chegam em um incessante afluxo. A pulsão – essa força constante – não pode ser combatida com a ação muscular ou fuga; tendo o corpo como fonte, ela se apresenta como necessidade e demandará uma satisfação que só poderá ser alcançada por meio de uma modificação adequada da fonte interna de onde parte.

Podemos imaginar que não será o próprio bebê a providenciar tal modificação, já que ele carece de recursos psíquicos mais sofisticados; logo, só podemos pensar que é o objeto que se fará cargo das ações necessárias, tanto atendendo às demandas do recém-nascido, como lhe ensinando a dar conta de tudo o que não cessa de fazer-se notar. Felizmente, a maioria encontra essa ajuda na figura de alguém pronto a ajudá-lo, providenciando as melhores condições de subsistência. Logo, o que salva do destino fatídico é ser encontrado por uma mãe que imprime vida, ao alimentar o filho quando tem fome, trocá-lo quando ele faz suas necessidades, limpá-lo quando está sujo, niná-lo quando tem sono, e que vai, aos poucos, compreendendo o significado de cada choro: a cada necessidade, a ação específica exata para ela (FREUD, 1895a/1950). Assim, a mãe vai dando forma ao que, em um segundo tempo, é registrado como uma experiência de satisfação por esse infante que começa a ter ali marcados os primeiros traços e impressões, e inaugurados os primórdios do que virá a ser um aparato psíquico.

Freud (1915a) afirma que "o bebê é um ser quase totalmente desamparado, ainda desorientado no mundo, que acolhe estímulos no seu tecido nervoso. Esse ser vivo logo será capaz de fazer a primeira diferenciação e adquirir a primeira orientação" (p. 55). Esses estímulos são o sinal característico de um mundo interior e dão as primeiras notícias de que há alguma fronteira. "A substância percipiente desse ser terá adquirido, na eficácia de sua atividade muscular, um ponto de apoio para distinguir um 'fora' de um 'dentro'" (p. 55).

Localizaremos neste momento o Eu Realidade Originária que é, para Freud (1915a, 1930), o primeiro rudimento do que virá a ser o Eu propriamente dito, mais tarde; seu funcionamento é predominante nos inícios do trabalho psíquico da cria humana. O organismo que, até ali, abarcava tudo e sentia-se intimamente ligado com o mundo, começa a separar de si esse externo. Nesse momento, o mundo não está investido de interesse e, para o bebê, não faz diferença no que toca à satisfação. Por isso, ali, o Eu coincide com o que é prazeroso, e o mundo externo com o que é indiferente, na lógica de que *o que é bom é meu, o que é mau não existe*.

Valls (1995) reforça que, no Eu Realidade Originária, já há algum reconhecimento das diferenças entre o Eu e o mundo externo de acordo com um critério realista, motivado pelas pulsões de autoconservação. Esse Eu permite ir reconhecendo os limites corporais, seguindo uma linha: aquilo de que pode afastar-se não pertence ao seu corpo, é não-Eu; o estímulo do qual só pode afastar-se via ação específica, é Eu. Dito de outro modo, se, para deixar de sentir um determinado estímulo, precisa de um pequeno movimento, esse estímulo é não-Eu; se o estímulo cede sem precisar aplicar qualquer movimento, então, ele pertence ao sujeito, é Eu. Um exemplo da possibilidade de realizar determinados movimentos, como a aproximação ou o afastamento das fontes de excitação, é o abrir e o fechar os olhos pelo estímulo da luz.

Em um segundo passo, quando intervém algo mais que a satisfação, vai havendo uma complexização cada vez maior, passando-se para outros tipos de funcionamento do Eu: um outro incentivo para que o Eu se desprenda da massa de sensações e vá reconhecendo um mundo externo são as inevitáveis sensações de dor e desprazer que com frequência surgem e que o princípio do prazer busca eliminar ou, pelo menos, evitar.

Para Freud (1915a, 1930), surge aí a tendência a jogar para fora, a fim de isolar do Eu tudo aquilo que for fonte de desprazer. Forma-se, então, nesse segundo tempo do desenvolvimento, o Eu Prazer Purificado que – regido pelo princípio do prazer – põe o atributo do prazer acima de qualquer outro e se opõe ao desconhecido e ameaçador externo. Quando o objeto é fonte de prazer, o Eu o acolhe dentro de si e introjeta-o, de modo que ele vira Eu; quando o objeto é fonte de desprazer, o Eu o expele e o percebe como inimigo. Neste momento, então, o Eu coincide com o que é prazeroso, e o mundo externo com o que é desprazeroso e mau, na lógica de que *o que é bom é meu, o que é mau é do mundo*.

Esse tipo de Eu é predominante nas origens do psiquismo, onipotente e imprescindível ao princípio da vida, tendo em vista a extrema vulnerabilidade do bebê, sua evidente dependência do objeto e do amor deste. "Este Eu se purifica do desprazer, alijando-o de si" (VALLS, 1995, p. 664) e, neste sentido, é ideal. Valls (1995) lembra que o Eu Prazer Purificado está no reinado do narcisismo primário e relaciona-o com a identificação primária, pela qual os atributos do objeto passam a ser características do Eu: "*sendo* o objeto, não há espaço para sentir sua ausência, o desejo dele" (p. 656, grifo do autor).

É esse o momento vivido na precoce relação dual com o objeto, em que se tem a ilusão – vivida como realidade – de serem, o bebê e a mãe, um só. Carecendo de recursos mais complexos, contando apenas com um Eu ainda rudimentar, o *infans* necessita acreditar em sua própria capacidade de conter tudo aquilo que lhe fornece subsistência e satisfação, da mesma forma que em sua autonomia para expulsar para longe tudo aquilo que lhe ameaçar. E assim o faz por algum tempo.

As fronteiras do Eu Prazer Purificado, contudo, não conseguem escapar totalmente da retificação que a experiência impõe, alerta Freud (1930). O desenvolvimento segue, e o bebê não tem como deixar de perceber que algumas coisas que lhe dão prazer não lhe pertencem: são não-Eu, são objeto; ao mesmo tempo, ele percebe que alguns tormentos que pretenderia extirpar e designar como sendo do mundo, do objeto, são, na realidade, do Eu. Chega-se ao procedimento que permite, pela orientação *intencional* da atividade dos sentidos e da ação muscular, distinguir entre o que é interior, pertencente ao Eu, e o que é exterior, pertencente ao mundo. Tal distinção permite que o bebê se defenda das sensações de desprazer percebidas ou das que o ameaçam, realizando ele mesmo algumas ações específicas, sem necessitar da onipotência do Eu Prazer Purificado.

Nessa direção, o lactante vai aprendendo aos poucos a separar seu Eu do mundo externo, em resposta a diversos estímulos que vai recebendo. Para Freud (1930), é também aos poucos que ele vai percebendo que algumas das fontes de excitação interna enviam-lhe sensações a todo momento, enquanto outras – como a mais desejada, o seio materno – furtam-se a ele. Quando se dá conta de que o objeto está fora, sabe que deverá efetuar uma ação particular – o choro ou o grito – para chamá-lo a reaparecer. É assim que o Eu totalmente narcísico vai se contrapondo ao objeto.

Na medida em que o bebê vai aceitando que a fonte de prazer não é o Eu e, ao mesmo tempo, começa a reconhecer o objeto e a sentir as angústias ligadas a ele, a de temor de sua perda, chegamos no terceiro tempo do desenvolvimento do Eu: o Eu Realidade Definitiva, vigente no período do complexo de Édipo, quando a criança termina de reconhecer o objeto como a fonte essencial do prazer. Ela, então, aceita definitivamente a problemática apresentada pela realidade: a de que, para a satisfação das pulsões sexuais, necessita do objeto como parte principal dela. Além disso, as zonas erógenas que estavam separadas entre si como *ilhas* são unidas e formam um continente chamado Eu, "um Eu desejante, que tem um tipo de desejo que unifica todas as tendências prévias, que já possui linguagem, que fala, fala do que deseja, e o que essencialmente deseja é o objeto" (VALLS, 1995, p. 657).

Em 1915a – antes do conceito de pulsão de morte e, portanto, ainda com a noção de um bebê ativo –, Freud propõe que o Eu se comporta passivamente face ao mundo externo, enquanto recebe estímulos dele, mas ativamente ao reagir a ele. Porém, com a leitura de 1920, com a pulsão de morte conceituada e, então, com a noção de um bebê passivo aos desígnios parentais, podemos agregar: alguém tem que ensinar o bebê desamparado a reagir; ele não poderá aprendê-lo sozinho. Esse alguém será a mãe. É ela que, estando presente desde o início, acompanhará e – mais, promoverá – essa trajetória que vai do autoerotismo, passa pelo narcisismo e pode alcançar o Édipo. Assim, Freud vai marcando cada vez mais, ao longo de sua obra, a importância do objeto primário sobre não só o início da vida desse que dele e por ele nasceu, como sobre sua continuidade.

O amor objetal do Édipo terá lugar quando o narcisismo primário, aquele Eu Ideal cujo suporte é a identificação primária, ceder espaço a ele. Completa-se aí um primeiro percurso de fundamental importância na constituição do sujeito. A criança que chega na conflitiva edípica deixou para trás o bebê que viveu, pelo período necessário, uma relação de indiscriminação e de fusão com a mãe; dotada de fala e tendo adquirido diversas habilidades e capacidades, essa criança que caminha mais livre, corre com firmeza e se comunica com outros objetos já discriminados de si permite ingressar – inclusive deseja que isso aconteça – o terceiro objeto que compõe o que será uma família e não mais uma dupla.

Um psiquismo recém-nascendo

Retrocedamos um pouco do ponto em que chegamos: de Édipo de volta ao narcisismo primário, nos primeiros meses de vida de um bebê, em um período em que ele e a mãe vivem uma relação dual. Estando tão entregue aos cuidados do objeto primordial, as experiências iniciais com a figura materna são, naturalmente, de caráter passivo. O *infans* é amamentado, limpo, vestido e ensinado pela mãe (FREUD, 1931). Com o psiquismo ainda se formando, ele mal sabe o que está acontecendo no ouvido, no que arde os olhos, dentro de sua barriga, quando estica os braços, ou nas sensações do corpo todo. Ele não dispõe de recursos para fazer-se cargo de suas necessidades, sequer para percebê-las de uma forma tal que saiba que providências tomar.

Hausen (2000) avalia que é a partir da intimidade da relação com a mãe que o aparato psíquico do bebê irá se constituindo, mediante as vivências de satisfação e também as de dor provenientes da falta. Ela indica que a mãe, "[...] aquela da ação específica, faz com que a criança, a do desamparo, conheça o mundo, a partir de sua intermediação, deixando-lhe marcas de suas expectativas" (p. 55). O Eu do sujeito não é, nesse momento, aquele que faz as ligações; ele é *produto* dessas ligações. A autora entende que é o agente da ação específica que se apresentará para ensinar o bebê desamparado de que modo vão se ligar *desconforto interno* com *ação externa*. Aquilo que era energia livre nele vai sendo transformado em energia ligada pela mãe, esboçando um princípio de organização psíquica. Hausen (op.cit) deixa clara a noção de um bebê passivo, que somente se tornará ativo – com potencial para ele mesmo estabelecer ligações – na medida em que sucessivos encontros com o objeto acontecerem.

Teremos, então, como base a noção de um bebê passivo e receptivo, e não – como propõem algumas outras linhas de pensamento – um bebê ativo que já ao nascer carrega, além da pulsão, uma organização psíquica com algum aparelhamento. Partindo de uma passividade anterior à atividade, em que o bebê humano, antes de ser sujeito, é objeto, Terra Machado e Paim Filho (2005) propõem a ideia de um inconsciente originário. A passividade desses tempos possibilita a criação de um espaço psíquico em que são efetuadas as primeiras impressões e inscrições, advindas dos clamores pulsionais do sujeito e do objeto. "Uma parte das impressões primordiais terá como destino o universo das representações vinculadas à pulsão sexual; outra parte, pela impossibilidade de ser transformada, a partir do trabalho do negativo, devido a sua intensidade, ficará no núcleo desse inconsciente das origens, marcada pelo inominável, pelo indizível, ou seja, pelo irrepresentável, num eterno pulsar" (p. 339).

Nesse jogo entre primeiro ser passivo e depois ativo, também fica claro que o movimento inicial é o de *ser identificado*, para só posteriormente identificar-se: "a topografia das origens, do vir a ser humano, caracteriza-se por um ir albergando as impressões que vão gestando o inconsciente que nunca foi consciente, ligado ao Eu Realidade Originária, que tem no par das forças primárias afirmação-expulsão o movimento que faz a distinção entre o interno (Eu) e o externo (não Eu)" (TERRA MACHADO; PAIM FILHO, 2005, p. 338).

Sobre essas forças primárias, Freud (1925b) relaciona a afirmação com Eros em sua função de unir, enquanto a expulsão relaciona-se com a pulsão de destruição em sua função de expulsar. Ele afirma que "a criação do símbolo da negação permite ao pensamento um primeiro grau de independência dos resultados da repressão e, assim, da coação do princípio do prazer" (p. 281). É daí que Terra Machado e Paim Filho (2005) partem, para reafirmar que a expulsão – via ação muscular – é o ponto de partida para a saída do estado de pura indiferenciação mãe/bebê e inaugura o *externo*. Esse tempo inaugura, no psiquismo incipiente, o que virá depois: "a marca de uma ferida/trauma geradora de uma angústia originária que põe em ação o recalcamento originário, que será ressignificada num segundo tempo diante da angústia de castração que aciona o recalcamento propriamente dito" (p. 339).

Vemos, pois, como o objeto, com suas presenças e ausências, seu trânsito em ir e vir, de identificar e ser ativo, vai também colocando em movimento um bebê que pode, progressivamente, ir ele mesmo pondo em ação seus rudimentares recursos: o corpo, os músculos, os órgãos e, por fim, um aparato psíquico.

Ao recapitular a definição de Freud sobre ser o aparato psíquico um aparato de captura, contenção e transformação de algo que lhe chega a partir da exterioridade, Garcia-Roza (2008) compara-o a uma usina hidrelétrica, isto é, um grande aparato que captura, armazena e transforma a água de um rio, gerando eletricidade. Diremos que a chave da usina, no entanto, o conhecimento prévio sobre suas engrenagens, as normas de funcionamento e as coordenadas de seus processos estão todos de posse da figura materna. Algum tempo transcorrerá até que o bebê comande sua própria usina.

Através do cuidado materno, ao investir narcisicamente e, depois, objetalmente o infante, a mãe vai capacitando-o a, gradualmente, *ele* mesmo buscar a repetição de experiências prazerosas e *ele* mesmo evitar as experiências desprazerosas, quando tem seu próprio psiquismo cada vez mais formado. Mas onde vão sendo marcados intrapsiquicamente os registros do cuidado materno?

Na memória. Garcia-Roza (2008) pontua que Freud qualifica a memória como uma das funções mais importantes do aparato psíquico. "Sem a capacidade de armazenar informações, o aparelho ficaria reduzido a um mero condutor, algo semelhante a um fio que conduz energia elétrica, mas que não é capaz de armazená-la" (p. 94). E completa: "Sem a memória, o aparelho sequer seria um 'aparelho', isto é, algo composto de partes distintas, limites definidos e de um princípio de funcionamento que não fosse o da mera descarga" (p. 94).

Na *Carta 52* – segundo o modelo que ali ainda se tem: o neuronal –, Freud (1896) descreve o processo executado pelo que ele propõe ser um aparelho de memória, que possibilita distinguir impressões diferentes nos neurônios responsáveis pela memória: os traços e as marcas. Os traços mnêmicos estariam sujeitos a um rearranjo que constitui uma sucessão de inscrições e retranscrições. As marcas deixadas pelas vivências de dor – quando a quantidade de excitação excede a capacidade de recepção e a captação egoica de energia –, todavia, não passam pelos processos de retranscrição. Há impressões que não poderão ser inscritas no psiquismo, que possuem um estatuto diferente dos traços mnêmicos, não são representáveis e remetem a um funcionamento que se aproxima da compulsão à repetição, ou seja, da pulsão de morte, longe do princípio de prazer.

No entanto, se o desenvolvimento do bebê foi prosseguindo na melhor direção, e se houve um bom encontro com o objeto primordial, este vai fornecendo a pulsão sexual necessária, para que outros registros mais complexos sejam possíveis. Então, outras impressões do que foi precocemente vivido com esse objeto serão conservadas pela memória como traço ou como representação. Elas por si mesmas não constituem lembrança, mas ainda que não possam ser lembradas, podem ser reconstruídas.

Retomando o *Projeto* (FREUD, 1895a/1950), encontramos a descrição de que um traço mnêmico é ali deixado a cada passagem de uma quantidade pelas barreiras de contato, dando subsídios para que, nas próximas passagens, o aparato identifique o caminho mais eficiente e facilitado para escoar a energia que por ele circula. Os traços são os indicadores desses caminhos, que serão os mais repetidos. Uma vez que sempre há energia tanto externa como interna afluindo no aparato, temos novos caminhos sempre sendo traçados, o que implica uma capacidade de fazer rearranjos.

Marcado por impressões, traços, inscrições, fixações e, por fim, o recalcamento originário, Hausen et al. (2018) sintetizam este trajeto: cada acontecimento que passa pela percepção deixa uma impressão de que – se foi forte o suficiente para efetivar-se – vai sendo inscrita no aparato psíquico nascente como um traço de memória (ou marca mnêmica) que subsiste permanentemente – ou seja, é representado – no inconsciente, mas que precisará ser reativado, através de um investimento do objeto. As várias inscrições vão se associar por simultaneidade, por contiguidade ou por causalidade, até que no inconsciente se ordenarão, formando um sistema de traços que se articulam por condensação e deslocamento semelhantes aos da linguagem.

Com outras palavras, Valls (1995) explica que o traço é o que fica no aparato psíquico depois de cada percepção, via experiência de satisfação ou via experiência de dor. Pela primeira via, cada vez que o investimento de excitação pulsional retornar, haverá o desejo de repetir a vivência de satisfação; pela segunda via, o que fica facilitado é uma tendência à descarga, já que a vivência de dor deixou a imagem de um objeto hostil e dos movimentos realizados por ele.

Os traços mnêmicos sofrem transcrições e vinculações por associação que, ficando registradas como conceitos, formam as representações-coisa. Sobre essas representações-coisa, superpõem-se outros traços que também entraram pela percepção, já que eles – patrimônio da memória – estão sempre inscritos em sistemas e mantêm relação com outros traços. Com um novo nível de complexidade, os traços mnêmicos das palavras darão origem às representações-palavra, vitais para todas as funções mais elevadas do aparato psíquico: para a atividade do pensamento, o processo secundário e o Eu (VALLS, 1995).

As barreiras de proteção (FREUD, 1895a/1950) darão a contenção necessária para que – antes de o corpo ser *inundado* – o psiquismo possa fazer-se cargo das intensidades. Tais barreiras ofereceriam uma resistência oposta à descarga no corpo. Explicando nos termos neuronais do *Projeto* freudiano, teríamos:

> *Se a teoria das barreiras de contato adotar essa saída, pode-se dar a seguinte expressão para a mesma: há duas classes de neurônios: 1) os que deixam passar Qn' como se não tivessem barreiras de contato e que, portanto, após cada curso excitativo, estão no mesmo estado que antes; 2) os [neurônios] cujas barreiras de contato se fazem valer, de modo que só deixam passar Qn' com dificuldade ou só parcialmente. Os que podem, após cada excitação, estar em outro estado do que o anterior, dão, portanto,* uma possibilidade de representar a memória *(FREUD, 1895a/1950, p. 179, grifo do autor).*

E o que exatamente promove tal possibilidade? Não seria a experiência de satisfação a partir da adequada ação específica do objeto cuidador? Parece evidente que sim. São essas repetidas experiências que proporcionarão ao bebê a construção de recursos dos quais ele poderá lançar mão posteriormente, quando buscar e encontrar, marcadas em sua memória, as providências eficientes para dar conta ele mesmo de uma quantidade excessiva, quando esta irromper-lhe o organismo.

Freud (1895a/1950) esclarece que um Eu bem constituído terá sucesso em livrar-se das experiências de dor via *inibição*, na medida em que dispuser de uma cadeia complexa de vias de facilitação – quanto mais, melhor – e puder, por isso, distribuir os estímulos que irrompem e seguem em direção às barreiras de contato. "Se um neurônio adjacente for simultaneamente ocupado, ele agirá como uma facilitação temporária das barreiras de contato localizadas entre ambos e modificará o curso, que, caso contrário, dirigir-se-ia para alguma barreira de contato facilitada. Por conseguinte, uma ocupação colateral é uma inibição para o curso da Qn" (p. 201). O Eu fica assim representado como uma rede de neurônios ocupados e bem facilitados entre si.

Traduzindo, se a quantidade que invade o organismo encontra apenas uma ou muito poucas vias de facilitação, não haverá possibilidade de o montante ser distribuído em porções menores; se há mais vias de escoamento, uma magnitude de Qn' que seria danosa para o bebê é reduzida, a ponto de poder ser processada por um Eu mais bem aparelhado. Todavia, é importante marcar que quem vai aumentando a quantidade das vias facilitadas, que vai propiciando a complexização da malha representacional do bebê e que vai dando condições para a constituição de um Eu é o objeto.

É assim pela mediação do objeto que o Eu inibirá os processos psíquicos primários, ou seja, a descarga. Para Freud (1895a/1950), a incidência de uma imagem mnêmica hostil por certo despertaria um desprazer que seria primariamente liberado, o que não é desejável; então, se o Eu pode inibir a descarga direta e total, própria da função primária, tal inibição traz uma vantagem decisiva: quando inibe a imagem recordativa hostil, o Eu torna insignificante o desprazer, e o sistema nervoso é poupado da eliminação de Q.

Assim vai ocorrendo repetidas vezes, se tudo correr razoavelmente bem, na direção do desenvolvimento. Após chorar a primeira vez, o bebê levará muitos meses para falar e expressar verbalmente o que necessita e deseja. Até lá, no encargo de executar a ação específica, será a voz da mãe e as palavras dela que lhe informarão sobre suas necessidades. Será ela que definirá se ele tem fome, sono, frio, dor ou se só precisa de um colo. Será ela que providenciará, desde o início, que cada uma das necessidades seja adequadamente atendida, para o crescimento deste que chega ao mundo em total desamparo. Vemos ir se complexizando a malha representacional do bebê, que é com o que ele vai poder contar quando ele mesmo estiver a cargo – e não mais a mãe, ou não *só* a mãe – de, mais tarde, processar suas faltas e a ausência do objeto. Então, o bebê logo intui que é dependente da mãe para sua sobrevivência e que sua vida estará por um bom tempo nas mãos dela.

3. Investimentos narcísicos: berço esplêndido do Eu Ideal

Que a culpa por ter uma mãe que apodrece viva
no apartamento só pode ser dela.
Da filha distante. Da filha indiferente.
Da filha ingrata.
Como eles poderiam saber
que não há longe o suficiente para elas?
Que não há separação possível entre elas?
Que quando a mãe começou a apodrecer
naquele apartamento
algo na filha também começou a cheirar?
Que não era o suicídio da mãe,
mas o assassinato da filha?
(BRUM, 2011, p. 18).

Freud (1923b) define que a primeira e mais importante identificação de um bebê é a sua identificação com os pais[1] da pré-história pessoal. Trata-se da identificação primária, direta e imediata, e é mais antiga que o reconhecimento e o investimento objetal. Contudo, há dois pontos para tornarmos mais precisos em seu escrito: a questão da *pré-história* e a *dos pais*. Sobre a pré-história, Freud pode referir-se ao tempo anterior à aquisição plena da linguagem e da capacidade simbólica da própria criança, ou seja, anterior aos seus registros mnêmicos que poderão mais tarde ser recuperados.[2] Ou, para além disso, pode referir-se à história *dos pais* – portanto, anterior ao nascimento desse filho –, ou seja, aquilo que eles próprios viveram em seus desenvolvimentos primitivos e que será projetado na geração seguinte, sem que essa o tenha vivido.

Sobre a segunda questão, a dos *pais*, defendo que seria mais exato dizer que a primeira e mais importante identificação é com a *mãe*,[3] tendo em vista tudo o que vai nos apontando a teoria e o que aponta nossa observação das relações familiares: de que a mãe[4] é o objeto mais presente, mais premente e mais operante na constituição inicial de um filho.

---

1 Levaremos em conta a nota de rodapé do próprio Freud (1923b) que, neste trecho, amplia o sujeito identificado na frase ("pai") para "pais", ou seja, "pai e mãe" (p. 39).

2 Tal como no estudo da civilização humana, cuja *história* só é considerada a partir da escrita, através da qual os registros podem ser acessados. Antes disso, fala-se em *pré-história*, quando paradoxalmente a criatura humana já habitava a Terra, mas não era ainda propriamente um ser humano, ser de linguagem com uma história que pode ser conhecida e contada.

3 Falaremos do pai *mais adiante* no livro, assim como penso ser o reconhecimento de sua existência pelo bebê, e a fundamental importância que ele vai exercer nessa relação primeiramente dual: *mais adiante*, quando a relação, então, constituir-se-á triádica.

4 "Mãe" sempre compreendida como a pessoa que é a responsável pela vida do bebê, não necessariamente uma mulher, não necessariamente a mulher que gestou.

Da identificação primária, direta e imediata de Freud, Marucco (1998) adiciona um adjetivo e a denomina de *identificação primária passiva*, para falar desse movimento inicial em que o bebê está receptivo; ele *é identificado* pela mãe, voz passiva do verbo. O autor localiza essa qualidade de identificação no primeiro tempo de uma estruturação psíquica elementar, quando a mãe reina absoluta, em uma posição idealizada de tudo ser e tudo saber sobre seu filho ou sua filha.

O par que a mãe forma com seu bebê habita, no primeiro tempo, o solo do duplo, do Eu Ideal, do narcisismo primário, reino do estado de completude e da ilusão de onipotência, no qual esse par ignora a existência de outro objeto. Não existe o terceiro, nem falta, nem necessidade, nem ausência, nem castração, nem morte, nem para a mãe, nem para o bebê. E será fundamental que, por algum tempo, assim se processe. Durante *algum tempo*, esse descendente será tomado como complemento narcísico da mãe, com quem teve, ao longo de nove meses, de fato, a vivência de serem um só.[5]

Não é de pouca coisa que se fala: Freud (1914b) já anunciara que os pais amam o filho como uma extensão narcísica, pelo que ele pode restituir-lhes, aquilo que eles foram obrigados a renunciar: um estado de perfeição. Eles renovam, em nome do recém-nascido, as reivindicações aos privilégios que, há muito, tiveram de abdicar.

> *Ela [a criança] deve concretizar os sonhos não realizados de seus pais, tornar-se um grande homem ou herói no lugar do pai, desposar um príncipe como tardia compensação para a mãe. No ponto mais delicado do*

---

5 A maioria dos filhos é criado pela mãe biológica; então, a vivência real de terem habitado o útero materno é o que mais frequente veremos; mas é claro que não restringimos essa vivência, que é também subjetiva, à realidade da experiência do corpo.

> *sistema narcísico, a imortalidade do Eu, tão duramen-*
> *te acossada pela realidade, a segurança é obtida refu-*
> *giando-se na criança. O amor dos pais, comovente e no*
> *fundo tão infantil, não é outra coisa senão o narcisis-*
> *mo dos pais renascido, que, na sua transformação em*
> *amor objetal, revela inconfundivelmente a sua nature-*
> *za de outrora (FREUD, 1914b, p. 37).*

Na famosa citação sobre o investimento narcísico no período inicial da vida, Freud (1914b) identifica que a atitude terna dos pais é produto de uma reprodução de seu próprio narcisismo abandonado. Sendo elevado à condição de *Sua Majestade*, o bebê é idealizado, destinado ao sucesso e protegido de qualquer dificulda-de. Os pais investem e, mais, supervalorizam o filho, atribuindo--lhe todas as perfeições e ocultando todas as deficiências dele. Ele terá a garantia de divertimentos, estará imune à doença, à morte e à renúncia ao prazer, e será mais uma vez realmente *o âmago da criação!* Os mandatos endogâmicos desse começo visam a garantir que a criança ocupe este lugar majestoso – o falo, a completa autos-suficiência e a imortalidade – sonhado pelos pais.

Sobre a primeira experiência amorosa, Julien (2000) descreve-rá que todo bebê precisa de um Todo ou uma Totalidade,[6] compos-to por ele e pelo outro. O autor pergunta: como realizar este Um, que é único? De sua resposta, imaginamos como uma mãe respon-deria a seu bebê: *Sou aquela que quer teu bem; sou aquela que pode teu bem; sou aquela que sabe teu bem.* Ou seja, a mãe está neste lugar de querer e poder: ela quer, ela pode, ela sabe. Desde essa posição, não será fácil para ela lembrar do *impossível* dessa relação, que alerta o autor:

---

6 O autor usa inicial maiúscula mesmo.

> *Pode ser por certo possuir o corpo do outro, apalpá-lo com carinhos, apertá-lo com todas as forças, tomá-lo nos braços e bebê-lo com os lábios. Uma alteridade se mantém firme: há um Tu que é um Ele, ou um Tu que é um Ela, o que me escapa, me supera, foge de mim irresistivelmente. Encontramo-nos, então, dois: ele e ela, ela e ele, colidindo um e outro com o impossível de uma relação que, de dois, nos faria Um (JULIEN, 2000, p. 36).*

Logo, o êxtase dessa fusão do *dois em um* revela-se apenas pontual, pois a verdade da alteridade, segundo Julien (2000), permanece irredutível: tomara que sim. Este êxtase ilusoriamente vivido se quebra assim que o filho puder dizer, seguindo as palavras do autor: "Não sabes qual é meu bem. Meu bem não é o mesmo que o teu. Tu me identificas a ti, a tua cara pessoa, para melhor me dominar. Mas eu sou outro!" (p. 34).

Lugar majestoso do Eu Ideal, que Garcia-Roza (1995) define como essa imagem idealizada do Eu, que é construída em sua quase totalidade pelos pais, que projetam no filho os anseios do narcisismo a que eles próprios tiveram que renunciar por exigência da realidade. Para o autor, o Eu Ideal é o efeito do discurso dos pais, efeito de um discurso apaixonado que abandona qualquer forma de consciência crítica para produzir a imagem idealizada.

Em 1921, contudo, Freud explica que a idealização falsifica o julgamento sobre alguém. O enamoramento é o estado que o autor usa para evidenciar que, quando uma quantidade maior de libido transborda sobre o objeto, ele é tratado como o próprio Eu. Manter o amado isento de qualquer crítica e com seus atributos supervalorizados trata-se, pois, de um investimento narcisista. Nessa forma de escolha narcísica, o objeto amoroso serve de substituto de um ideal não atingido *pela pessoa*. Ainda que, nesse texto, Freud esteja se referindo ao enamoramento entre adultos, podemos ver essa mesma dinâmica nos investimentos que se dirigem ao objeto ou ao Eu, no nosso caso, da mãe sobre seu filho ou filha. Assim, cotejando as ideias de Freud de 1914b, sobre o par inicial, e as de 1921, sobre o par amoroso, vemos que também o bebê é amado pelas perfeições que a mãe "aspirou *para o próprio Eu* e que, através desse rodeio, [ela] procura obter, para satisfação de *seu* narcisismo" (FREUD, 1921, p. 71, grifos meus).

O investimento libidinal nos objetos já está descrito quando Freud (1914b) fala da escolha objetal conforme dois tipos: de apoio (ou anaclítico) e narcísico. O primeiro relaciona-se com o apoio da pulsão sexual sobre as funções vitais de autoconservação – o que, neste ponto da teorização, ele denomina de pulsões do Eu – e, além disso, com a ligação com o objeto cuidador e protetor que garante o atendimento dessas necessidades: os pais. O segundo tipo relaciona-se com uma busca, como veremos, de si mesmo como objeto.

Nesses dois tipos, o autor propõe ainda outras subdivisões. Quando a escolha de objeto se dá conforme o tipo de apoio, a pessoa ama a mulher nutriz ou o homem protetor, ou seja, objetos externos com quem ela se relacionou. Já quando se dá pelo tipo narcísico, a pessoa ama a si mesma, o que ela mesma foi, o que ela mesma gostaria de ser, ou aquele que foi parte dela mesma (FREUD, 1914b). Observemos a repetição da palavra "mesma" para marcar bem a autorreferência deste tipo de escolha, bem como o detalhe de que, das quatro formas de amor narcísico, a única que não diz respeito à própria pessoa refere-se a alguém que foi parte dela: *seu filho*, sua posse.

Ambos os caminhos de escolha de objeto ficam abertos para cada pessoa, para cada mulher que se tornar mãe. Com base em Freud (1914b), concebemos dois tipos de investimento que constituem o amor materno desde o início, ainda que eles possam se fazer ver sobrepostos ou, mais precisamente, em tempos diferentes: o narcísico e o objetal. Podemos discriminar que, junto ao recém-nascido que literalmente *mal enxerga um palmo na frente do nariz*, essa mãe estará naturalmente apaixonada mais pelo que *ela* enxerga nele a partir de si mesma, de suas projeções sobre ele, do que por aquilo que ela vai, depois de algumas semanas, percebendo a partir do contato visual de seu bebê, dos sorrisos que ele vai esboçando, dos primeiros sons parecidos com uma fala que ele vai fazendo... Contudo, mesmo que, de início, ela vá inevitavelmente dirigir um amor narcísico – encantada que está pelo bebê que *ela* foi capaz de gerar –, ela terá, nos melhores casos, já desde antes, a capacidade de um amor objetal, adquirida em seu próprio desenvolvimento primitivo.

Leclaire (1977) define que o olhar materno faz da criança "um extremo de esplendor, semelhante ao Menino-Jesus em majestade, luz, joia cintilante de poder absoluto" (p. 10), o menino-rei. Essa será a *criança maravilhosa*, como o autor nomeia, uma representação inconsciente primordial, imperativa e indelével, que entrelaça de modo muito denso os anseios e as esperanças dos pais, e de cuja existência mantém-se, para sempre, uma nostalgia. É o representante do falo, a criança a celebrar, a criança onipotente e perfeita, destinada por sua mãe à imortalidade, o *infans*. "Na transparente realidade da criança, o real de todos os nossos desejos mostra-se quase sem véu. A criança maravilhosa nos fascina, e não podemos nem afastar-nos dela, nem apreendê-la" (p. 11), tamanha sua grandiosidade.

Neste reinado do narcisismo – reencontrado pela mãe e inaugurado para o bebê –, a figura materna promove um estado em que viverá com seu bebê a ilusão de perfeição e plenitude, pela qual eles se completam em uma relação idílica, na qual *dois* significa *um*.

Eles estarão unidos em *um só corpo e uma só carne*, como indica o mais antigo dos livros publicados. Teremos assim constituído, entre deidades, majestades, enamoramentos, idealizações, luzes e joias, o Eu Ideal regido pelas leis do narcisismo primário, este que Freud (1940) descreve como todo o montante de libido armazenado no Eu e é absoluto.

Já vimos que a fase do narcisismo primário é o estado no qual o Eu coincide com tudo o que é prazeroso (Eu Prazer Purificado); nesse sentido, é um Eu Ideal, no qual ele e o objeto de prazer (a mãe) são considerados Eu. Valls (1995), porém, indaga-se: como defender que o narcisismo primário é promovido pela mãe, se sabemos desde Freud que o objeto não é reconhecido como tal? O autor responde: nessa fase, "o que passa é que o reconhecimento do objeto, tanto como o do Eu, é um ato complexo que, em parte, se dá de entrada (Eu Realidade Originária e Eu Prazer Purificado) e, em parte, vai se edificando paulatinamente com a experiência (Eu Realidade Definitivo)" (p. 378). Logo, podemos entender que, ainda que o bebê não tome conhecimento da existência do objeto separado dele (e, portanto, livre para ir e vir), ele vai, dia a dia, tendo notícias da autonomia do objeto.

Enquanto os pais vão realizando essa transposição do narcísico ao objetal, o bebê vai recebendo a imprescindível cota de suprimento narcísico e aproveitando – sem que ele tome conhecimento disso – para reinar absoluto, com a certeza de que o mundo *se dobra a seus pés*. O narcisismo primário seria uma espécie de concessão que a mãe faz a ele: ela concede e sustenta a ilusão de que é *ele* que providencia a satisfação das necessidades que surgem. Sua majestade, o bebê vive, pelo tempo necessário para edificar um *sentimento de si* (FREUD, 1914b), a certeza de ser o centro de sua existência e da existência de sua figura materna principalmente, de ser a razão de seu viver. É neste campo do narcisismo primário que o Eu é objeto privilegiado de investimento libidinal, a ponto de se constituir como o grande reservatório de toda libido disponível. Ele dura até que o Eu comece a dirigir a libido aos objetos, e a libido narcísica converta-se, então, em libido objetal.

Outro conceito freudiano ligado a este tempo precoce do Eu Ideal é o do *duplo*. Ele nos subsidia para seguir pensando a relação inicial de uma mãe com seu bebê e o processo de identificação, como uma condição que é inaugural e estruturante. Freud (1919) toma o conto *O Homem da Areia*, de Hoffmann, para propor o conceito do duplo como um tipo de identificação com alguém que é considerado idêntico, com características, conhecimento, sentimentos e experiências em comum, o que gera uma dúvida sobre quem é o Eu e quem é o outro. O duplo é uma criação que data de um tempo remoto – supostamente há muito superado –, um período em que o Eu não se distinguia nitidamente do mundo externo e de outras pessoas.

A qualidade de *inquietante estranheza* revela que estamos no solo do narcisismo primário, caracterizado pelo espelhamento, mais do que propriamente por uma "relação", que suporia a noção de *dois*; neste ponto, dois separados é uma noção que ainda não existe. Então, compreendemos que é a mãe que, nesse momento, faz o movimento ativo de identificar o bebê; é ela que o tomará como idêntico, que buscará e encontrará as parecências entre os olhos, o queixo, o dedo do pé de preferência dela e, com alguma sorte, do pai, do avô ou da avó, sinais do corpo que comprovam: *é meu bebê*.

Uma das funções do duplo, afirma Freud (1919), é proteger contra a aniquilação, por meio de uma enérgica negação do poder da morte. Do ponto de vista da mãe, podemos dizer que, em certa medida, todo filho é seu duplo, posto que ele vem cumprir a missão de levar a existência da mãe e o nome da família para além da vida e da morte daqueles que envelhecem. Do ponto de vista do bebê, ser duplo do outro é constitutivo. Nesse tempo, por carecer de autonomia e de habilidades, ele depende por completo da capacidade da mãe – especificamente dela, nos primórdios – de compreendê-lo sem palavras e de providenciar o que ele necessita, e ela assim o faz. No sentido do melhor desenvolvimento desse par, o duplo é bem-vindo na medida em que dá sustentação a essa vivência ali fundamental.

E é uma necessidade de ambos. Naouri (2002) observa um fio sensorial transnatal que é tecido entre a criança e a mãe e que balizará o mundo perceptual, de uma extremidade a outra; esse fio participa da edificação de um verdadeiro sistema de segurança e confere à infância o caráter consolador de que se nutre toda a nostalgia de volta ao que entendo ser o Eu Ideal. O autor explica por que: a gravidez é uma etapa de tamanha importância que *revira a psique* da mulher de maneira profunda e irremediável. Naouri (op. cit) descreve que, nos meses que dura, o corpo materno se põe a serviço do corpo fetal, antecipando suas necessidades, a ponto de satisfazê-las antes mesmo que elas se expressem, lógica que se prorroga com muita nitidez nas primeiras semanas e até meses, como se mãe e filho precisassem adiar um pouco mais a separação: em função da imaturidade do recém-nascido, os corpos que são desencaixados no parto têm muitos motivos para buscar compulsivamente se juntar novamente. Ele avalia a dor: "é como se o corpo da puérpera, ainda aberto, estivesse em toda parte, choroso de todas as partes e maneiras, da perda que aconteceu" (NAOURI, citado por CROMBERG, 2001, p. 42). Fica claro que a vivência do duplo é reestruturante para a mãe e estruturante para o bebê.

A relação dual, vivida como o Eu Ideal ilusoriamente absoluto, fica registrada como um tempo de *amor perfeito*. Por um tempo, a manutenção dessa perfeição foi necessária, pois o recém-nascido foi posto no mundo desaparelhado, com o desamparo tão característico do humano. Em um início afortunado, houve a experiência em que mãe e bebê viveram esse momento de plenitude e alimentaram-se narcisicamente. Dos melhores inícios, sabendo que sua sobrevivência depende dessa que lhe atende repetidas vezes, poucos meses serão necessários para que o recém-nascido seja receptivo e responsivo ao cuidado, olhar e gestos da mãe. Certamente, todos já viram cenas da reciprocidade entre os sorrisos de uma mãe e seu bebê, das "palavras" pronunciadas como eco, das caras e bocas que, mimeticamente, um faz em resposta (ou em estímulo) ao outro. Neste melhor encontro, identificada com ele, *como se* fossem um só, a mãe *sabe* o que fazer para assegurar, por ele, sua sobrevivência e integridade; e o bebê aprende muito cedo que atender à demanda materna lhe garantirá aquilo que ele necessita: alimentação, conforto, amor. Então, assim será – mergulhados neste idílio – que eles viverão, até que algo mais aconteça, até que alguém venha se interpor.

Da estada no Eu Ideal, a saída do corpo da mãe

O corpo da mãe é de onde cada um veio, a primeira morada, o primeiro ambiente que recebe e abriga. Nele, o espaço intrauterino é a metáfora para um estado de mítica perfeição e completude, no qual todas as necessidades estão atendidas: ele reúne as condições para que não se tenha que entrar em contato com nenhuma falta, nenhuma frustração, nem fome, nem frio, nem nada. Contudo, a estada nesse ambiente tem prazo determinado para terminar. Seja pela biologia ou por intervenção humana, seja naturalmente ou forçosamente, dele é-se levado a sair; não há alternativa. Do útero materno, depois que se sai, não há mais volta possível.

Já nascido, a necessidade de sobrevivência biológica segue e, então, da mesma maneira que a mãe atendeu a todas as necessidades do feto através do próprio corpo, após o nascimento ela continua a fazê-lo, em partes e por outros meios. "Há bem mais continuidade entre vida intrauterina e primeira infância do que nos faz crer a notável ruptura do ato do nascimento" (p. 80) intui Freud (1926). O desamparo biológico de um bebê será paralelo natural do desamparo psíquico; então, aos poucos, ele vai aprendendo que é a mãe, esse objeto externo, que põe termo às situações de perigo que lhe lembram o nascimento e que o colocariam novamente no estado de desamparo em que esteve quando veio ao mundo. Por isso, a angústia do recém-nascido é equiparável à angústia da criança de colo, ambas condicionadas à separação da mãe. Sem medir palavras, Freud (1940) define: nessa relação, reside "a origem do significado único da mãe, incomparável e inalterável por toda a vida, como primeiro e mais forte objeto de amor, como modelo de todas as posteriores relações amorosas – em ambos os sexos" (p. 248).

Essa relação não se restringe ao cuidado. A mãe cuidará do recém-nascido, mas, além de nutrir, satisfazer, apaziguar e proteger, ela irá despertando sensações da ordem do sexual, abrindo as zonas erógenas dele (FREUD, 1905a, 1933d). Assim, o seio que alimenta será o primeiro objeto erótico do bebê; logo, pelos cuidados com ele, a mãe será *seu primeiro sedutor*. É uma relação de intensidade, sem dúvida e sem igual; e, ainda que, da parte da mãe, ela seja idealmente da ordem do sublime, ela é originalmente erótica, qualidade que fica clara no texto sobre Leonardo da Vinci. Ali, Freud (1910a) anuncia que mamar é a primeira experiência de prazer na vida, e a impressão orgânica dela tem a força de seguir permanente e indestrutível em cada um.

Para Garcia-Roza (1998), é como se o corpo do *infans* fosse uma espécie de deserto sem grandes ondulações que vai aos poucos sendo apossado e mapeado pela mão da mãe. A mãe cria zonas erógenas, e esse corpo vai sendo sexualizado. "A mãe erogeniza esse corpo, com seus cuidados, com a higiene, com seus carinhos e até com seu amor avassalador" (s/p).

É essa força que Freud (1933d) reconhece no estádio de ligação pré-edípica com a mãe, absolutamente rico em conteúdo e tão duradouro, a ponto de deixar atrás de si fortes fixações e predisposições. Ele define: "quase tudo o que achamos na relação com o pai já estava presente naquela [ligação com a mãe], e depois foi transferido para o pai" (p. 273). É por conta dessa importância e dessas tão profundas marcas, que permanece o desejo, por toda a vida, de recuperar não somente o momento em que alguém, já separado, tem o bebê nos braços; antes disso, a fantasia tão comumente expressa é de retorno ao útero, voltar para de onde ele veio.

Se tomarmos o nascimento como metáfora para o momento da separação, pensaremos naturalmente no retorno ao útero como símbolo da reconquista do que foi duramente perdido. É "a casa um sucedâneo do útero materno, a primeira e ainda, provavelmente, a mais ansiada moradia, na qual ele [o homem] estava seguro e sentia-se bem" (FREUD, 1930, p. 51). É isso que, por toda a vida, em maior ou menor grau, cada um segue buscando de formas deslocadas, disfarçadas e sofisticadas. Freud (1930) resgata o sentimento oceânico proposto por Romain Rolland, que remonta a uma fase primitiva do sentimento do Eu, que corresponde à busca do restabelecimento do narcisismo ilimitado, a sensação de *ser-um com o universo*, e à forte necessidade de proteção. Ele mesmo adverte: "na vida psíquica, nada que uma vez se formou pode acabar; tudo é preservado de alguma maneira e pode ser trazido novamente à luz em circunstâncias adequadas, mediante uma regressão" (p. 21).

Ou seja, a original ausência de limites e essa sensação de ligação com o todo sobrevive ao que vem depois. "Juntamente com a última fase de desenvolvimento, todas as anteriores continuam a viver" (FREUD, 1930, p. 22). Por isso, restará sempre uma tentativa de recuperar a primitiva fase do sentimento do Eu, por meio do restabelecimento do narcisismo ilimitado, do Eu Ideal, onde tudo se tem e onde tudo se pode. É ao que deu voz o *Homem dos Lobos*, analisado por Freud (1918): "seu lamento é, na verdade, uma fantasia-desejo realizada: ela o mostra de retorno ao ventre materno; é certamente uma fantasia de fuga do mundo" (p. 133). É como se ele dissesse: "Sou tão infeliz na vida, tenho que voltar ao seio materno!" (p. 133). Este movimento regressivo buscará dar conta da inevitável sensação de desamparo com que cada um se depara, ainda em muitos momentos, na medida em que cresce, exatamente porque o crescimento na rota do Ideal do Eu vai mostrando, passo a passo, que não se tem, não se pode, pouco se é e muito há que se buscar.

O desejo de volver a esse lugar, o ponto zero, o início de tudo, o regresso à casa, aparece no texto *O Inquietante*, quando Freud (1919) fala do estranhamento do órgão genital feminino. Esse lugar *unheimlich* – explica o autor – "é apenas a entrada do antigo lar [*Heimat*] da criatura humana, do local que cada um de nós habitou uma vez, em primeiro lugar" (p. 365). Quando retoma o dito popular *Amor é nostalgia do lar*, Freud (op.cit) indica: sempre que, em sonho, um lugar nos parece familiar, como se já tivéssemos estado ali antes, podemos interpretar o lugar como sendo os genitais da mãe ou o seu corpo. Sendo o corpo da mãe esse lugar conhecido e idealizado, temos a estranha sensação: "este lugar é-me familiar, estive aqui antes" (p. 365). O inquietante dessa impressão, o estranho desse registro, é o que sobra, a sensação desse lugar de vida e de morte, de sobrevivência e de inexistência.

Então, a que remete tão frequente desejo de retorno ao útero? Essa nostalgia, essa saudade, essa falta bruta, essa ausência chorada, o lamento da perda, do que mesmo se trata? O que se quer ter, reter, recuperar, curar? Que ferida aberta é essa que não sara, que não para de doer? Parece que esse lugar em que habita a esperança e que move a busca de um regresso, essa presença que sempre se acreditou e esse tempo que se tem certeza de ter vivido, não existiram de fato.

Freud (1910a) já reconhecera: "parece que a infância não é o venturoso idílio em que a transformamos posteriormente, que as crianças, isto sim, atravessam a infância fustigadas pelo desejo de tornar-se grandes e fazer o que fazem os adultos" (p. 203). Então, parece que este é apenas um mito criado para fazer frente ao desamparo que tratamos de negar. Se Freud (1930) identifica que somos assolados por três forças externas, fontes de sofrimento, a vida vem o tempo todo lembrar que a verdade mais dura, a realidade mais contundente, é a de que nada podemos frente à força da natureza, que nada somos ante o imperativo do envelhecimento do corpo que caminha em direção à morte e que nenhuma ingerência temos sobre o outro, nosso semelhante.

Em fantasia, cada pessoa logra estar de novo abrigada e protegida das exigências da vida que desacomodam do primitivo estado em que, no Nirvana, nada abalava, nada era tensão ou estímulo; só a quietude. Porém, ao mesmo tempo, quando não se é dado à luz, acaba-se recluso e aprisionado nesta caverna tão acolhedora, como escura e misteriosa, o útero da mãe. Em um misto de anseios e desejos obscuros, entre desejar retornar – voz ativa – e ser reintegrado – voz passiva –, diversas vozes se contrapõem em tal conjugação.

Esse desejo de retorno sobrevive para sempre. McDougall (2000) refere-se a ele: "a nostalgia de um retorno a essa fusão ilusória, o desejo de tornar-se mais uma vez parte dessa mãe-universo onipotente do início da infância, sem nenhuma frustração, nenhuma responsabilidade, nenhum desejo, jaz profundamente enterrada no fundo de cada um de nós" (p. 33); tal como os dragões da pré-história, cuja extinção Freud (1937a) coloca em dúvida. "Aquilo que uma vez adquiriu vida, se apega tenazmente a ela" (p. 292) e dificilmente se extingue.

McDougall (2000) descreve essa fantasia primordial do ser humano de um *corpo-único* como o protótipo biológico na vida intrauterina, onde, de fato, o corpo-mãe proveu todas as necessidades vitais dos dois seres. Ela entende que a vida psíquica começa "com uma experiência de fusão que leva à fantasia de que existe apenas um corpo e um psiquismo para duas pessoas, e que estas constituem uma unidade indivisível" (p. 33). O corpo da mãe segue sendo um lugar ideal e repetidamente perseguido. É para onde, mesmo na idade adulta, o sujeito volta em busca de refúgio e do suposto conforto de que, um dia, desfrutou, quando teve atendidos todos os seus anseios e satisfeitas todas as suas necessidades sem, para isso, sequer precisar pedir.

Garcia-Roza (1995) sublinha que o movimento da libido é o de repetir a experiência de satisfação e, como essa foi inicialmente obtida através do seio materno, a direção desse movimento é a do encontro do objeto, ou melhor, a de um reencontro. Há, porém, uma inevitável e essencial discrepância entre o objeto procurado e o objeto encontrado, o que move a busca do objeto perdido – mas que, na verdade, nunca foi tido. Esse reencontro revela-se, então, impossível, pois o objeto nunca mais será aquele *mesmo*, exatamente aquele.

Para o autor, sequer existe esse "primeiro objeto" pleno, perfeito ou absoluto, em relação ao qual os demais objetos serão simples representações, como cópias redutoras. Garcia-Roza (1995) adverte que o primeiro objeto já se constitui como uma representação marcada por um vazio central que impede que ele seja identificado com a coisa (*das Ding*). "A busca tem como objeto um vazio [...], um vazio central em torno do qual forma-se a trama das representações. Os caminhos dessa procura são os caminhos da memória, caminhos que foram outrora marcados pela facilitação. Ficamos interminavelmente girando em torno desse centro sem jamais atingi-lo. Esse centro é a *Ding* de que nos fala Freud no Projeto" (p. 38-9).

Para não restar dúvida sobre a irrealidade da união idílica vivida no Eu Ideal, sobre a inexistência de uma relação perfeita, sobre a mítica em torno do duplo vivido como idêntico, já no *Projeto*, Freud (1895a/1950) adverte: o primeiro objeto do bebê – tanto o objeto de satisfação como o objeto hostil – é um semelhante, um similar, não é um *igual*. O autor divide o complexo do semelhante em duas partes: uma estrutura constante que permanece como *coisa* (ela é, ela está!); e outra variável – os predicados da coisa –, compreendida pela possibilidade de recordar (já que não está exatamente lá), ou seja, ela tem de ser rastreada até uma mensagem do próprio corpo, para ser, então, *reconhecida*. Com isso, ele já deixa claro que há um movimento em busca, mas que não vai mais se realizar, já que os predicados da coisa nunca mais serão *a coisa*.

Então, que esperança é essa de, um dia, reencontrar o que, na verdade, nunca se teve? Que anseio é esse de retornar para onde, de fato, nunca se esteve? Que desejo é esse de recuperar o que, na realidade, nunca foi do sujeito? Que ilusão é essa que se alimenta? Que falsos relatos cada um conta a si mesmo, imaginando esse estado pelo que tanto se busca? Estranha negociação entre o possível e o necessário, porque parece que criar a ilusão de um reencontro foi a melhor forma de acreditar ser possível deixar o suposto paraíso da união dual e do encontro ideal com um objeto mítico. Por um lado, essa ilusão foi crucial e segue sendo útil, em alguma medida, para continuar avançando, tendo uma promessa e uma esperança. É o que oxigena, reabastece, não para uma espera passiva, mas para ganhar força para manter-se em busca. É o que movimenta para outro lugar, diferentemente da imobilidade do Eu Ideal, onde se tem tudo. É a esperança do reencontro que faz descer do trono e desbravar o território de lá.

Por outro lado, porém, quando se vive com a expectativa do dia de estar novamente unificado, absorvido, integrado por este outro que foi perdido, vive-se com um lamento e com a promessa de algo que, todavia, nunca chegará. Uma busca paradoxal, incessante e incansável daquilo que não se pode desistir, na espera de restituição da plenitude que lá foi supostamente experimentada, urgente e imperiosa. Logo, a presença deste outro com quem se deseja novamente estar, mais uma vez compor e de novo absorver, será sentida como uma questão de vida ou morte. Que confuso jogo de tempos verbais pelo qual no presente se projeta que, no futuro, será recuperado um passado...

Em 1920, Freud anuncia: "o objetivo de toda vida é a morte" (p. 204), para falar deste enigmático engenho pelo qual a pulsão aspira à transformação e ao progresso, ao mesmo tempo que, pelo contrário, ela se esforça para alcançar uma antiga meta, um velho estado inicial, o estado inorgânico, o inanimado. Será nessas complexas manobras psíquicas entre vir do pó e ao pó voltar, entre avanços e recuos, entre nascimentos e mortes, que se dará o trânsito entre Eu Ideal e Ideal do Eu, nosso próximo ponto.

4. Um trajeto do Eu Ideal ao Ideal do Eu

> *Eu não sei fazer metáforas*
> *porque não compreendo metáforas.*
> *Para mim, tudo é literal.*
> *Como meus braços bordados pelas cicatrizes*
> *de todas as tentativas*
> *de me separar do corpo de minha mãe.*
> *Para mim, nunca houve um cordão umbilical*
> *que pudesse ser cortado.*
> *Só a dor de estar confundida com o corpo da mãe,*
> *de ser carne da mãe*
> (BRUM, 2011, p. 15).

Sair do ambiente-útero revela-se insuficiente para uma existência de fato. Deitados no berço esplêndido do Eu Ideal, mãe e bebê desfrutaram de um momento em que não prescindiam de nada. A satisfação da mãe foi recuperar adulta aquilo que há tanto tempo ela perdeu criança; a satisfação do bebê foi viver pela primeira vez a sensação de que o mundo extra útero segue fornecendo seguran-ça e atendimento, pelas mãos da mãe. Ganharam os dois. Contudo, foi preciso dali sair, já que o ganho do Eu Ideal é hipotecado às custas de um *ficar no mesmo lugar*. Para ganhar mundo, o bebê deve deixar as garantias e as certezas do narcisismo primário e expor-se às dúvidas e aos planos abertos do Ideal do Eu.

Então, como o crescimento segue, como o bebê vai adquirindo habilidades e capacidades, como o mundo demanda, como a mãe tem sua atenção chamada para o que antes da gravidez já lhe ocupava e como um terceiro já se faz ver, será preciso ir-se desse lugar da dualidade. Nessa partida, quando a fase do narcisismo primário do bebê vai sendo superada, o pequeno ser que era, até ali, vivenciado pela mãe como duplo, ganha um atributo distinto: depois de ter assegurado aos pais que eles permanecerão vivos através das gerações seguintes e, tendo conquistado o direito a uma existência própria, esse filho poderá viver e crescer.

Na via que leva daí, do Eu Ideal ao Ideal do Eu, do narcisismo ao Édipo, da mãe ao pai, do ser identificado à possibilidade de identificar-se e desejar, Paim Filho *et al.* (2009) indicam o aforismo "Só poderei vir a ser, se tiver sido o duplo de alguém" (p. 91), para evidenciar que todo filho é um duplo da mãe. Então, os autores reafirmam: em um primeiro tempo, isso é constitutivo. Mas, se tudo correr bem, na sequência, esse duplo sofrerá fissuras ou rupturas pela ação interditora da figura paterna, por uma castração que também é estruturante para o psiquismo que deve seguir se desenvolvendo.

Na medida em que mãe e bebê podem renunciar ao fascínio das majestades e abandonar o paraíso ofertado pelo Eu Ideal, há um crescimento psíquico em direção à construção do Ideal do Eu, ao narcisismo secundário, que remete às marcas iniciais da castração e da constatação de que não se *é* tudo nem se *tem* tudo; pelo contrário. No Ideal do Eu, no lugar de receber, tem-se que buscar;

no lugar das certezas, vêm as perguntas; no lugar das garantias, sobram incertezas! Por isso, o estado de Eu Ideal, a procura pela perfeição ilusoriamente desfrutada nos primeiros meses na relação com a mãe, nunca serão de fato abandonados. O Eu Ideal, o precioso narcisismo deixado na infância, será recuperado sob nova roupagem, como compensação ou substituição daquilo que o sujeito foi forçado a abdicar. Freud (1914b) já afirmava:

> O indivíduo se revelou incapaz de renunciar à satisfação que uma vez foi desfrutada. Ele não quer se privar da perfeição narcísica de sua infância e, se não pode mantê-la, perturbado por admoestações durante seu desenvolvimento, e tendo seu juízo despertado, procura readquiri-la na forma nova do Ideal do Eu. O que ele projeta diante de si como seu ideal é o substituto para o narcisismo perdido na infância, na qual ele era seu próprio ideal (p. 40).

Então, ele projeta um Ideal do Eu, que será tributário dos anseios narcísicos e buscará – apenas de formas psiquicamente mais sofisticadas e por trajetos mais longos – alcançar uma vez mais a satisfação completa dos tempos primordiais: o reencontro com o objeto. É assim por toda a vida, em diferentes proporções. Pensemos nessa citação sobre a dificuldade da renúncia do ponto de vista tanto do bebê que cresce, mas também da mãe, pois o recém-nascido viverá esses estados pela primeira vez; a mãe já viveu essa renúncia ou, dizendo mais precisamente, já colocou em suspenso a satisfação advinda desse estado. Para ela, um dos substitutos para tal satisfação – que pôde ser readquirida quando recebeu no corpo e nos braços seu filho, extensão do narcisismo perdido – é justamente seu fruto; é natural, então, que o primeiro investimento, que o primeiro amor seja um substituto para o narcísico perdido.

4. UM TRAJETO DO EU IDEAL AO IDEAL DO EU

Retornamos à literalidade do autor, quando Freud (1914b) reconhece que o amor dos pais pelo bebê que nasce é originalmente narcísico, que virá a ser amor objetal, mas que "revela inconfundivelmente a sua natureza de outrora" (p. 37). Quando define que o amor parental guarda sua natureza de *outrora* – ou seja, a narcísica –, ele aponta para a importância de que o que é investido em um primeiro momento nesse que vem marcar a descendência, seja *transformado* em um segundo momento em amor objetal. Todavia, essa transformação de um amor narcísico em amor objetal tomará um bom tempo e demandará bastante trabalho psíquico.

O próprio Freud (1931) já apontara que o amor infantil – que é desmedido, exige exclusividade e não se contenta com frações – não tem como obter essa satisfação plena; por isso, a criança está *condenada* a decepcionar-se e a reagir com certa hostilidade. Mais tarde, felizmente, a falta dessa satisfação completa favorece um resultado diferente: ela assegura que o investimento libidinal abandone sua posição fixa e insatisfatória, para buscar outra nova e, assim, seguir no rumo do desenvolvimento, com movimento.

Com essa observação, Freud deixa clara a importância de que a sintonia perfeita que parecem ter, a mãe e o bebê, se mostre incontinuável e, assim, com este inevitável e necessário confronto, abra espaço e condições para o livre trânsito da libido. Depois de tomar o bebê como extensão, a mãe que se reconhece castrada conhece também a não perfeição, o não ilimitado e a ambivalência das relações. Ela sabe que não é tudo para ele, e que ele não tem como ser só dela; é aí que o *infans* pode ganhar *status* de sujeito e seguir em direção ao mundo, trajetória que o leva da relação dual idilicamente vivida com ela, para uma relação vivida com um terceiro que já fez por se apresentar. Do par ao ímpar.

Depois de nascer, o bebê levará algum tempo fazendo uma transição do útero para o seio, do seio para o colo e, então, do colo para o mundo. A exclusividade da relação com a mãe deverá ser rompida depois da separação dos corpos, mas o trânsito até o solo estrangeiro não se dará sem dor, sem força, sem contração, sem uma contra-ação, sem uma contracarga, sem um contrainvestimento. E não será fácil; não será um caminho sem obstáculos. Para percorrê-lo, alguns anos serão necessários, e um intenso trabalho psíquico terá de ser executado por alguém que adquirirá, muito lentamente, o desejo e o direito de ver-se longe da mãe.

Freud (1920) descreve o natural movimento que vai acontecendo no sentido da pulsão que nunca deixa de lutar por sua satisfação plena, o que consiste na repetição de uma experiência primária de satisfação. No entanto, formações reativas, substitutivas e sublimatórias – engendradas para alcançar mais uma vez a satisfação primeira – não bastam para remover a tensão persistente. Assim, será essa diferença entre a satisfação *exigida* e a que é realmente *encontrada* que impulsionará o sujeito para outra posição, sem consentir na permanência em posições anteriores alcançadas. "O caminho para trás, para a completa satisfação é, em geral, obstruído pelas resistências que mantêm as repressões, e assim não resta senão continuar pela direção de desenvolvimento ainda livre, embora sem perspectiva de encerrar o processo e poder alcançar a meta" (p. 210). É como um empurrão para frente, a melhor garantia de uma abertura possível.

O desenvolvimento do Eu seguirá a partir do afastamento do narcisismo primário, provocado pelo deslocamento da libido em direção a um Ideal do Eu imposto de fora, por um terceiro. O Ideal do Eu é, para Freud (1921), o herdeiro do narcisismo original em que o Eu infantil bastava-se a si mesmo, e é só por essa possibilidade – de refugiar-se, então, no Ideal do Eu que está por vir – que ele *aceita* negociar com o Eu Ideal. Porquanto possa abdicar de seguir exclusivamente guiado pelos princípios desse Eu Ideal, pode aceitar as imposições e exigências que o mundo faz; pode e tem que buscar, então, outras formas, meios e metas – melhores e piores – de encontrar satisfação no Ideal do Eu, na comparação com o Eu.

O perigo de desamparo psíquico – equivalente ao desamparo biológico, um perigo real de vida do Eu imaturo – evoluirá, depois, para o perigo da perda de objeto da primeira infância, quando a criança é ainda dependente em grande medida do objeto. "A falta da mãe torna-se o perigo; tão logo este surge, o bebê dá o sinal de angústia, ainda antes que se instale a temida situação econômica" (FREUD, 1926, p. 80). A mudança de um estado de completa dependência para um estado de dependência relativa é o primeiro grande passo à frente, na possibilidade da criança de ganhar algum recurso para a autopreservação, quando, ao invés de ser tomada pelo aparecimento involuntário da angústia automática, ela poderá acionar intencionalmente a angústia-sinal.

Quando há este encaminhamento, já podemos observar recursos e movimento, não mais uma relação que encerra o bebê no seio materno. Será um vínculo que abre caminho para outro lugar, na medida em que ele vai suspeitando e, depois, descobrindo que o mundo é maior que o colo da mãe. Então, ele habita o solo do corpo materno, onde nasceu, até que, um dia, mais instrumentalizado psiquicamente, quer e pode deixá-lo. É esse dia que marca o início de sua existência individual, quando, além de um nome registrado em cartório, ele começa a se constituir como sujeito, sujeito de si.

Tesone (2006) descreve este lento e difícil processo. "Confrontado com a dor da separação do corpo a corpo com a mãe, o bebê alucina primeiro o objeto primário, aparece o chamado; a seguir os choros e o grito; mais tarde o balbucio e os primeiros fonemas" (p. 125). Assim, a saída do que o autor denomina de *a relação intracavitária com a mãe* abre espaço para a aquisição da linguagem que compensa a ausência, que aproxima e separa a cada momento;

introduz também a estrangeiridade do outro, para além da própria mãe. A partir daí, o sujeito recalca o desejo de continuar sendo parte indissolúvel do outro-mãe que é contraditório com o desejo de ser ele mesmo. A nostalgia de tal estado será compensada pela gratificante sensação de sustentar uma identidade separada, enquanto se conserva um acesso somente virtual à unidade original.

Em um determinado ponto, em paralelo a tudo o que a mãe garantia, nutria e provia, felizmente, ela começa a frustrar, ausentar-se, apartar-se. Nenhuma mãe pode estar presente o tempo todo e nem fornecer todas as respostas às demandas do *infans*. Por algum tempo, o bebê chorava, e a mãe vinha quase que imediatamente, até que ela começa a demorar uns minutos, e ele tem que chupar o bico; até que ela começa a se afastar, e ele tem que chupar o dedo; até que ela começa a se atrasar, e ele tem que balbuciar. Quando formas variadas da satisfação alucinatória do desejo não dão mais conta, um dia, ele terá que forçosamente falar, para que a mãe lhe forneça aquilo de que precisa. Os momentos de necessidades não atendidas surgem e introduzem a criança na falta, o que é um espaço valioso para ela.

A questão da língua dá materialidade a esse processo que deve ocorrer internamente, em primeiro lugar. Tesone (2006) detalha-o, usando as expressões *língua da mãe, língua materna* e *língua própria* para distinguir momentos que devem se suceder. De início, é inevitável que a única língua existente seja a *língua da mãe*, pois o *infans* ainda está destituído de linguagem; contudo, deverá haver um distanciamento dela. Aquele que cresce vai reconhecendo que a língua da mãe não é sua propriamente, mas é de um outro; com tal reconhecimento, poderá fazê-la menos solene e dessacralizá-la, como o autor define.

Diferente da língua que é propriedade da mãe, a *língua materna* – já adjetivada – exige fazer-se própria em algum momento, o que atribui um sentido singular ao sujeito. Desejar a língua materna implica logo desprender-se dela para poder, finalmente, reinventá-la como uma língua própria. Como se dará essa aquisição? Tesone (2006) toma a expressão italiana *traduttore, traditore,*[1] para questionar: *traditore* de quê? De quem?

> *Traditore da língua materna, de sua sintaxe, das nuances de sua gramática impossíveis de reproduzir fielmente em outra língua. Mas, acima de tudo, traditore da língua da mãe, isto é, do discurso que dirige uma mãe a seu filho desde o momento do nascimento, da obrigação de sentido que ela impõe ao infans ao estreitá-lo entre as redes de suas palavras. Essa obrigação de sentido está em funcionamento em toda relação mãe-filho; no entanto, uma traição em relação ao discurso da mãe será necessária para a conquista de um poliglotismo. Deixar para trás a língua da mãe equivale a sair da relação fusional da confusão de duas vozes que não se expressam senão em uníssono (p. 141).*

Vai ficando cada vez mais marcada a necessidade de o império da relação dual e fechada ir, progressivamente, cedendo lugar a uma relação triádica. O investimento dual – que é narcísico – constitui o Eu que, no entanto, permanece onde está, ainda em um estado de não desejo, se não puder avançar. Então, será fundamental que um investimento objetal constitua o psiquismo, inserindo o bebê em um mundo de desejo, a partir do qual ele pode ir se movimentando, expandindo e povoando seu mundo de objetos.

Freud (1910b) comenta que a escolha de objeto e a vida amorosa têm a mesma origem psíquica, qual seja a fixação infantil de

---

1 Tradutor, traidor.

sentimentos ternos na mãe, mas elas representam um dos desenlaces de tal fixação. Então, ele faz uma colocação impactante: "impõe-se, aqui, a analogia com a forma do crânio do recém-nascido: após um parto demorado, o crânio da criança apresentará o molde da pelve da mãe" (p. 340). Impactante, mas uma metáfora rica para compreendermos que a demora em nascer simbolicamente, podendo separar-se do corpo que abrigou, deixa sérias consequências na constituição psíquica, qual seja, de modificar o Eu. Destaca, assim, a importância desse desenlace e de que o ponto de origem fique na origem, fique para trás, fique lá atrás, com o risco de que, caso isso não aconteça, o sujeito perca a forma que lhe é própria e tome a forma da mãe como se sua fosse.

A triangulação só pode ser assim concebida e vivida, uma vez que for reconhecida a falta, a incompletude, a castração por todos. Para o bebê vir-a-ser, seus objetos devem se saber castrados, sendo capazes de abrir espaço para que ele se constitua um sujeito. Para que este parto se realize, a mãe deve desalojar-se para desalojar seu bebê. Quando a mãe vive os progressos e as aquisições com serenidade, eles serão mais bem vividos e mais proveitosos para seu filho. Na medida em que cresce e amadurece, a criança aprende que ela é ela mesma e não sua mãe ou um pedaço dela. Tanto para um como para o outro, novos objetos deverão marcar presença, tirando cada um deles do círculo fechado simbolizado pelo útero materno que tudo continha.

É, pois, fundamental nascer, crescer e seguir. Naouri (2002) caracteriza: "aqueles poucos segundos que, às vezes, transcorreram entre a expressão da necessidade e a sua satisfação conferiram progressivamente à criança a consciência do seu lugar, fora do ventre materno onde o adiamento não existia. Acostumar-se com esses tempos de espera forjaria nela a consciência do corte e da diferença dos corpos e seres" (p. 80). O autor é taxativo: "é dessa maneira, é apenas dessa maneira, que ela [mãe] pode mostrar ao filho que ele não constitui todo o seu universo, que ela tem outros interesses reais na vida além dele, que ela aceita e assume o fato de tê-lo posto no mundo" (p. 81). Atravessando essa experiência de múltiplas perdas – perda de sua posição de onipotência, de seu poder exclusivo, de seu saber absoluto –, ela permite que ele viva; ela lhe confere a vida com uma intensidade e uma força infinitamente maiores.

No difícil processo de libertar-se, separando-se da dualidade, McDougall (2000) anuncia que, felizmente, há em todos uma dupla busca psíquica: fundir-se completamente com a mãe e, ao mesmo tempo, diferenciar-se dela. Da tentativa de, por todos os meios disponíveis, recriar a ilusão de unidade total com o seio-universo, o bebê, em paralelo, lutará com a mesma energia para diferenciar seu corpo e seu Eu nascente do corpo e do Eu de sua mãe. A autora observa que, na medida em que o contato corporal diminui, as formas gestuais e corporais de comunicação com a mãe poderão ser substituídas pela linguagem, pela comunicação simbólica. O lactente torna-se uma criança dotada de palavra, capaz de conceber e pronunciar a palavra *mamãe* para evocar a atenção e a proteção dessa que já não se põe aderida a ele.

Segundo McDougall (2000), o lactente aprende rapidamente os gestos e movimentos que fazem com que a mãe se aproxime, bem como os que não obtêm resposta ou os que despertam a rejeição. Ele também envia constantemente sinais que indicam suas preferências e aversões. Se a mãe estiver livre de entraves internos, ela saberá compreender do que se trata. Para que ele comece a falar, porém, a mãe terá que parar de compreendê-lo sem palavras, ou seja, será uma movimentação iniciada pela mãe e, a partir daí, perpetrada por ambos.

A comunicação é um dos destinos possíveis para aquela alteração interna que o bebê executa simplesmente, lá nos inícios.

Valls (1995) explica que, se o seu choro não é ouvido ou é mal interpretado pela mãe, ele se converte em angústia; se ele é escutado e compreendido pela mãe, ele se converte em linguagem e comunicação. Ou seja, a mãe tem possibilidade de promover ou interceptar essa aquisição.

Nessa movimentação que é feita por um e por outro, cada um desacomodando o outro desses lugares fixos, a mãe – até então sempre atenta e inteiramente ligada – terá de escutar o bebê; ele, por sua vez, terá de se fazer ouvir, pois a mãe – essa mulher – já está dirigindo seu olhar para o lado. Logo, quando ela não está mais completamente lá, o bebê pode e deve começar a ativamente buscar o objeto, chamá-la quando dela precisar, mas igualmente se interessar por outros objetos, lançando o seu olhar para outros lados que não o lado da mãe, dentro da mãe.

Não será em linha reta que esse avanço seguirá e que essas possibilidades se abrirão. Para a mãe, a realidade crescente do bebê traz o sinal da separação, necessária separação, dolorida separação. Tesone (2015) advoga que é função prínceps da família produzir essa separação e a conquista de uma alteridade. A criança tem seu próprio mundo intrapsíquico; porém, sua alteridade vai ser fabricada no terreno intersubjetivo, na relação com objetos externos que já falam e que já são sujeitos de sua própria história.

É nessa linha que vai também Zak Goldstein (2000), quando anuncia que, se a mãe se enfrenta, ampla e definitivamente, com a angústia da castração, ela pode ir de forma gradual – ainda que angustiante, em suas implicações de desamparo – liberando seu bebê, que começa a distrair-se auxiliado pelos objetos e fenômenos transicionais. "Nesse tempo, ela tolera e treina-se na máxima experiência de desprendimento: a renúncia à sua 'possessão bebê'. Passagem decisiva de bebê-possessão a filho-outro" (p. 104).

4. UM TRAJETO DO EU IDEAL AO IDEAL DO EU

Tendo sido liberado pela mãe para ser outro, o bebê viverá a interrupção da fusão como "uma marca indelével acompanhada de angústia e de um sentimento de faltar 'algo'. Algo que se quer e que se teme" (p. 24), mas que – atenta Zak Goldstein (2000) – também constitui motor do desejo. O desmame será um dos marcadores em que tem início o reconhecimento do não-Eu. A mãe vai se afastando fisicamente e interrompendo, por instantes, o circuito pulsional e a comunicação sem palavras, até o tempo que a autora chama de *desencontro libertador*. Libertador para o bebê, por vezes doloroso para ele, muitas vezes doloroso para a mãe; sabemos a dor de "ter de transitar novamente nos traços daquele sentimento de mal-estar, desamparo e inquietude insaciável, próprios dos tempos estruturantes" (p. 116). A mulher-agora-mãe terá de novamente deixar a (re)vivência da ilusória fusão.

Neste momento, a mulher que viveu com seu filho, por alguns meses, o tão sonhado retorno ao estado de fusão que todos anseiam, tem de se deparar com aquilo que esteve até ali suspenso: a angústia. Não por acaso, Freud (1926, 1933c) define que a angústia repete a situação em que ela irrompeu pela primeira vez: no nascimento, que representou a separação da mãe. Assim, diremos que, nessa vivência de tantas intensidades e revivências como é a maternidade, essa mulher é revisitada pelos sentimentos e pelas sensações por que teve de passar quando ela mesma era um bebê e uma criança; conforme tiver experienciado e elaborado tudo isso lá, estará mais ou menos preparada para reviver tudo isso aqui.

Para Zak Goldstein (2000), idealmente, quando for mãe, essa mulher já deve ter passado pelo duplo trabalho psíquico de, em sua infância, castrar a mãe fálica pré-edípica e conseguir reconhecê-la como *não toda*; depois, sustentar em si mesma os efeitos dessa separação, que funda a experiência subjetiva de sua própria incompletude. A vivência da maternidade – que a autora considera central na vida psíquica da mulher que a deseja – consolida-se nas renovadas experiências de compromisso, corte e descomprometimento carnal, pelo efeito irreversível do ato de partejar e, logo, deixar sua prole viver uma vida psíquica autônoma.

Parece, então, que há um momento em que três tempos se encontram: essa mulher primeiro foi filha de uma outra mulher, sua mãe; depois, ela é mulher, pela possibilidade de ter se visto separada da mãe sem considerar-se incompleta por isso; agora, ela é mãe de um filho ou uma filha. Este delicado e enigmático jogo dos tempos põe à prova como as vivências desses tempos todos se conjugam, em um só tempo, em um só ato.

Nessa conjugação, durante essa passagem, Zak Goldstein (2000) descreve um transitar fundamental para que o bebê ascenda à condição de filho, entendido como a cria humana capaz de engendrar seu próprio desejo diante da experiência de corte e separação, que acompanha a ruptura da ilusória completude narcísica fundadora. O reconhecimento de seu desejo e das fantasias inconscientes que lhe são singulares serão seu organizador psíquico. Ao lado dele,[2] quando predomina o amor objetal, a jovem-mulher-mãe reconhece e vai tolerando sua própria alteridade e incompletude. Quando faz a conversão do desejo de falo (antiga reivindicação da menina primeiro à mãe e, depois, ao pai na conflitiva edípica) para o desejo de bebê, a mãe está fantasmaticamente tramitando no vir-a-ser mãe e no criar. Diante de uma série sucessiva de inquietantes e decisivas experiências de desprendimentos, seu anseio de completude vai sucumbindo, o que é um tempo decisivo do Édipo feminino: tempo que, então, instala na mulher a plena vigência da castração simbólica.

---

2 Mas penso que a mãe está sempre um passo à frente, sempre com uma anterioridade aos processos que, então, na esteira dela, poderão se efetuar nele.

Afastando-se a uma distância adequada dos perigos da sinistra fusão diádica, Zak Goldstein (2000) avalia que a mãe cumpre uma dupla função: "exigida de castrar e de castrar-se simbolicamente para viver, consegue 'salvar-se', 'salvando' sua cria" (p. 102). Assim, libera seu bebê para que ele, de forma segura, aventure-se no mundo; fora da díade, ele ganha direito à existência e se constitui como um outro a ser descoberto por essa mãe. Porém, podemos inverter: ela consegue salvar sua cria, depois de salvar-se: ela primeiro se percebe castrada e, então, pode indicar a castração que segue na geração seguinte.

Nessa passagem entre ter o bebê para si e promover que o bebê tenha uma existência própria, Julien (2000) coloca voz na cena inconsciente entre ele e a mãe. Em relação ao desejo da mãe, o bebê primeiro se perguntaria: *o que quer ela de mim?* O autor observa: "deitado, ele vê com seus grandes olhos abertos uma alternância de presença e ausência do corpo da mãe: seu olhar, seu rosto, suas mãos, seus seios. Corpo privilegiado, voz insubstituível porque além do útil e da satisfação das necessidades físicas" (p. 47). É como se o recém-nascido constatasse: "eu grito, ela vem. Ela vai embora. Grito ainda, ela não vem. Não grito, ela vem. Sua presença não depende do meu apelo. Então... De que, pois?" (p. 48). É um enigma que o bebê mesmo não tem como responder.

Sem uma resposta para a interrogação sobre o desejo do outro que continua sendo enigmático, advém a angústia. Semelhante ao *desencontro libertador* proposto por Zak Goldstein, Julien (2000) nomeia como resposta libertadora, negação criadora, castração liberadora, aquilo que cabe à mãe dar. Para o autor, a mulher que coloca a conjugalidade antes da parentalidade pode com tranquilidade revelar ao filho a razão da alternância de sua presença e de sua ausência: "não tu primeiro, mas alhures naquele lugar em posição *terceira* entre ti e mim, naquele lugar de minha falta cujo nome te transmito" (p. 48). A mãe, enquanto mulher, marca para o filho um lugar em posição terceira. Anuncia o pai.

Julien (2000) retrata de forma especialmente delicada todo este processo: "esta perda da origem, este des-prendimento, este deixar--ser, este *Gelassenheit* só é possível graças a pais que, em razão de sua conjugalidade (única ou múltipla), puderam compreender que 'pôr no mundo' é saber retirar-se, da mesma forma que o mar cria o litoral: retirando-se" (p. 47). Metáfora plena de beleza e de sentido: um tanto praia, um tanto mar, um tanto litoral, por vezes todos, por vezes cada um.

Se tudo correr bem, a apresentação inicial da vida de cada bebê nascido percorrerá os trâmites necessários desde os primeiros investimentos narcísicos – a libido dos objetos parentais, além da pulsão de morte deles impressa no bebê – até a vivência de um Édipo em que, de dois, fazem-se três, cada um no exercício de sua função no complexo. A criança chegará à conflitiva edípica e terá de haver-se com toda a disputa que a compõe. Da (aparente) tranquilidade de, na relação pré-edípica, ter tudo já providenciado e assegurado por uma mãe inteiramente identificada e a ela toda dedicada, essa criança terá, no Édipo, que lutar por aquilo que deseja, na medida em que vai descobrindo que a falta há para todos.

Na passagem para o Édipo, o pai

Se o Eu Ideal pousava no seguro solo do narcisismo primário, com as supostas garantias da relação dual, o Ideal do Eu da criança – já não mais um bebê – vai aventurar-se no terreno incerto da conflitiva edípica, sem muitas seguranças, já que ali também habitam novos personagens que impõem uma luta cuja vitória não está assegurada, muito antes pelo contrário. Pode parecer melhor, então, no imóvel Eu Ideal deter-se; pode parecer desvantajoso avançar nesse móvel solo edípico. Mas não.

Feito à imagem e semelhança de seu objeto de investimento amoroso, Narciso esteve detido na beira da fonte, fixamente encantado com esse objeto que era nem bem ele, nem bem não ele. Fechado em si mesmo, mas ao mesmo tempo sendo completado por esse duplo, esse reflexo, esse igual a ele, Narciso alimentou-se daquilo que se mostrou irrealizável: na ilusão de ter o objeto ali, sempre ali, ele nunca pôde de fato tê-lo. Já Édipo é um errante; ele precisou percorrer caminhos para fugir do que o levaria à morte e, paradoxalmente, para encontrar seu destino. Muito andou e muito aconteceu: enfrentamentos, parricídio e incesto, não pôde furtar-se de ser protagonista de uma história que era sua.

Esta movimentação precisa acontecer no desenvolvimento da criança engendrada de forma complexa por três personagens: ela, a mãe e o pai.[3] Tendo feito, por algum tempo, o bebê alvo de seus investimentos libidinais, a mãe vai naturalmente deslocando seu interesse para outros lugares e pessoas, pois sabe que ele não é – ninguém é, nada é – nem posse sua nem complemento seu e que ele não é capaz de restituir-lhe a condição que ela mesma, quando pequena, teve de abandonar. Na melhor das hipóteses, a mãe executará este afastamento necessário, quando ela mesma tiver outras fontes de gratificação e não depender, para se sentir realizada, de manter o bebê como seu duplo, sua extensão ou sua propriedade.

Nesse trajeto, o reconhecimento da diferença de gerações, dos sexos e da alteridade são aquisições psíquicas fundamentais para a criança que cresce. Contudo, não é um caminho que ela trilhe sozinha: seus pais terão protagonismo nesse momento. Em virtude

---

3 Não custa relembrar que "pai" aqui se refere a qualquer pessoa que cumpra a função de terceiro.

do desamparo, tais relações são assimétricas já desde o começo da vida; por isso, por seu estado de ainda dependência, indica Faimberg (2001), ela precisará que eles estejam presentes para permitir e operar estas difíceis conquistas, que eles a reconheçam primeiro como diferenciada de sua própria história edípica. Importante marcar que considero que a mãe, como primeiríssimo objeto da vida de um bebê, tem um protagonismo ainda maior que o pai. Este deve chegar um pouco depois, mas em um *depois*.

Faimberg (2001) propõe a expressão *configuração edípica*, para incluir relações recíprocas, tanto de filhos com pais – como é mais corrente vermos teorizado –, como de pais com filhos. Conceito mais amplo que a *conflitiva* edípica, a configuração edípica inclui dois aspectos: por um lado, o conhecido complexo de Édipo, ou seja, a relação da criança com os pais, seus desejos incestuosos por um dos pais e desejos de morte pelo outro, desejos inconscientes, universais e indestrutíveis; por outro lado, o significado que a criança pressente ter para seus pais, ou seja, como eles reconhecem sua alteridade e como vivem as características que são *dela*. "A forma pela qual [a criança] organizará seus conflitos edípicos depende desta visão [dos pais]" (p. 140). Ou seja, *pais* anterior ao *filho*.

É como destaca Cromberg (2001): a mãe terá de significar nitidamente tanto ao filho como à filha que ela tem outros horizontes para além deles; terá de deixar claro que, como objeto de desejo e amor, ela tem seu parceiro, que é, inclusive, quem fica no lugar de salvar a todos. Esta mostra requer que a mãe seja capaz de uma renúncia total e deliberada de sua propensão incestuosa, já que somente colocá-la em repouso não seria suficiente para liberar sua prole.

Falamos aqui nos melhores casos, e nem neles é um processo simples. Não é fácil para nenhum componente do par mãe-bebê; então, se a mãe não estiver em condições de fazer essa separação e renúncia sozinha, o bebê ainda terá a chance de ser retirado da cena por aquele que vem mostrar que essa dupla não poderá manter por muito tempo a idílica união do narcisismo primário, de profunda e perfeita comunicação: o pai. Se mãe e bebê não conseguem executar esse movimento de retirada por si, esse terceiro tem de, na saída da relação dual, apresentar-se e inaugurar a conflitiva edípica. Esta possibilidade, contudo, está condicionada à força da voz da mãe, esta que guardou até ali a propriedade e a exclusividade sobre sua cria. A austeridade com que ela se fez respeitar até aquele momento abrirá espaço ou não para que mais alguém divida com ela a influência ou o arbítrio sobre a formação da criança. É assim que um terceiro se apresenta, com o corte que inaugura a dimensão da ausência e seus efeitos determinantes na estruturação psíquica.

O pai é francamente identificado pelos autores como aquele que executará a função de corte, de interdição do incesto, de regulação da unidade fixa, de chamamento para fora, de apresentação do mundo, de introdução do terceiro, do ensino da nova língua, de anúncio da possibilidade simbólica.

Dessa possibilidade, Zygouris (1995) entende que o espaço aberto será preenchido aos poucos, por esse outro que entra na cena: o pai, os pais, o estrangeiro, o conceito. De objetos da mãe a objetos da criança, vários carretéis de um *fort-da* que une e separa; a experiência de separação será feita *brincando* com esses objetos: o pai é o estrangeiro mais próximo, que faz laço com o Dois inicial, ao mesmo tempo em que o rompe. "Nesse último ponto de cumplicidade salvadora contra a onipotência desse corpo exageradamente familiar e de seus cuidados inevitáveis, só o estrangeiro poderá vir abrir o recinto materno, para o mundo no qual nem todas as línguas terão de ser necessariamente maternas" (p. 20).

Todavia, não é qualquer um que pode ao mesmo tempo romper o laço: "não é *pai* qualquer homem da mãe, nem todo genitor.

Não é cúmplice possível da criança aquele cuja relação com o exterior está barrada por uma espécie de ser que, muitas vezes, ele próprio chama de MINHA MULHER e que não passa do papel carbono da mãe, a sua e a da criança" (ZYGOURIS, 1995, p. 20, grifos da autora). Haverá de ser alguém com força e valor. Forte a expressão que Zygouris escolhe: *papel carbono*, que apenas reproduz tal e qual o que foi escrito pelo original; cópia redutora e imperfeita daquilo que se registrou sobre ele, deixando-o sempre embaixo do que é a versão mais perfeita.

Zalcberg (2003) também reconhece o pai como aquele que ocupa um lugar simbólico que regula a posição do filho. No exercício de sua função, ele institui a primeira separação na relação fechada, característica dos primeiros tempos da vida da criança, quando ela esteve totalmente submetida aos desígnios da mãe. O registro da intervenção simbólica do pai é marcado tanto na filha como no filho; porém, o destino dessa marca será diferente em um e em outro caso. A autora discrimina: no menino, a separação com a mãe se dá através da identificação masculina recebida do pai; já a menina não poderá contar com a identificação masculina para separar-se dela. A filha "terá ainda, à saída do Édipo, de continuar a procurar uma identificação feminina; esta só poderá encontrar junto à mãe, mulher como ela. Com isso, o processo edípico no caso da menina deixa um resto na condição de separação com a mãe" (p. 15).

Retomando agora o trajeto até aqui andado – no livro e na vida –, diremos que, idealmente, o investimento no filho que nasce é, em um primeiro tempo, narcísico. Idealmente, a qualidade narcísica do investimento materno ganha contornos pela força interditora e transforma-se em objetal, quando a mãe passa a reconhecer seu bebê como alguém que, separado dela, tem uma existência própria: tem seu jeito, suas diferenças, preferências, necessidades e desejos. Idealmente, esse reconhecimento abre espaço entre a dupla – que até ali viveu como *um* – para a entrada do terceiro, este que anuncia a ambos que há muito mais a ver e a viver do que só um ao outro. Idealmente, chegamos ao Édipo propriamente dito, quando a triangulação garante que cada um terá *um outro* para investir.

Para que se ande até aí, até a conflitiva edípica, a criança pequena será impulsionada por seus próprios desejos primitivos. Parricídio e incesto – impulsos presentes desde sempre na raça humana – lhe farão ingressar nesse difícil terreno que é o duelo com as figuras parentais da infância: seduzir um e matar o outro, complicados desejos mesclados com o amor também presente. No entanto, vemos como os movimentos da criança serão promovidos ou impedidos pelas figuras parentais, cada um a seu modo.

Quando Freud (1914b) indaga-se sobre o movimento que faz cruzar as fronteiras do narcisismo na direção do investimento libidinal do objeto, ele mesmo responde: "afinal, é preciso começar a amar, para não adoecer" (p. 29). Como aplicar essa conhecida indicação pensando na dupla mãe-bebê? Pensando que, quando não precisar mais ficar mergulhada ou ser engolida pela atração narcísica da unidade, a mãe, naturalmente, redistribuirá seu foco de atenção para pontos cada vez mais variados e amplos e levará seu filho a também fazê-lo: ela voltará a amar e a investir libidinalmente outras pessoas e coisas, e ele poderá começar a amar e investir ativamente outros objetos. O *adoecer* aqui seria a detenção narcísica.

Então, para além dos impulsos intrapsíquicos da criança, quando abrimos o foco de luz, encontramos a presença do objeto materno que facilitará o trajeto, ou o dificultará, impedindo esta conquista pessoal. Sabendo-se castrada, a mãe que puder investir um terceiro (e não o bebê) como parceiro sexual – então, seu par complementar – auxiliará o bebê no caminho até o estrangeiro, quando ela mesma volta o olhar que, até então, estava encantadamente e absolutamente dirigido ao recém-nascido, para esse outro, adulto como ela e que pode satisfazê-la de outras formas, naquilo que ela sabe e admite que não tem. E, para além dessa dupla, encontramos a figura do terceiro que se fez olhar com olhos de desejo pela mãe que se lembra que, além de mãe, é mulher.

Idealmente, as coisas assim correriam, mas e quando isso não se dá desta forma? Uma mãe que se sabe castrada é capaz de abrir espaço para que um sujeito se constitua. Nas histórias de captura, porém, não é o que veremos acontecer. Muitas das analisandas que procuram, em nossas salas de análise, a muito custo, uma possibilidade de discriminação, não tiveram exatamente essa mãe e esse pai; muitas filhas sequer cogitam buscar algo que não seja aquilo que já têm; alguém que não seja aquela que as conhece desde antes mesmo de nascerem, aquela que lhes deu nada menos que a vida. O conhecido bordão *um é pouco, dois é bom, três é demais* ganha contornos sinistros.

Muitas vezes, seremos nós, analistas, o primeiro objeto estrangeiro a ingressar no apertado espaço da dualidade, onde mal cabem dois. Nesta dinâmica, teremos uma mãe fálica que comanda com mão de ferro o não reconhecimento da castração, que implicaria considerar tanto a proibição do incesto como a diferença de gerações. Adentremos agora nos cantos escuros e nos lugares mais apertados dessa relação, onde a mãe mantém a filha – especificamente a filha – na posição fixa e imóvel de completá-la.

5. A história antes da história: quando a mãe fálica era filha

Se eu nada sou além desse corpo torturado
que nem é posse, é extensão,
o que eu teria a dizer de meu?
As palavras que rastejam de mim
como vermes gordos de hemácias
me fazem desconfiar
de que não há um sujeito que diz,
não há eu. Então, quem fala?
De quem são as palavras que me constrangem?
(BRUM, 2011, p. 16).

Tendo passado pelos melhores casos e visto como se dão os processos e movimentos, os encontros e desencontros entre uma mãe e seu bebê, mergulhamos no mais obscuro terreno dos investimentos mortíferos que caracterizarão o que cunhei como as *histórias de captura*, ou seja, histórias em que, por não se haver com questões de seu próprio desenvolvimento, uma mãe fará verter sobre a filha o que ela não pôde elaborar em si.

Antes, porém, de falar da filha que chegará em nossas salas de análise, falaremos de sua mãe. Em um tipo de *flashback*, para conhecer a história anterior à história e o que pode ter havido com essa mãe, examinaremos que caminhos ela, quando menina, percorreu, que objetos encontrou, com o que pôde contar e onde *não* pôde se apoiar, para chegar a ter de constituir-se fálica e – já crescida – sustentar a qualquer custo para si e para os outros, sua absoluta e inquestionável completude. O que fez com que ela ficasse impedida de romper, em um segundo tempo, o circuito fechado em torno da dupla que formou quando trouxe ao mundo o fruto de seu ventre? O que aconteceu em *sua* infância, para que ela impeça esse fruto de ver-se *longe do pé*?

Pensar sobre isso nos permite mais entender do que culpabilizar essas mães. A Psicanálise vem para lembrar que a grande maioria das pessoas pode ser *compreendida* naquilo que lhes trouxe até o momento, da forma como internamente estão. Não estamos nem com nossos analisandos nem com seus pais e suas mães na posição de apontar o dedo para um culpado. Em nossas salas de análise, temos divã e não banco de réus. Logo, por óbvio que pareça, lembraremos que, na maior parte das vezes, essas mães não são assim porque querem, porque escolheram, porque gostam, ou porque são más. Elas também tiveram vivências problemáticas com seus próprios objetos parentais e só puderam se estruturar dessa maneira. Elas se constituíram assim porque também tiveram uma mãe e um pai, que também tiveram uma mãe e um pai, e assim até o início dos tempos, desde a primeira mãe e o primeiro pai.

Então, para seguir pensando nas narrativas que escutamos hoje na clínica, transportar-nos-emos para décadas atrás, quando essa mãe era ainda uma filha, havendo-se ela mesma com a passagem da relação dual pré-edípica para a triangulação edípica, em seu próprio desenvolvimento. Vejamos o que pode ter se passado, para que, ao ingressar em sua conflitiva edípica, esta mãe fálica das histórias de captura – então menina – não tenha podido vivê-la satisfatoriamente.[1]

Freud (1933d) demarca que o primeiro objeto do bebê é a mãe. É natural que assim seja, tendo em vista que os primeiros investimentos objetais ocorrem se apoiando na satisfação das necessidades vitais. Nisso, menino e menina não se diferenciam; as circunstâncias que envolvem o cuidado são as mesmas para ambos. Porém, no transcorrer do tempo, diferente do menino, a menina tem uma dupla troca a ser feita: de zona erógena e de objeto.

A menina que viveu até um ponto como um duplo da mãe desconhece as diferenças e ignora a relação com um objeto separado dela. No estado de completude demandado por suas necessidades narcísicas – e ofertado (ou imposto) pela mãe que a completa e é completada por ela –, ela goza da bissexualidade e da igualdade em relação ao outro. Com a gradual separação da mãe e proporcional aproximação do outro, será inevitável que ela descubra muito disso que, até então, foi feita ignorar: a diferença.

Inicialmente, por desconhecimento, a menina equipara o clitóris ao pênis, já que é ele, na fase fálica, a zona erógena pela qual

---

1 Antes de prosseguirmos, um comentário: para refletir sobre a vivência especificamente da filha nas relações com a mãe e logo com o pai – essas duas figuras de importância inaugural –, tomaremos os escritos freudianos sobre esse momento precoce do desenvolvimento psicossexual, mas convidaremos o leitor a ler metaforicamente o que Freud vai propondo. Fazer esse exercício de tomar não de modo concreto o sexo ou o gênero, o corpo e os órgãos aos quais ele se refere, amplia a possibilidade de pensarmos o que subjetivamente ele entende que precisa ir acontecendo na evolução de uma criança.

ela tem excitações. Então, seguindo a proposta freudiana, na primeira das duas tarefas a ser cumpridas nessa fase, o clitóris deve ceder a sensibilidade à vagina; de uma zona em que a menina ativamente obtinha prazer, ela passará a outra zona que, na vida adulta, receberá alguém para obter esse prazer. Freud (1925c) toma a masturbação clitoridiana como uma atividade masculina e define que sua eliminação constitui precondição necessária para o desenvolvimento da feminilidade.

O que podemos pensar, a partir dessa descrição, quando Freud fala das duas regiões do corpo da menina? A impressão de inferioridade do clitóris – outra constatação feita neste momento de comparação com o pênis do menino – deve ser lida de forma simbólica. Podemos conceber essa interpretação se pensarmos que o clitóris representa a atividade autoerótica, e a passagem para a vagina representa a necessidade de investimento em um objeto que não ela mesma. Da etapa em que a menina-mulher vê-se total e completa – e, por isso, autossuficiente na obtenção de prazer –, ela necessitará admitir-se faltante e *precisada* de um outro, um objeto, um terceiro: do autoerótico do narcisismo, ela seguirá em direção ao encontro com o objeto amoroso, seja ele quem for e seja em que tipo de relação for.

E a segunda tarefa? Voltando à primeira infância, no confronto com a diferença anatômica que revela a não igualdade entre as pessoas, a menina percebe que lhe falta aquilo que o menino porta, e sente-se injustiçada. Freud (1924b) observa que, por algum tempo, ela acreditará que seu pequeno membro crescerá; depois, supondo que antes o possuía, ela entenderá que perdeu o pênis por castração. Ela não estende essa conclusão para mulheres adultas e, segundo as linhas da fase fálica, ainda imagina que estas possuem órgãos genitais completos. Será na sequência que ela vai considerando que somente *uma* mulher em especial goza dessa condição privilegiada: a mãe, a mãe fálica, como a menina a verá por um bom tempo.

Não é com facilidade que ela supera o pesar pelo reconhecimento de que lhe falta algo, pelo contrário. Freud (1924b) estima que a menina nutriu, por longo tempo, o desejo de receber da mãe um pênis e manteve a esperança nesta possibilidade, até concluir que não aconteceria. Tendo frustradas uma a uma suas expectativas em relação à figura materna, ela se volta para o pai. Esta é a segunda tarefa na evolução para a situação edípica: a mudança de objeto, quando o pai vai naturalmente tornar-se um objeto amoroso para a filha, que buscará receber dele aquilo que a mãe negou-lhe.

Para Freud (1933d), a renúncia à convicção de ter um pênis (a ideia de uma igualdade) recebido primeiro da mãe e, agora, do pai, não é tolerada pela menina sem alguma tentativa de compensação. Então, seu complexo de Édipo culminará em um desejo, mantido por algum tempo, de receber do pai não mais um pênis, mas um bebê como presente. Então, Freud (1924a, 1925c, 1933d) define: a situação feminina se estabelece quando o desejo do pênis for substituído[2] pelo desejo de um bebê, isto é, quando um bebê assume o lugar do pênis, conforme uma primitiva equivalência simbólica. Ela desliza, ao longo da linha de uma equação simbólica, do desejo de receber o pênis para a expectativa de ter um bebê e de tê-lo do pai. Esses dois desejos – possuir um pênis e um filho – permanecem fortemente investidos no inconsciente. Como, contudo, nenhum desses desejos se realizará, o complexo de Édipo será

---

2 Lembremos que Freud (1914) afirma que o ser humano é incapaz de renunciar à satisfação; ele somente negocia ou adia. Logo, devemos ter em mente que essa substituição a que ele se refere pode acontecer em vários níveis, o que definirá, a meu ver, a medida com que, mais tarde, o bebê poderá ser desejado pela mãe como alguém independente dela, um outro; ou ele será alguém para completá-la (à mãe fálica), para tamponar a falta que ela não pode ver.

gradativamente abandonado, o que ajuda a preparar a menina para seu papel posterior, na direção da feminilidade e, segundo Freud (1933d), da maternidade.

Nesta trilha nada fácil para a conflitiva edípica, surgem para Freud (1931, 1933d) as questões: como à menina – que será futuramente a mãe de outra menina – encontra o caminho até o pai a partir de seu primeiro objeto, a figura materna? Como passa de sua vinculação inicial com a mãe para uma vinculação com este *outro*? Como, quando e por que se desprende dela? Ocorre sob o signo da hostilidade, ele afirma, enumerando vários motivos que levam a filha a odiar sua mãe e a jogar sobre ela suas queixas e acusações: a separação do corpo materno, o pouco leite dado ou a retirada do seio no desmame, o nascimento de outro bebê, a proibição da masturbação e a perda das fezes. Porém, ele observa que o menino também é privado de todos esses elementos e, nem por isso, volta-se contra aquela que era e segue sendo para ele objeto de seus mais amorosos investimentos.

Então, passando por estas hipóteses, Freud (1931, 1933d) tem de concluir que o único fator diferente – específico da filha, e do qual o menino não foi vítima – é o complexo de castração; portanto, tamanha decepção e o consequente afastamento da mãe só podem ser efeito disso, quando a menina, de uma forma ou de outra, descobre sua diferença orgânica. Na letra do autor, a amargura de tantas filhas contra suas mães provém, em última análise, da censura por terem sido trazidas ao mundo como mulheres e não como homens. Elas responsabilizam a mãe pela falta de pênis e não a perdoam por terem sido, deste modo, colocadas em desvantagem. Assim, cada hipótese anteriormente levantada por Freud (1931, 1933d) é, na verdade, uma vivência que anuncia o que, na conflitiva edípica, presentificar-se-á como a sensação de castração na menina, a partir da visão da diferença anatômica. Cada uma delas denota *nãos* que a realidade impõe: marcas da castração, castração fundamental para a filha e para a mãe.

Se entendermos que Freud localiza no pênis o marcador da diferença anatômica entre os sexos porque esta é a única parte do corpo diferente entre as crianças – que se igualam em todos os outros membros e partes do corpo –, podemos pensar que a inevitável constatação para todos é a de que uma pessoa é diferente da outra, seja qual for o indicador que sinaliza isso. Portanto, será uma descoberta de ambos os lados: meninos[3] e meninas descobrirão que a igualdade, até ali ilusoriamente vivida na relação dual do narcisismo primário, inexiste, e que cada um tem que se haver com a diferença e a alteridade do outro.

Na menina, a descoberta de que é castrada representa um ponto de virada em seu crescimento. Freud (1931, 1933d) define, então, três linhas de desenvolvimento a partir daí: uma que conduz à feminilidade "normal", outra que leva à cessação de toda a vida sexual pela neurose e uma terceira que ele denomina *complexo de masculinidade*, que leva a uma desafiadora superenfatização da condição masculina.

Na primeira e melhor das linhas, a feminilidade, o golpe da descoberta da diferença e a decepção da falta puderam ser olhados, sentidos e processados, e essa menina pôde desapontar-se, brigar e afastar-se da mãe. A partir disso, ela estará apta a fazer o necessário e bem-vindo desdobramento do pré-edípico, do dual com a mãe e de um Eu Ideal (que tudo fornecia), para o edípico, o triangular que inclui um terceiro e um Ideal do Eu (que nada garante). Assim, o desenvolvimento segue seu curso, em plena direção do Édipo,

---

3　Quando descreve a teoria cloacal do nascimento, mesmo sem dar muita ênfase, o próprio Freud (1908) reconhece a dificuldade do menino em admitir que as mulheres têm o privilégio de dar à luz bebês e, por isso, consideram que eles nascem pelo ânus. Por inveja ou por recusa à diferença da capacidade feminina, o menino sustenta essa tese, pois, dessa forma, pode pensar que ele (assim como os demais homens) pode gestar e parir uma criança.

onde a menina sabe que, havendo uma falta, terá que desbravar espaços em busca de conquistar aquilo que deseja, não mais um pênis, mas um bebê,[4] não mais a mãe, mas um outro objeto.

Na linha da feminilidade, a menina renuncia a uma cota de atividade, passa a predominar a passividade, e ela se volta para o pai: "a renúncia à atividade fálica aplaina o terreno para a feminilidade" (FREUD, 1933d, p. 284). Como lemos essa afirmação? Metaforizando-a. Pensemos que renunciar à atividade fálica significa pensar-se não toda, não completa. Será preciso que a menina saiba que nem ela e nem a mãe possuem tudo, a ponto de poderem ficar acopladas, fechadas no circuito da relação dual. Será preciso que, sabendo não ter algo e vendo que a mãe não tem para dar, essa menina vá buscar, movendo-se no vasto campo aberto do encontro com o outro, que está necessariamente lá fora, lá adiante, e que acena com algo diferente. A igualdade atrai e encaixa, mas detém qualquer movimento e, na verdade, qualquer encontro de fato.

Nessa passagem do pré-edípico ao edípico, da parte da mãe, é como se ela tivesse que – quando for chegada a hora – admitir para sua filha: *Não sou tudo, não tenho tudo e, por isso, não te dou tudo; logo, tu também terás que te haver com faltas, falhas e ausências, mas, ao mesmo tempo, considerar que te dei outra coisa: o feminino.* Da parte da filha, ela terá que se despedir da mãe e, sem um excesso de rancor, seguir adiante, encaminhando-se ao pai como um outro objeto que inaugura para essa filha todo o mundo que está por vir.

Na segunda linha, a da neurose, a menina não pôde elaborar a conflitiva edípica e a ela ficou fixada. Segundo Freud (1925c,

---

4 Tendo em mente que o desejo de uma mulher que tomou a via da feminilidade pode ser o de, na vida adulta, ter um bebê, ou outras tantas produções ou criações; trata-se mais de ser livre para *desejar*, sem estar *amarrada* às figuras parentais dos primeiros tempos.

1933d), a menina – que até ali tinha prazer pela excitação do clitóris, o que permitia que ela se sentisse completa – percebe que todas as mulheres, incluindo a mãe, são castradas. Ferida em seu amor-próprio, ela renuncia à satisfação masturbatória com o clitóris que leva junto com ele o afeto amoroso pela figura materna. A menina passa a rejeitar boa parte de seus impulsos sexuais e a mãe. Neste afrouxamento da relação com seu primeiro objeto, em consequência da evidência da castração, no lugar de voltar-se para o pai como objeto amoroso – como acontece na feminilidade –, o peso do ressentimento da filha recai sobre suas relações sexuais e amorosas como um todo. A mãe segue como objeto de rivalidade, e o pai segue como objeto de amor incestuoso, sem poder, então, ser nem usufruído, nem abandonado.

A terceira reação face à descoberta da castração é a que mais nos interessa para compreendermos a dinâmica das histórias de captura. Por esta via, a menina que vai – passados alguns anos – ser mãe desenvolve um intenso complexo de masculinidade, pelo qual ela como que se recusou a admitir o fato desagradável: "em obstinada recalcitrância, continua a se ocupar do clitóris e se refugia em uma identificação com a mãe fálica ou com o pai" (FREUD, 1933d, p. 286). Para Freud (1931), ela se apegou "com teimosa autoafirmação à masculinidade ameaçada; a esperança de voltar a ter um pênis se mantém viva até uma época incrivelmente tardia [e] é transformada em objetivo de vida" (p. 378). O que era esperança virou crença. Em um processo de renegação, a menina que recusou o fato de ser castrada se enrijece na convicção de que possui *realmente* um pênis.

Se não puder ser superado suficientemente cedo, Freud (1925c) avalia que o complexo de masculinidade se ramifica e dificulta o caminho rumo à feminilidade. Quando indaga o que pode determinar o desfecho do complexo de masculinidade, o autor arrisca: "não podemos imaginar senão um fator constitucional, um maior montante de atividade, tal como é típico do menino" (FREUD, 1933d, p. 286). No entanto, é difícil aceitar a assertiva de algo constitucional como resposta. O que seria, então? Ele menciona "o velho fator da inveja do pênis [que] ainda não perdeu sua força" (FREUD, 1933d, p. 291) e que impede a menina de, até a época de tornar-se mãe – então, já uma mulher –, saber-se castrada. Com uma sensação de que a falta de um pênis deixa-lhe um doloroso e insuportável vazio, ela mantém o mecanismo de defesa próprio dessa configuração, a desmentida e, com essa manobra, segue sustentando a ilusão de ser fálica.

Freud (1933d) relaciona esse caminho da masculinidade com a homossexualidade. A própria clínica, contudo, mostra-nos que, muitas vezes, não é disso que se trata, pois o caminho da homossexualidade já daria notícias de uma escolha de objeto e de um investimento libidinal no outro como objeto separado. Não é o que veremos acontecer com a mãe fálica. Quando esta menina, mais adiante, for mãe, veremos outros caminhos serem traçados: ao invés de regressar à relação com a mãe como objeto de desejo homossexual, ela jogará para sua prole a "solução" de suas dificuldades.

É quando acontece o que Freud (1933d) previu: desapontada com sua própria mãe, essa filha – ao tornar-se mãe – buscará ou exigirá uma supercompensação. Quando isso assim suceder, chegamos a um tipo de *amor* que será oferecido – ou, mais precisamente, imposto – mais tarde, para sua descendência. Quando for mãe e não mais filha, ela tomará seu filho como objeto fálico, seu tapa-furo, o falo em forma de pênis do qual, um dia, sentiu-se privada. De modo ainda mais dramático, porém, a mãe fálica tomará a filha como objeto para seu complemento narcísico; roubará dela a energia vital que teria, a partir dos investimentos libidinais recebidos da mãe. Com a filha enfraquecida, esta mãe mantém-se potente.

Meu filho é meu. Minha filha é eu

Freud (1933d) aquilata a relação entre a mãe e um filho menino como "a mais perfeita, mais livre de ambivalência de todas as relações humanas", segundo *estranhamente* afirma (p. 291). Digo estranhamente porque, em geral, Freud não é dado a ingênuas afirmações. Então, só podemos concordar com a existência de uma tão perfeita relação, se ele estiver se referindo a algum tipo específico de vínculo ou amor materno. Façamo-lo – tal como propõe a Psicanálise – "falar mais sobre isso". No trecho mesmo onde ele faz tão questionável assertiva, encontramos uma chave para abrir questões em torno da sublime e admirável ligação da mãe com um filho.

> *Apenas a relação com o filho produz* satisfação ilimitada *na mãe;* é a mais perfeita, mais livre de ambivalência de todas as relações humanas. *A mãe pode transferir para o filho a ambição que teve de suprimir em si, pode esperar dele a satisfação de tudo o que lhe ficou do seu* complexo de masculinidade *(FREUD, 1933d, p. 291, grifos meus).*

Tal passagem se oferece a muitos desdobramentos. Destacando partes da citação de Freud (1933b), se gestar e der a luz a um menino, a mãe poderá regozijar-se com a *satisfação ilimitada* advinda da *mais perfeita e mais livre de ambivalência de todas as relações humanas*, declara o autor, de forma contundente e com palavras absolutas. Mas, podemos contestar : toda mãe? Qualquer mãe? Ou sua descrição bem representa a mãe fálica, esta que sustenta um falo que sabe (mas ignora) inexistir, esta que desmente uma ordem de afetos e percepções, esta que busca uma gratificação sem limites e que não se dobra aos limites da castração, esta que manteve inalterada a inveja do pênis, esta que intenta a dissolução das divisas?

Nessa descrição, vemos a história de uma mãe que mantém seu filho como seu, capturado no lugar de suprir-lhe *tudo o que lhe ficou do complexo de masculinidade*, uma mãe que toma posse da sexualidade do menino para seu desfrute simbólico. Não faltariam exemplos publicados, a começar pelos escritos freudianos.

Em um texto dedicado à análise de Leonardo da Vinci, Freud (1910a) descreve a infância do pintor habitada pela presença excessiva da mãe e pela ausência do pai que o deixou *entregue* à exclusividade do cuidado materno até os cinco anos de idade. O autor relata que, no grande amor por Leonardo, a mãe substituiu o parceiro pelo filho pequeno, ao preço, contudo, de privá-lo de sua masculinidade. Abandonada pelo pai do artista, ela verteu sobre o menino o amor na lembrança das carícias recebidas e seu anseio por novas. Além de uma suposta compensação ao filho sem pai, ela visivelmente compensava e consolava a si mesma, destaca Freud (op.cit). Na análise freudiana, podemos ver as consequências de um excesso de investimento sexual não sublimado da mãe. Ele relata:

> *Se Leonardo teve êxito em reproduzir no rosto de Monna Lisa o duplo significado que tinha esse sorriso, tanto a promessa de ilimitada ternura como a ameaça sinistra, também nisso, então, ele permaneceu fiel ao conteúdo de sua mais distante memória. Pois a ternura da mãe tornou-se para ele uma* fatalidade, *configurou seu destino e as privações que o aguardavam (FREUD, 1910a, p. 190, grifo meu).*

Grifo a palavra *fatalidade* para destacar que talvez Freud já tivesse ideia do prejuízo a que um filho está suscetível, caso fique enredado nessa proposta inconsciente e funesta de uma mãe que não pôde, ela mesma, haver-se com a falta de um parceiro amoroso de sua própria geração. Isso indica a recusa da diferença entre as gerações que acompanha, em geral, a recusa da castração de uma mãe que toma alguém da geração que ela mesma concebeu e o torna seu objeto de satisfação sexual.

Seguindo a letra freudiana, podemos pensar que, ainda que essa mãe vá colocar o filho na posição de satisfazê-la, ela o reconhece como um diferente. Pela diferença anatômica, o filho mostra à mãe que ele tem algo que falta a ela, mas ele está disposto a ser seu objeto fálico, desmentindo a castração materna e permitindo a ela que desminta em si mesma; ele não ameaça seu mecanismo de defesa. Assim, ela toma o filho como objeto de investimento sexual, ainda que não vá, na maior parte das vezes, evidentemente, fazê-lo em ato; é um processo inconsciente, e suas manifestações serão simbólicas. Há nesses casos um colorido da ordem do sexual, um incestuoso que é, todavia, do laço consanguíneo já com um grau de separação, pois ela pôde com mais sucesso reconhecê-lo como outro, como objeto separado.

Ainda que vejamos aí um aprisionamento, o tipo de relação estabelecido pela mãe de Leonardo com ele parece levar a outra trilha que não o de uma captura no sentido que aqui falamos. Para Paim Filho (2017), seguirá o caminho da perversão. Ocupando-se do destino destrutivo a que está submetido o perverso, sobre a vítima que *ele* foi, em suas origens, da força tanática parental, ele afirma: "quando, na cena incestuosa da sedução originária, temos como protagonista uma mãe/mulher em quem o repúdio do feminino não está sepultado no leito de rocha, temos o primeiro ato da tragédia perversa no arcabouço psíquico do nosso futuro abusador" (p. 166).

Falando de outro par trágico, a leitura que Quinet (2015) faz da tragédia de Sófocles aponta o desejo sexual, mas que tem um caráter mortífero da mãe pelo filho. Ele mostra como Édipo foi tomado por Jocasta, como objeto com seu brilho fálico, depois, no entanto, de ter sido tratado como dejeto quando recém-nascido, jogado fora com a ordem de ser eliminado. Ele foi objeto de gozo de Jocasta, o que traz a face enigmática e letal do desejo sexual materno sobre o descendente.

Quando a mãe toma o bebê como um "algo", um objeto transicional, mas em seu sentido patológico, Zak Goldstein (2000) explica o que ela entende como uma *patologização da transicionalidade*: de posse dele, transforma-o em coisa-suporte, objeto consolo, fetichizável. Por sua condição de dependência, o bebê corresponde e coopera com a necessidade materna de inscrevê-lo na sequência dos objetos intercambiáveis da equação simbólica freudiana. "A criação materna do fetiche recobre, para ela, a ausência de seu objeto primário e promove a fetichização da criança no campo da criação inicial" (p. 120).

Essa autora avalia que a significação fálica, outorgada ao bebê--coisa-suporte pela mãe, captura-o e o mantém fixado em uma *completude enlouquecedora*. Uma das consequências deste *jogo*, ela alerta, é que a criança tem revertido seu direito a depender e ser amparada, e é colocada no lugar de cuidar e amparar a mãe em suas fragilidades. Ela conjuga em si as qualidades de suporte para as expectativas patógenas maternas, "resíduo de suas [da mãe] próprias frustrações, como seu próprio desejo de dependência e amparo infantil" (ZAK GOLDSTEIN, 2000, p. 120).

Aqui, começamos a discriminar entre a forma como o filho e a filha são tomados pela mãe. Além de designações que remetem a um caráter sexual – brinquedo erótico e objeto-fetiche –, Zak Goldstein (2000) descreve que, em uma inversão *unheimlich* do objeto transicional, o bebê cumpre a função de barreira de proteção antiestímulo para essa mãe. Não podemos pensar que, então, é de duas funções diferentes que ela fala? Pode haver aí uma pequena, mas importante diferença, pois, pelas apresentações na clínica, parece que ela toma o filho como o objeto fálico que estará no lugar de tamponar a castração que remete mais ao sexual; e que ela toma a filha como objeto que estará no lugar de tamponar a dolorida perda da fusão que a mãe teve que sofrer com sua própria mãe, quando ela era um bebê, a castração como completude que remete mais à existência do que ao sexual. Não temos uma resposta fechada, nem definitiva para essa questão, do quão distante essas duas funções estão e do quanto elas se interpenetram; seguimos pensando.

Se der a luz a uma menina, penso que teremos o terreno preparado para o que, de fato, caracterizo como uma história de captura protagonizada por uma mãe constituída fálica. Sem poder reconhecer-se castrada e sem investir em um objeto, ela segue toda, segue única, segue completa, segue fálica. O falo segue sendo *da mãe*, e a filha é aquela que lhe confirmará isso o tempo todo. A oferta da mãe fálica à filha é de um incestuoso que passa por reincorporar, por reabsorver, por engolir de volta o fruto que saiu do seu ventre, mas que estará proibida de sair para mais longe do que isso. Digamos que, por sua diferença da mãe, o filho pode ir um pouco mais longe. A menina, como um espelho que apenas reflete a simetria entre elas, presta-se a ser um duplo com muito mais facilidade.

Na demarcação dessa fina diferença, Zak Goldstein (2000) é uma das autoras que observa que o menino tem a mãe a seu favor desde o começo. Muito precocemente, ele escapa dela e discrimina-se. Então, afasta-se da proximidade com o corpo e com o desejo da mãe. Este destino via sexualização leva-o a lutar, desde o início, por desviar-se da tentação de retornar à fusão com a mãe fálica, a grande mãe nutridora, detentora de uma primitiva supremacia. "Aprisionado por essas exigências iniciais que lhe impõe sua sexualização e pela trama edípica, ele perde acesso a seu [da mãe] corpo carnal primitivo, o corpo em que esteve envolvido durante a fusão, na 'experiência de satisfação'" (p. 34).

Diferentemente dele, segue a autora, a menina é mantida ali, dentro dessa proximidade, submersa nos riscos da identidade-de-dois de um circuito materno que é, por algum tempo, indispensável para sua construção feminina. Para construí-la, a menina permanecerá ternamente ligada à mãe; porém, nessa permanência, se ela for retida na modalidade primitiva por um tempo excessivo, ela terá grandes complicações no complexo de Édipo e no processo de aquisição de sua autonomia. Segundo Zak Goldstein (2000), até lá, ela conviverá com a mãe fálica, encarnada na imagem da bruxa dos contos de fadas; absorta nos conflitos da ambivalência e na excessiva proximidade com a figura materna, o desligamento tardio da menina só se dará na menarca. Podemos avaliar que, *na menarca*, na melhor das hipóteses; *nunca*, na pior delas. Se este tempo da identidade-de-dois for para além do tempo estritamente necessário, as complicações se darão ao nível de existência psíquica da filha.

Na mesma linha, vai Zalcberg (2003), outra autora que identifica uma diferença muito precisa na relação da mãe com um filho e com uma filha. Chama a atenção o título de um dos capítulos de seu livro: "Um filho será meu filho até encontrar uma mulher, mas uma filha será minha filha toda a vida" (p. 157). Ela toma essa frase do livro *Amantes e Filhos*, de 1913, e dá a dimensão da diferença entre o que significa para uma mãe conceber um menino ou uma menina. Para a autora, a mãe reserva ao filho as expectativas de que ele realize suas aspirações narcisistas, pelo valor fálico que ele pode lhe trazer. "Ele é mais facilmente identificado ao brilho fetichista do Eu Ideal da mãe e mais rapidamente tomado por esta enquanto símbolo de sua falta imaginária" (p. 168). Já a filha tem um corpo feminino como a mãe. A proximidade entre elas, favorecida pela identidade de corpos, propicia uma dependência mútua e uma indistinção que as aprisionam.

Zalcberg (2003) comenta que, ao passo que a mãe transfere ao menino a ambição suprimida em si mesma – esperando dele a satisfação do que não recebeu –, é à filha que a mãe reserva uma demanda mais ampla, que é a "de retraçar o perfil da própria vida como um todo" (p. 168). Com mais força do que no caso de um filho, com sua filha essa mãe executará uma apropriação narcísica e abusiva de sua vida; é um abuso identificatório: "a menina sendo colocada pela mãe em um lugar que não é o seu, isto é, destituída de sua própria identidade exatamente por quem supostamente é responsável por ajudar a filha a construí-la" (p. 169). A semelhança tão pouco distinguível de seus corpos dá a ilusão de uma proximidade que causa tanto encanto quanto medo, pois, nessa mistura, não fica claro onde termina o corpo de uma e onde começa o corpo da outra, uma parte do qual permanece não simbolizado.

Para Cromberg (2001), é por este motivo que, na filha, o processo de criação de um corpo próprio é ainda mais complexo do que no menino: a construção da imagem corporal feminina e o valor da feminilidade estão profundamente atrelados ao corpo da mãe e à representação de sua sexualidade, meta da conflitiva edípica. "Passar do desejo de posse do corpo da mãe para o desejo de *ser* a mãe, enquanto identificação com o seu corpo, traz a inquietação de como compor a diferença em um magma comum que frequentemente leva à identificação fusional" (p. 214).

A inquietação da autora faz pensar que resistir à tentação de tomar o caminho involutivo da fusão é condição para executar a identificação já secundária e ascender à possibilidade de compor uma identidade própria, mas como fazê-lo ante uma mãe que não vê valor no feminino e que governa com mãos de ferro a vida de sua filha? No caso de um filho, um investimento incestuoso já aponta para Édipo. Ele, com mais possibilidades, ingressará na vivência edípica, pois a diferença já anuncia e denuncia a desmentida. Na filha, por se tratar de algo ainda do pré-edípico, isso segura a então nascente em um período em que a unidade não se desfez nem se desfará; por isso, a aflição de ser recapturada para o interior do corpo da mãe. Nesta relação de igualdade, em que nem uma diferença anatômica chama a atenção para a existência de *duas*, a menina fica impedida de ingressar na conflitiva edípica. Então, será com medo que ela buscará afastar-se da mãe, e será sempre agoniada que ela irá ao encontro da mãe, querendo, ao mesmo tempo, esquivar-se dela.

Diferentemente do menino, a menina não tem o significante simbólico onde apoiar uma garantia maior; então, mais facilmente ela dependerá do olhar da mãe para se certificar do seu valor. Face a uma situação de avanço do filho que causaria angústia nessa mãe, haveria uma ameaça, mas de outra ordem: é como se o filho soubesse que o risco que corre não é de vida; ele pode se certificar de seu valor, pois tem onde calcar simbolicamente o que lhe confirma a possibilidade de seguir. A filha de uma mãe fálica não encontrará o que procura e precisa: se essa mãe vê com desvalor o feminino e, por isso, nega que ela mesma seja castrada, ela não terá como olhar para sua filha com olhos de valor, não poderá orgulhar-se dela.

Para a filha, que está submetida a uma lei materna no processo pré-edípico, as coisas são um pouco mais complicadas. É o que prenuncia Zak Goldstein (2000): "se – como parece – não existe para a menina ameaça equiparável à angústia de castração do menino, e ela permanece longamente no circuito materno, que sucede em troca?". Ela responde: "a voz, os olhares, o corpo feminino já investido dessa característica e misteriosa obscuridade 'convidam à profanação', a um jogo daquele 'incesto' arcaico" (p. 31).

Podemos, agora, caracterizar melhor este tipo especial de relação das histórias de captura: o investimento narcísico da mãe que tem e mantém sua filha na condição de *sua*, inteiramente *sua*, (in)condicionalmente *sua*, para sua própria *satisfação ilimitada* não sexual, mas narcísica, para que ela siga reafirmando a completude que a mãe fálica tem de sustentar em si.

6. A mãe fálica das histórias de captura

Será que a morte da mãe é a vida da filha?
Será que a vida da mãe é a morte da filha?
Naquele tempo eu já sabia
que não havia espaço para nós duas
na mesma vida, no mesmo corpo
(BRUM, 2011, p. 134).

Já vimos como a mãe fálica chegou até aqui, a partir de seu próprio desenvolvimento. Se a saída encontrada frente à evidência da diferença anatômica e, portanto, da castração foi o complexo de masculinidade, esta menina-jovem-mulher-mãe seguiu até a idade adulta recusando a falta do pênis-falo. Quando engravidou, do alto de sua condição plena, ela pôs o bebê no lugar que deixou de estar vazio, deixou de ser uma ausência e passou a estar cheio, passou a ser presença: ela agora tem algo ali, não carece de nada, ela está completa e estará para sempre fálica.

Freud (1908) falará da mãe fálica como produto da fantasia da criança que acredita que a mãe tem o privilégio de possuir aquilo do que ela teve de ver-se privada: o falo. Ela levará um bom tempo para constatar que a mãe também foi acometida pelo que ela sente como um infortúnio: a castração. Na vivência edípica, a criança se deparará com mais esta descoberta: de que à mãe igualmente falta aquilo a que ela anseia. Há casos, porém, em que ela não consegue ou não pode admitir esta nova visão e mantém a figura materna no lugar de completude.

Esta é a ideia que Freud (1927) explora no texto *O Fetichismo*: nesses casos, quando não consegue admitir a castração da mãe, o fetiche é um substituto para o pênis, para *esse* pênis específico, que foi muito especial e importante na primeira infância, mas que, depois, deveria ter sido abandonado: o da mãe, em cuja existência a criança acreditou e não deseja abandonar e, por isso, a criação de um fetiche que se destina justamente a preservá-lo da extinção. Podemos reler essa abordagem sob a ótica das histórias de captura, para ampliar nossa compreensão do uso que a mãe fálica faz de sua prole.

Nesse texto, a exposição freudiana se atém mais à visão da criança. Porém, quando fala do complexo de masculinidade como uma das saídas para a evidência da diferença anatômica entre os sexos, Freud (1931, 1933d) nos subsidia para pensar que a persistência desta fantasia se dá não só por uma dificuldade ou resistência *da criança*, mas também por uma imposição *da mãe*. Logo, para além de uma dificuldade infantil, afirmamos que a mãe fálica faz seu bebê vítima de uma impossibilidade que é sua: mantendo-se portadora de um falo que não está ali, mas que ela faz estar, coloca *algo* no lugar do que seria a visão de sua própria falta. Então, quando – independentemente da visão da criança – a própria mãe fálica segue tendo-se por completa, negando ela mesma a ausência do *seu* pênis, ela não aceita sair deste lugar e não permite que dali a tirem. Em adição a sua própria desmentida, ela agrega forçosamente a desmentida da criança. E como ela faz isso? Via investimento narcísico.

Marucco (1998) retoma essa expressão freudiana – da mãe fálica –, para dar ainda mais visibilidade para a influência e onipresença dessa mãe. Ampliando significativamente a noção da mãe fálica, ele dá à expressão um *status* de conceito, como

> *uma estrutura intrapsíquica (primeiro rudimento de Eu) que se conforma desde a identificação primária em voz passiva, ou seja, desde a função materna que nega a castração. Tal estrutura se mantém, dada a impossibilidade da criança de discriminar a diferença dos sexos, se a função paterna não executa a castração da mãe. Chegado o momento da diferença dos sexos, a criança reconhece e denuncia a castração da mãe. Porém, temendo a vingança desta (privada do falo), cria ante si um monumento comemorativo: o Eu Ideal (novo lugar que ocupa a mãe fálica), com seu imperativo categórico ("deverás ser"), a respeito do Eu (p. 207, nota de rodapé).*

Na citação, podemos ver que essa estrutura é formada a partir da identificação sofrida passivamente pelo bebê, e ativamente perpetrada pela figura materna. Mesmo na melhor estruturação psíquica do *infans*, haverá por certo um primeiro tempo de *ser identificado* pela mãe fálica, mas haverá um segundo tempo, em que a criança fará o reconhecimento da diferença dos sexos e a denúncia da castração materna. Para que ela possa fazê-lo, contudo, Marucco (1998) avisa: tal reconhecimento deverá ter sido feito em primeiro lugar pelas figuras parentais. Tanto o pai quanto a mãe deverão, em seu próprio desenvolvimento inicial, ter se

110   6. A MÃE FÁLICA DAS HISTÓRIAS DE CAPTURA

havido com suas faltas e incompletudes. Não é o que acontece nos investimentos mortíferos.

Marucco (1998) deixa claro o peso da ação dos pais, em especial da mãe fálica, sobre aquele que nasce. Ele amplia o *Sua Majestade, o bebê* de Freud, ao identificar que há também o *Sua Majestade, os pais,* que tendem a evitar que o filho reconheça que o bebê narcisista foi só uma ilusão a serviço dos anseios parentais, uma versão falsa. Para esse autor, o bebê *teve* que ser o único, para negar a incompletude dos pais, já que, se ele fosse destronado, do mesmo modo os pais seriam destronados.

Nesses casos, o bebê fica não por opção, não porque gosta, não porque quer; ele fica instalado nesse trono feito prisão – às vezes, para sempre – porque não pode sair; ele não tem escolha: a mãe fálica precisa e exige que ele ocupe esse lugar.[1] É razoável que, em todos os começos, o bebê seja *tomado* pela mãe, se seguirmos Freud em 1914b e entendermos que, para os pais, um filho é uma extensão narcísica e terá um compromisso bem definido, aos moldes de recuperação daquilo que eles *tiveram de suprimir em si*[2] e de uma dívida que deverá ser paga por quem nasce. Uma boa parte desta dívida será naturalmente paga pela criança, que restituirá o *todo* da não castração dos pais, em especial da mãe: a onipotente e absoluta ilusão de completude, ilusão que, nas histórias de captura, é vivida como real.

---

1   Por certo, observamos famílias e casais em que ambos os genitores detêm a propriedade desse reino. Porém, mais uma vez, cabe especificarmos que, na particular configuração das histórias de captura, trata-se de em especial a figura materna ocupar o trono onde impera o seu poder sobre todos: sua cria e seu parceiro.

2   "Apenas a relação com o filho produz satisfação ilimitada na mãe; é a mais perfeita, mais livre de ambivalência de todas as relações humanas. A mãe pode transferir para o filho a ambição que teve de suprimir em si, pode esperar dele a satisfação de tudo o que lhe ficou do seu complexo de masculinidade" (Freud, 1933d, p. 291).

Quando a demanda materna é levada à máxima potência, a filha nascida é feita presa da condição de um duplo idêntico, detida no Eu Ideal, impedida de ascender ao Ideal do Eu, proibida pela genitora que necessita que ela siga completando-a. A impossibilidade de dirigir-se a outros objetos se dá quando a mãe fálica, ilimitada e onipotente, que tudo pode oferecer e garantir para sua cria, captura a filha no narcisismo primário, universo de tramas e dramas alienantes, na crença de que ela é a única dona dela. Essa mãe aproveita a necessidade de amparo de quem recém-nasceu, para ali mantê-la sob a pressão de uma falsa promessa e de um falso valor: *eu te amo, mas com uma condição: que sigas sendo o que EU quero e preciso que tu sejas. Assim – e só assim – és tudo para mim.*

A mãe fálica impõe a seu bebê o que Marucco (1998) denomina de um *pacto narcísico*, ou seja, ele está proibido de denunciar a castração dessa mãe que se vê e se apresenta fálica, sem admitir qualquer contestação: o filho maravilhoso – projeção a serviço dos anseios maternos – deverá ser preservado, mas não poderá questionar ou desmentir a supremacia dessa mãe, e nem deixar de cumprir seus desejos. Esse pacto que foi assinado sem que o bebê o soubesse e sem que pudesse escolher – já que era um bebê e estava submetido aos desígnios da mãe, de quem dependia – impede-o de separar-se.

A citação[3] de Freud (1914b) no texto *Introdução ao Narcisismo*, sobre o investimento dos pais no filho que nasce, possibilita

---

3 "As coisas devem ser melhores para a criança do que foram para seus pais, ela não deve estar sujeita às necessidades que reconhecemos como dominantes na vida. Doença, morte, renúncia à fruição, restrição da própria vontade não devem vigorar para a criança, tanto as leis da natureza como as da sociedade serão revogadas para ela que, novamente, será centro e âmago da criação. *His majesty, the Baby*, como um dia pensamos de nós mesmos. Ela deve concretizar os sonhos não realizados de seus pais, tornar-se um grande homem ou herói no lugar do pai, desposar um príncipe como tardia compensação para a mãe" (FREUD, 1914b, p. 37).

leituras diversas. Ela descreve – como estamos mais acostumados a pensar – um investimento libidinal de desejos, sonhos e expectativas, mas ela fala *também* de um investimento que facilmente revela sua face mais mortífera, na medida em que vem carregado de imperativos categóricos, com ordens expressas daquilo que o bebê será ou fará, com o compromisso de obedecer aos mandatos maternos (mais do que aos paternos) que podem obturar aberturas transformadoras. Ali está implícito que, em troca de todo o amor dos pais, a criança *deverá*[4] concretizar os sonhos dourados que eles jamais puderam realizar, como uma compensação a eles. Em geral, ambas as direções de investimento parental, as mais objetais e as mais narcísicas, em proporções as múltiplas possíveis, estão presentes, bem como haverá – dada a ambivalência de sentimentos que é inerente a toda gente – afetos investidos com uma qualidade mais libidinal e outros mais tanática, mas em *boas* proporções.

Importante sinalizar que Freud coloca os pais de igual forma. É claro que o pai vai com a mesma força projetar, esperar, demandar, sonhar, desejar, exigir. No entanto, pelo que já vimos até aqui e seguiremos vendo, ao longo do livro, há uma diferença quantitativa e qualitativa entre o primeiro objeto, os anseios maternos, e o segundo objeto, os anseios paternos.

Nos melhores casos, Freud (1913b) avalia que, se uma mulher não se satisfez em seu casamento ou na vida familiar, ao envelhecer, ela pode dirimir essa frustração, "mediante a empatia com seus filhos, a identificação com eles, ao tornar *suas* as vivências emocionais deles. Diz-se que os pais continuam jovens com seus filhos; esse é, de fato, um dos mais preciosos ganhos psíquicos que os pais *obtêm dos filhos*" (p. 38, grifos meus). Freud caracteriza aí o que vemos acontecer nas melhores interações entre as gerações: os pais

---

4 Este verbo aparece quatro vezes na citação.

sentem-se orgulhosos das conquistas e qualidades dos filhos e, por identificação, se envaidecem e se realizam através disso; nesses casos, vemos a melhor combinação entre amor narcísico e amor objetal. Se, contudo, lemos a mesma citação à luz dos investimentos mortíferos, é assustador ver o tanto que os pais podem – como ele escreve – *obter dos filhos*: seu papel, sua voz, suas escolhas, tomando posse como se tudo isso a eles pertencesse, tornando *suas* as experiências deles.

Mesmo na mais amorosa relação, as mais variadas combinações entre o capital objetal e o narcísico se fazem notar. Como afirma Freud (1914b), em última instância, mesmo o melhor amor objetal é egoísta. Todavia, quanto mais o colorido narcísico do investimento materno der o tom, mais a demanda de amor será da mãe e não do bebê, o que é um problema, já que, na escolha narcísica de objeto, a meta é, especificamente, *ser amado* e não *amar*. Nesse tipo de vínculo, relata o autor, a pessoa amará aquilo que já foi um dia e que não é mais, ou aquilo que possui as qualidades que ela jamais teve. É o tipo de "amor" da mãe fálica, com a condição de que este que se enquadra em tais características seja propriedade dela.

As mães, normalmente, sustentam a ficção de uma relação perfeita porque, nestes inícios, o bebê precisa: capazes de um amor objetal, elas atendem adequadamente às necessidades dele, alimentando não só o corpo, mas também o autoerotismo e o narcisismo primário do *infans*. Esse tipo de amor, porém, supõe fazer pelo outro sem exigir nada em troca; não há uma condição imposta, então, o bebê não tem que devolver, restituir ou corresponder, pois é *ele* quem está na posição de necessidade e de ter que receber. Quando se trata da mãe fálica, que não é capaz de um amor objetal, não é isso que importa; importa o que a mãe quer, demanda e necessita: ser suprida em *seu* próprio narcisismo.

Faz-nos lembrar da descrição freudiana do progenitor *absolutamente narcisista*: ele tem escassos laços libidinais; ele não ama ninguém, exceto a si mesmo, ou ama outros apenas enquanto satisfazem as necessidades dele. "Seu Eu não dava nenhuma sobra para os objetos" (FREUD, 1921, p. 86). E é o que buscará a mãe fálica – essa genitora *absolutamente narcisista*. Quando se dedica a sua filha, ela o fará porque espera dela receber algo, a restituição de tudo o que ela investiu: baixo custo para quem investe (a mãe), altíssimo custo para quem paga (a filha).

Logo, quando, na relação com o bebê, prevalece um amor narcísico, mais do que amar o bebê, a mãe demandará ser por ele amada, idolatrada, salve, salve. Assim será nas histórias de captura: ela deverá ser para sempre amada pela filha que, desamparada, depende totalmente desta que pode, por qualquer motivo, ameaçar e retirar-se, expulsando-a ou privando-a do "amor" a ela dispensado.

Em um nível edípico, a filha seria reconhecida por seus próprios desejos. Faimberg (2001) define a relação narcisista como uma negativa da mãe em admitir a intersubjetividade da filha. No lugar de reconhecê-la pelo que ela é e pelo que deseja – isto é, por sua alteridade –, a mãe que tem um modo de regulação de objeto narcisista a qualifica em função do prazer ou do desprazer com que ela a brinda. As qualidades da filha são consideradas segundo critérios narcisistas e não em função do que ou de como ela é.

A mãe fálica guarda um amor condicionado à obediência aos mandatos endogâmicos da relação dual, ou seja, a filha é tomada e mantida inalteravelmente como duplo. Mãe e filha permanecem coladas, e esta segue sendo objeto daquela. Se o duplo segue determinando os destinos do Eu Ideal e, por conseguinte, do sujeito, Freud (1919) indica que haverá "o constante retorno do mesmo, a repetição dos mesmos traços faciais, características, vicissitudes [...] por várias gerações sucessivas" (p. 351), pelo que a descendência não pode diferenciar-se ou distanciar-se.

É natural que a filha que cresce traga o anúncio da progressiva diferenciação, da não onipresença e da não exclusividade da mãe, bem como do envelhecimento dela. Nas histórias de captura, porém, diferentemente do que previa Freud (1919), o duplo não perde sua função de assegurar a imortalidade e a completude maternas. Longe de, em um dado momento, poder ser anunciadora da morte/castração da genitora, a filha segue sendo garantia contra a mortalidade ou desaparição da mãe que pode se manter fálica.

Sabemos que a noção de duplo está relacionada com os privilégios desfrutados no reinado do Eu Ideal: ocupar o trono, gozar de toda assistência, estar protegido das frustrações, estar imune a qualquer sofrimento e resguardado de toda privação, ser festejado e vangloriado pelo mundo a sua volta, ter a ilusão de que esse mundo vai dobrar-se a seus pés: não são poucas as promessas da estada no narcisismo primário. O *venha a nós o vosso reino* que poupa o bebê de ter que se lutar pelo que necessita e deseja é tentador. Por isso, não tem como ser fácil aceitar descer do pedestal onde se está instalado: de ser a razão de viver de quem colocou no mundo esse descendente tão desejado. Mas, olhando mais de perto, será mesmo assim? Será que o reinado é de *sua majestade, o bebê*, ou será que é a mãe – antes e mais – que ocupa o lugar majestoso?

Quando afirma que uma mãe busca na criança o todo de *sua* própria fusão, Zak Goldstein (2000) parece responder: é a própria mãe que sofre uma queda naquilo que ela é obrigada a ver, o que já não é e não tem. A criança – em uma condição de servidão enamorada e fascinação – ocupa por certo o lugar de falo, a completa autossuficiência e imortalidade sonhados pela mãe; mas ela é objeto *da* mãe. É assim que a autora nos alerta sobre os perigos guardados nesse campo de vivências arcaicas, o que está certamente longe de ser melhor do que aquilo que aguarda a criança lá fora, no segundo tempo, o do Édipo. Para ela, "a mãe [...] constitui-se nesse campo primitivo, na hipnotizadora recipiente do Ideal de Eu, que a dota

116   6. A MÃE FÁLICA DAS HISTÓRIAS DE CAPTURA

de um poder absoluto, circunstância própria dos tempos primordiais, que pode ser considerada absolutamente decisiva e grávida em consequências" (p. 115).

Tu queres me matar deste jeito!?[5] Era o que exclamava a mãe de Tatiana, por qualquer motivo, ao longo de toda a adolescência da filha de 19 anos. Mas não foi sempre assim: enquanto criança, a mãe dizia que a menina era muito frágil e incapaz, que não sabia se cuidar e não viveria sem sua ajuda, pois, desde bebê, fora muito doente. Até seus 12 anos, a mãe escolhia suas roupas, e Tatiana não podia tomar banho de porta fechada. Ela não podia sair sozinha e, caso se atrasasse para voltar do colégio, mesmo no Ensino Médio, a mãe ligava e pedia sua *localização em tempo real.* O que parecia um extremo zelo e cuidado revelava aos poucos, nas sessões, um outro sentido.

Este é seu relato desesperado em uma das sessões: *Eu sempre achei que ela era importante para mim, mas hoje sinto que eu é que sou importante para minha mãe e responsável pela felicidade dela. Eu só fui notar que tinha algo errado ano passado, quando viajei com o colégio por duas semanas e, na volta, ela estava 15 kg mais magra! Foi muito louco. Vi que ela não tem vida, e eu também não. É como se eu vivesse para dar vida a ela. Quando cheguei, ela estava deitada no quarto fechado, sem banho e não sei há quantos dias sem sair de casa. Eu me ajoelhei e pedi perdão, acreditas? É que parecia que ela ia definhar até morrer... Mas aí, no dia seguinte, ela levantou e estava bem, como se nada tivesse acontecido. Cheguei a pensar se eu não tinha sonhado. Sei que não, mas queria... Foi a coisa mais horrível que já vi e senti na minha vida! Eu vivo numa prisão...*

---

5   Nota explicativa para a leitura: em todas as vinhetas apresentadas deste ponto em diante, no Livro, o que aparece em itálico é a fala da filha ou da mãe.

Zak Goldstein (2000) denomina de *demanda de dependência revertida* esta condição patológica, relatada por Tatiana, que a mãe impõe a seu bebê, "frente ao impossível de suportar a renovada separação-renúncia ao objeto primitivo de amor e à sua valência como falo, desta vez no bebê" (p. 121). Nessa condição, aquele que teria direito a ser transitoriamente dependente – o bebê – converte-se em continente estável para a "demanda de dependência pendente" da mãe, por via de uma deformação inicial crônica de seu Eu infantil. "No lugar daquele necessário e transitório 'uso' fundante da criança como objeto transicional por parte da mãe, reeditado na 'maternalização' [...], haverá um inevitável abuso desse uso" (p. 122). Assim, o circuito que fundaria o Eu mantém-se fechado em um primeiro tempo da relação dual, furtando da criança a possibilidade de ingresso na triangulação via intervenção paterna; "estreita-se e consolida a reversão patológica, fixando-se em uma funesta modalidade 'de dois'" (p. 122).

Desde a mãe, haverá uma demanda a ser atendida: a de que não seja revelada sua falta e que ela possa se manter no lugar de tudo ser, tudo ter e tudo poder. Neste terreno, a filha está a serviço dos anseios da mãe fálica que, impondo uma versão falsa de si, obriga essa filha a crer cegamente nela e a condena a seguir desmentindo a castração. Se ela não aceita a própria castração, será improvável que ela aceite o segundo corte do cordão umbilical que a separaria desta que nasceu dela e para ela, objeto de seu uso, cuja função será, para todo o sempre, tamponá-la e completá-la.

Maya busca análise porque uma amiga descobriu que, há um ano, ela está se cortando. Começou nas pernas, começou de vez em quando, começou aos poucos; agora ela segue se cortando nas pernas, mas também nos braços, na barriga e nas costas, todos os dias, e o tamanho dos cortes vem progressivamente aumentando. Ela acha que sua amiga – que ficou muito impactada e triste – está exagerando; ela não acha que é tão sério como ela fez parecer... mas, mesmo assim, aceitou a indicação de uma analista de confiança da mãe dessa amiga de tanto tempo. Muito aos poucos e com muita dificuldade, Maya vai contando algumas coisas de sua história, mas foi quando conheceu as poesias de uma escritora, Ana Suy, que encontrou as palavras que diziam por ela aquilo que ela não conseguia formular. Foi lendo nas sessões trechos dela – dela, Ana e Maya – que ela foi compreendendo o que tinha vivido e vivia com sua mãe.

O primeiro texto que conheceu e que leu para a analista chama-se *Necessidadezinhas*[6] e a ajudou a dar algum sentido para os cortes que chocaram sua amiga, mas que a ela não tocavam, até ali: "Uma necessidade de sentir meu corpo que se transformou em pequenos cortes que marcam minha existência como sendo minha e não do outro. São cortes para mim. Faço-os onde ninguém os vê. Faço-os em lugares que não me demandarão usar blusas de manga comprida em pleno verão, coisa que certamente chamaria tanta atenção das pessoas quanto fazer os cortes em lugares óbvios. Uma necessidade de existir menos, que se transformou em uma urgência em não comer, para que meu corpo se torne pequeno, bem pequeno, na tentativa de que a minha existência passe despercebida, mas não ao ponto de perder o limite, coisa que certamente chamaria a atenção das pessoas, que certamente desenvolveriam o desejo de me alimentar. Uma necessidade de me reconhecer no espelho para além da minha imagem, que se transformou numa impossibilidade de me reconhecer naquilo que aparece refletido, ao ponto de eu escrever palavras por todo o meu corpo, e nua, pôr-me diante do espelho, para finalmente poder me reconhecer pelas palavras que o meu corpo carrega. Uma necessidade de

---

6   Kuss, Ana Suy (2017). Necessidadezinhas. In: _____. *Não pise no meu vazio*. São Paulo: Patuá. p. 51-52.

inventar coisas que eu não sou, de infectar meu desejo com todos os opostos de mim, para que eu possa saber que a minha existência não carrega um sentido intrínseco a ela, possibilitando que os meus contrários façam laço e que eu ame os meus avessos".

Depois deste, foram inúmeros textos que ela lia e que permitia conversarem. A escrita de alguém, diferente da fala sua, pareciam dar-lhe permissão para dizer em voz alta. Um outro texto foi marcante para ela descrever a mãe. Chama-se *Buracos*.[7] "Era uma menina cheia de buracos tampados. A mãe enfiava a linha na agulha e fazia um nó na ponta. Enfiava a agulha numa narina e tirava pela outra, enfiava a agulha na ponta da língua e depois no olho direito dela. Então passava a agulha pelo olho esquerdo e o ligava ao lábio superior. Aí pensava que a menina sentia dor, coitadinha, e era assaltada por um desejo irresistível de se conectar com a criança para sentir a dor dela. Já se sabia conectada pela alma, mas a alma ela não podia ver, então ligava o ponto do lábio inferior da menina ao seu próprio lábio superior, e costurava buraco por buraco seu aos buracos por buracos dela. E assim ela renovava o cordão umbilical que um dia as uniu. E assim elas não tinham buracos que não fossem possíveis de serem tampados". Assustada e cansada, mas estranhamente aliviada, ela disse: *essa é a minha mãe.*

Por fim, um texto que teve o efeito catalisador de um registro soterrado: *Quero te vomitar*[8]: "E de tanto te amar, e de tanto te engolir, e de tanto querer fazer nós dois virarmos um, e de tanto te desejar tatuado na minha pele, e de tanto querer sentir o gosto da comida com a sua língua, e de tanto querer enxergar o mundo atra-

---

7   Kuss, Ana Suy (2017). Buracos. In: _____. *Não pise no meu vazio*. São Paulo: Patuá. p. 15.

8   Kuss, Ana Suy (2017). Quero te vomitar. In: _____. *Não pise no meu vazio*. São Paulo: Patuá. p. 30-31.

vés do mel dos seus olhos, e de tanto querer, quero te vomitar. Me fundo a você demasiadamente. Quero a minha essência de volta. Essa mesma, a que eu nunca tive. Não quero mais me confundir com você. Não quero ficar em dúvida se sou eu que penso ou se é você que pensaria. Cansei de achar que quero uma coisa, mas não saber se quero de forma autêntica, ou se é só pra ser desejada por você. Camaleoo-me por você, independente da minha vontade. Gosto do que você gostaria que eu gostasse assim, sem fazer tipo, verdadeiramente. É como a funcionária honesta e entediada, que odiando o seu trabalho, não pode faltar ao mesmo, e então empresta o seu corpo à doença. Assim sou eu, que pra ser objeto do seu desejo e do seu amor, me torno aquilo que você gostaria que eu fosse. Torno-me desde sempre aquilo que você queria. E ainda assim não é o suficiente. Nunca é. Porque sou aquilo que você queria de um modo desajeitado, e não de forma sexy. Só sei existir torta, e essa é a minha única essência. Porque sempre resta um pontinho de mim pra entortar aquilo em que eu me transmuto. Quero que esse pontinho tome-me toda. Mas ele é mirrado, desnutrido, fracassa toda vez, só sabe ser torto. Saia daqui de dentro de mim, pontinho. Meu corpo precisa existir em si mesmo. Meu ser quer des-ser. Quero te vomitar".

Foi a partir desse texto, que retornou como uma visão, como um portal que se abriu, a lembrança de uma cena que acontecia *desde que se conhece por gente*: a mãe se posicionava ao lado da filha na frente do espelho e, olhando uma para a outra, refletidas, a mãe perguntava: *Filha, quem é mais bonita: a mamãe ou a Maya?* E, antes que a menina pudesse responder, a mãe com um sorriso sádico no rosto, já o fazia: *A mamãe, né...?!* Não havia como discordar, nunca discordou, só começou a se cortar, aos 18 anos de idade.

E por que essa exigência? Refletindo sobre pessoas que se consideram uma *exceção* – e que, por isso, segundo sua visão, merecem ser poupadas de infortúnios –, Freud (1916) localiza nas experiências mais antigas da vida a razão para que elas assim se proclamem. Alguma experiência ou sofrimento da primeira infância foram-lhes impostos como uma desvantagem injusta e, assim, elas reclamam privilégios por essa injustiça. Reconhecemos na descrição freudiana a mulher que ficou fixada no complexo de masculinidade. O autor pontua: com a convicção de que uma providência especial vela por elas, protegendo-as de sacrifícios penosos, elas resistem à necessidade de renunciarem a algo, pois sentem que já sofreram o bastante. Não bastasse isso, reivindicam o direito de serem poupadas de outras exigências, não se submetem a necessidades desagradáveis, pois *são exceções* e, sem questionar, pretendem continuar assim.

Associando a fala de um personagem às mulheres que se consideram prejudicadas na infância, como tendo sido imerecidamente privadas de algo e injustamente tratadas – pela castração, agregamos –, Freud (1916) invoca o monólogo inicial de *Ricardo III,* de Shakespeare: "a natureza cometeu uma grave injustiça comigo, ao me negar as belas proporções que conquistam o amor humano. A vida me deve por isso uma reparação, que eu tratarei de conseguir. Eu tenho o direito de ser uma exceção, de não me importar com os escrúpulos que detêm os outros. Posso ser injusto, pois houve injustiça comigo" (p. 259). Freud (op.cit) afere tais reivindicações de compensação com uma *pensão por acidente*, em suas palavras. Se escutarmos essa fala pela boca de uma mãe fálica, é o que ela sente em relação à filha: já lhe foi tirado tanto quando pequena; sem qualquer dúvida de merecer uma compensação e certa de ter todos os motivos para exigir, a filha será sua pensão vitalícia pelo acidente da castração que lhe foi indevidamente causado em sua própria infância.

Da recusa do acidente infortunado da castração, Faimberg (2001) amplia o rol das desmentidas que o Eu fará. Para a autora, considerar a diferença anatômica entre os sexos traz por consequência a renúncia da fantasia onipotente de bissexualidade e o reconhecimento de que, por suas carências, cada pessoa necessita da outra; por isso, a recusa da diferença torna-se premente. Além disso, o Eu recusa a impossibilidade de autoengendramento, já que isso quebraria da mesma forma a ideia onipotente de que o mundo não existia antes dele. Por fim, o Eu recusa a alteridade, o fato de que existe um outro separado e diferente dele. "Em outras palavras, o Eu recusa-se a aceitar a ferida que Édipo lhe impõe" (p. 35).

O problema é que, para recusar-se a sentir o que seriam feridas que a realidade vai expondo a céu aberto, a mãe fálica mantém a filha enclausurada em sua negativa, impugnando o direito de ver e viver o que seria próprio da vivência dessa filha. Ela executa essa manobra com tal força que a incapacita de percorrer o que seria um caminho natural desde uma posição de desamparo e dependência, até uma percepção de si como alguém independente. E como ela faz isso? Ao ignorar, negar, desmentir a castração, e se apresentar plena, completa e absoluta, ela se oferta toda à filha desde que ela era um bebê. Nessa oferta – a qual é difícil resistir –, ela convence a filha que ela é tudo para ela.[9]

---

9 A confusão de quem é "ela" na frase é intencional.

7. Do incestuoso edípico ao incestuoso pré-edípico

E naquela noite eu não fui para a cama dela.
Fiquei lá na cama de solteiro
que agora era do meu pai.
Quando minha mãe foi me buscar,
eu gritei tanto que ela temeu os vizinhos.
Adormeci vitoriosa. Em algum meio da noite, acordei.
Não havia sol entrando pelos furos das persianas.
Eu estava presa na escuridão. Não podia respirar.
Será que ela tinha me encaixotado? Gritei. Nada.
Gritei por um tempo que não consigo medir.
Só então ela veio.
E me carregou no colo para a cama dela.
Eu podia espiar sua satisfação
através da cortina dos olhos secos.
Ela vencera. De novo. Sempre
(BRUM, 2011, p. 40).

124 7. DO INCESTUOSO EDÍPICO AO INCESTUOSO PRÉ-EDÍPICO

Pensando em duplas mãe e filha que têm uma relação de extrema proximidade e de difícil discriminação, vamos tentando, cada vez de forma mais precisa, refinar o que caracteriza uma história de captura, que é do terreno pré-edípico, e o que pode estar localizado já no terreno da relação triangular, com um colorido, mesmo que opaco, mesmo que fraco, do sexual.

Conhecemos bastante o complexo de Édipo vivido na fase fálica, no qual a criança dirige sentimentos amorosos ao progenitor de sexo oposto e sentimentos de rivalidade ao progenitor do mesmo sexo. Não detalharei essa apresentação mais tradicional, mas é importante destacar uma ampliação que o próprio Freud (1923b) faz, quando propõe a existência de um complexo de Édipo *completo* que é dúplice: positivo e negativo. Ele toma por base a bissexualidade originalmente presente na criança, que é responsável por vicissitudes diversas desse complexo: em ambos os sexos, a força das disposições sexuais tanto masculina como feminina determinará se o desfecho da situação edipiana será uma identificação com o pai ou com a mãe.

A criança de ambos os sexos terá uma atitude ambivalente para com a mãe e uma escolha objetal afetuosa pelo pai; ao mesmo tempo, apresentará uma atitude afetuosa masculina para com a mãe e um ciúme e uma hostilidade correspondentes em relação ao pai. Teremos, então, para Freud (1923b), uma série com o complexo de Édipo positivo em uma extremidade, e o negativo ou invertido na outra, em diferentes medidas, com um ou outro dos dois componentes preponderando. Na dissolução desse complexo, as quatro tendências (positiva e negativa, em relação ao pai e à mãe) agrupar-se-ão de maneira a produzir uma identificação paterna e uma identificação materna. Logo, mais do que fechar em um modelo ou em uma apresentação mais uniforme, Freud nos faz ver que serão sempre múltiplas as combinações possíveis entre tantos componentes da estruturação da vida psíquica e do desenvolvimento psicossexual vinculado aos objetos da infância.

Das duas fantasias que ganham protagonismo na disputa edípica – parricídio e incesto –, lançamos luz em especial para o incesto, que muito se relaciona com o foco de nossa atenção. Os desejos incestuosos da criança dão a qualidade do investimento feito sobre os objetos com quem ela tem laços consanguíneos. Mesmo no desenvolvimento normal, afirma Freud (1913b), a primeira escolha de objeto amoroso é incestuosa. Esses desejos estão destinados, mais tarde, à medida que a criança cresce e se liberta da atração dirigida ao progenitor, a se tornarem inconscientes. Sepultados como todos os desejos recalcados, eles, porém, nunca estarão extintos por completo; eles seguirão oferecendo perigos e, por isso, contra eles, as mais severas medidas de defesa devem ser constantemente aplicadas.

Freud discorreu sobre o incesto em vários pontos de sua obra, mas dois textos em especial guardam itens específicos para esse tema. Em *Totem e Tabu*, de 1913b, ele faz uma extensa investigação sobre os impulsos incestuosos dos selvagens, dos povos primitivos. Essa mesma qualidade de impulsos ele identifica na vida psíquica dos neuróticos, como um traço particularmente infantil que segue presente. Assim, a fixação incestuosa da libido segue tendo um papel determinante na vida psíquica inconsciente do sujeito. Na esfera edípica, pela triangulação, a criança faz um investimento objetal, mas, por não suportar os riscos dessa vivência, volta-se novamente para os primeiros objetos. Presa nos pais da infância, mantém neles o investimento libidinal e fica, por isso, impedida de fazer escolhas exogâmicas e viver sua sexualidade de forma plena mais adiante. Por inibição, não logra libertar-se das condições psicossexuais que predominavam em sua infância; ou por regressão, a elas retorna.

Quando não houve uma resolução ou uma dissolução da conflitiva edípica, no campo da neurose, Freud (1905a) identifica jovens

7. DO INCESTUOSO EDÍPICO AO INCESTUOSO PRÉ-EDÍPICO

com uma necessidade excessiva de ternura e, ao mesmo tempo, um grande horror às reais exigências da vida sexual. Se elas não puderem executar um ideal do amor assexual, o autor afirma que será uma tentação inevitável esconder sua libido atrás de uma ternura que podem manifestar sem autorrecriminação: uma inclinação infantil, à qual se apegam por toda a vida. "Em uma reversão de sua libido para as pessoas preferidas na infância, elas se mantêm apaixonadas por seus parentes consanguíneos" (p. 150).

O acento dado por Freud, no exame das fantasias edípicas, é colocado na criança. Porém, ampliando o campo de visão, sabemos que, nessa conflitiva, não são somente os impulsos dela que se põem em cena. Ela os está sentindo pela primeira vez, mas os pais estão revisitando suas próprias vivências edípicas. Também os impulsos deles – melhor elaborados ou insuficientemente resolvidos – comporão a complexa trama do encontro da pulsão sexual com os objetos. Idealmente, os pais terão podido deixar neste tempo pretérito os anseios em relação a seus genitores, para que a geração seguinte – seus filhos – não precise arcar com aquilo que eles não conseguiram lá resolver. Se assim se deu, se resolveram, os sentimentos sobre sua prole serão da ordem não do sexual, mas da ternura. Com seus impulsos então sublimados, eles poderão cumprir a tarefa de orientar a criança em sua posterior escolha de objeto sexual, ao liberá-la de qualquer fixação ou regressão que aconteceria por conta de questões *dos pais*, e não das questões da própria criança.

Os sentimentos de ternura dos pais asseguram que a pulsão sexual não seja prematuramente despertada em especial pela mãe. Porém, Freud (1905a) alerta que, quando em excesso, eles se tornam danosos, pois aceleram o amadurecimento sexual e deixam a criança incapaz de renunciar a este amor em épocas posteriores da vida. Quando, por sua própria neurose, os pais exibem uma ternura desmedida, eles contribuem, com suas demasiadas carícias, para despertar na criança uma disposição para a neurose. "Vê-se, por esse exemplo, que pais neuróticos podem transferir seu distúrbio para os filhos por caminhos mais diretos que o da hereditariedade" (p. 145). Ficam claros os prejuízos que Freud (op.cit) identifica na fixação das escolhas objetais incestuosas no desenvolvimento psicossexual, tanto da criança para a mãe, como da mãe para a criança.

No entanto, devemos ir mais longe e distinguir precisamente de que incesto falamos, para ter a dimensão de que nível de prejuízo se trata; além disso, discriminar um incestuoso que está presente na fase anterior à triangulação, antes deste momento em que cada filho tem de haver-se com dois objetos de investimento, um amoroso e um hostil: jogaremos luz a um incestuoso protagonizado pela mãe da fase pré-edípica, diferentemente do incestuoso protagonizado pela criança da fase edípica.

Penso haver uma diferença importante na posição do bebê que, na fase pré-edípica, era passivo, e da criança que, na fase edípica, é ativa em relação ao objeto. Quando Freud (1925a) afirma que a primeira escolha de objeto de uma criança é incestuosa, temos de lembrar que, antes de a criança poder fazer ativamente uma escolha, ela foi escolhida pela mãe, investida por ela. Logo, nas histórias de captura, será com esse incestuoso que nos encontraremos: o incesto que vem mais do objeto do que do bebê, e que traz uma vivência que é tão natural e necessária à estruturação, como assustadora e potencialmente tanática.

Além disso, outro ponto a ser considerado é que o que é vivenciado eroticamente pela criança, menino ou menina, com o pai – pai que, como um terceiro, já se conhece alheio, em um *depois* – está no solo da conflitiva edípica, período em que o pai será reconhecido e considerado como objeto-outro, então, de tanta importância quanto a mãe. Encontrando um psiquismo já mais desenvolvido, as vivências com a figura paterna poderão dar causa à neurose. Já o que foi vivenciado eroticamente com a mãe – essa que se conheceu desde sempre, desde o ponto zero da vida – teve início no terreno mais desconhecido e misterioso da fase pré-edípica; por isso, dá causa a sensações mais primitivas e intensas. A mãe encontra um psiquismo no início inexistente e, mesmo com o passar dos meses, menos instrumentalizado do que no plano edípico, para fazer frente ao excesso que, porventura, transbordar sobre o bebê.

Foi somente após fazer uma vasta teorização sobre o período edípico que, para Freud (1931), sempre foi central, que ele pôde encontrar-se com a importância da fase pré-edípica, trazendo para primeiro plano a relação não da criança com suas figuras parentais, mas da mãe com seu bebê e, particularmente da bebê menina. Mas por que ele precisou de tanto tempo? Ele mesmo responde: "tudo, no âmbito dessa primeira ligação com a mãe, pareceu-me bastante difícil de apreender analiticamente, bastante remoto, penumbroso, quase impossível de ser vivificado, como se tivesse sucumbido a uma repressão particularmente implacável" (p. 374). Mesmo remoto e nebuloso, as vivências deste tempo deixam marcas para sempre e em cada nova relação que se estabelecer, a começar pelo pai.

Então, Freud (1931) reconhece: "a fase pré-edípica da mulher assume uma importância que até agora não lhe havíamos atribuído" (p. 373), e surpreende-se: "naturalmente, sabíamos que tinha havido um estágio de ligação com a mãe, mas não que podia ser tão rico em conteúdo, durar tanto e deixar tantos ensejos para fixações e predisposições" (FREUD, 1933d, p. 273). Para Freud (1933d), nesse período da fase pré-edípica – que é estruturante e de fundamental importância –, é a exclusiva, intensa e apaixonada ligação com a mãe que importa; o que for, posteriormente, vivido com o pai já estava presente no vínculo inicial com ela e foi, simplesmente, transferido.

O exame mais atento e profundo que Freud faz dessa fase anterior vai deslocando seu olhar do incesto da fase edípica para as vivências incestuosas da fase pré-edípica. Além disso, ele também ajusta o foco de sua atenção para os impulsos incestuosos *da mãe* sobre o bebê em seus primeiros anos de vida, diferentemente do que até ali ele considerava com mais ênfase: a criança que, com seus impulsos, deseja ativa e incestuosamente seus progenitores, como vemos acontecer no Édipo. É por esta linha que seguiremos: falando dos desejos incestuosos da mãe em relação a sua prole no tempo mais primordial, o bebê sendo desejado, voz passiva. Nesta fase, a mãe é ativa e tem o protagonismo que a ele falta. É ela que se introduz: se ela é capaz de um investimento objetal, ela introduzirá nele libido; se ela for incapaz dessa qualidade de investimento que reconhece as necessidades do bebê como um outro separado dela, ela introduzirá nele suas próprias necessidades e demandas narcísicas. Como a criança não é ativa neste processo, é a mãe que tem o poder de *decidir*, ainda que inconscientemente, por um ou por outro.

Freud (1933d) certifica que "em todo sentido a mãe é ativa em relação ao filho; mesmo do ato de mamar, podemos dizer tanto que ela dá de mamar à criança, como que deixa a criança mamar" (p. 267). Sobre isso, Zalcberg (2003) comenta que há uma dialética de atividade e passividade entre a mãe e a criança. Ante a posição de submissão ao objeto, a criança pode reagir de duas formas: uma delas é entrar ativamente na fase fálica através da identificação com o objeto do desejo da mãe. Identificada ao falo como objeto do desejo materno, a criança empenha-se em completar a mãe e não lhe infligir qualquer falta. Outra forma é procurar separar-se do que ela é na fantasia da mãe. Por meio dessa solução – oposta à encontrada na fase fálica –, a criança impõe à mãe uma perda. Em ambas as soluções, estima a autora, há um sentido de atividade, de busca da saída por parte da criança. Porém, a própria Zalcberg (op. cit) marca que "o olhar da mãe *precede* o da própria criança, assim como o discurso materno *antecede* seu discurso" (p. 136, grifos meus), ao que depreendemos que não será com facilidade que a

130   7. DO INCESTUOSO EDÍPICO AO INCESTUOSO PRÉ-EDÍPICO

filha de uma mãe fálica conseguirá tomar um destes dois caminhos. É mais comum que ela não consiga tomar caminho algum.

O *Três Ensaios Sobre a Sexualidade* é outro texto em que Freud (1905a) se atém ao tema do incesto. Em um item específico, ele descreve a primeira fase de organização sexual pré-genital, a *oral canibalesca*, na qual o objeto da atividade sexual e o objeto da nutrição são o mesmo, e o alvo sexual é a incorporação desse objeto. É através da amamentação que a criança tem as primeiras e mais vitais experiências que a familiarizam com o prazer. "Os lábios da criança se comportaram como uma *zona erógena*, e o estímulo gerado pelo afluxo de leite quente foi provavelmente a causa da sensação de prazer" (p. 85, grifo do autor). No começo, é da necessidade de alimento que se trata, mas logo a atividade sexual vem se apoiar nas funções que servem à conservação da vida, tornando-se, por fim, independente delas. "Quem vê uma criança largar satisfeita o peito e adormecer, com faces rosadas e um sorriso feliz, tem que dizer que essa imagem é exemplar para a expressão da satisfação sexual na vida posterior" (p. 86).

Também aí Freud (1910a) nos subsidia para pensarmos nos impulsos incestuosos que uma mãe dirige a seu bebê e que são anteriores à conflitiva edípica. Ele qualifica a experiência da amamentação como uma das maiores fontes de felicidade alcançáveis pelo ser humano – podemos especificar, pela figura materna –, justamente pela possibilidade de satisfazer, sem recriminações, desejos perversos que foram há muito recalcados pela mãe. Este amor dos tempos iniciais "é da natureza de uma relação amorosa *plenamente* satisfatória, que realiza não apenas *todos* os desejos psíquicos, mas também *todas* as exigências físicas" (p. 191), grifos meus, para dar noção da magnitude do que esse amor proporciona à mãe.

Parat (2011) faz uma profunda análise da questão da amamentação e a aquilata com o mesmo grande significado para a mulher:

O seio fálico é também aquele da amamentação preenchedora de uma mulher que aí encontra a completude da gravidez e ornamenta seu seio nutridor de um valor fálico que possuía para ela o feto. Esse seio de uma plenitude à qual pode ser difícil renunciar torna, por vezes, árdua a separação então vivida como uma castração particular, uma ferida narcísica, revivescendo as intensidades do complexo de castração infantil. A mulher perde no nascimento esse "seu pênis" que a criança representava, e é licito considerar que a amamentação permite uma atenuação dessa ferida, uma compensação a essa perda fantasmática que a criança real não pode totalmente apagar, e que a amamentação permite reencontrar "fora" algo que existia "dentro" (p. 133).

É indubitável o ganho que a mãe tem nessa etapa e os múltiplos, ricos e temerários significados comportados na amamentação. Os mais ricos relacionam-se com o fato de que, com suas expressões de ternura, a mãe dedica ao bebê sentimentos derivados de sua própria vida sexual, desperta a pulsão sexual dele e determina a intensidade posterior desta. É assim que, para Freud (1905a), ela vai abrindo as zonas erógenas do bebê a partir das necessidades fisiológicas: "[a mãe] acaricia, beija e embala a criança, claramente *a toma como substituto de um objeto sexual completo*" (p. 144, grifo meu). Deste modo, o autor evidencia que tais cuidados são, certamente, uma fonte contínua de excitação e satisfação sexuais das zonas erógenas para o bebê, mas também para a mãe. Nesta citação, Freud (op.cit) não só define que a mãe ativamente satisfaz, atende e executa uma série de coisas por sua cria, como deixa claro que, ao tomá-la *como substituto de um objeto sexual completo*, satisfaz igualmente as suas próprias demandas remotas.

Em face disso, Freud (1933d) relocaliza a fantasia de sedução – mais comumente situada na vivência edípica – na fase pré-edípica e declara: "a sedutora é invariavelmente a mãe. Nisso, a fantasia toca no chão da realidade, pois foi realmente a mãe que, cuidando da higiene corporal do bebê, suscitou-lhe (ou talvez despertou mesmo) sensações prazerosas nos genitais" (p. 274). Temos, então, o objeto materno com o arbítrio de povoar o bebê daquilo que ela bem decidir.

Já vimos com a análise freudiana sobre Leonardo da Vinci que o excesso de carinho, estimulação ou ternura pelo bebê é problemático em termos da quantidade que se derrama sobre ele, mas devemos adicionar a isso a questão da qualidade desse carinho: se as tendências incestuosas da mãe estão sublimadas ou não, se ela pôde renunciar a elas ou não.

Parat (2011) frisa que a ligação sensual com o bebê é vital para seu desenvolvimento e participa da riqueza e da complexidade da vivência da mãe; o equilíbrio dessa medida, porém, é instável e difícil. A autora identifica a frágil linha que sustenta o ponto exato entre *nem demais* e *nem de menos* na erogeneidade necessariamente presente no ato da amamentação. A confusão entre os papeis de mãe e mulher, bem como das funções nutridora e erótica, pode indicar uma defesa que combate o que de incestuoso é ali reanimado. Por isso, o medo inconsciente do incesto pode tornar--se um potente motor para um recalcamento demasiado dos aspectos sensuais da amamentação. "Para não ser vivida como uma transgressão perversa, a amamentação deve apoiar-se sobre uma inibição parcial da erogeneidade do seio. Mas sem cair no excesso inverso de um contrainvestimento maciço e de uma desorientação excessiva que seria o mesmo que transformar a relação mãe-bebê num deserto sensual prejudicial à transformação da excitação bruta em complexidade pulsional" (p. 136). Delicada fronteira.

Logo, o incesto de que falamos não é aquele a que estamos mais habituados, o do conflito edípico clássico, em que a criança deseja um dos progenitores na presença de um terceiro, do qual ela é rival. Do já tão temido incesto dos tortuosos caminhos de Édipo – personagem caro a nós –, da encruzilhada em que ele matou o pai até Tebas e do lugar onde casou com a mãe, voltamos aos obscuros desfiladeiros da fase pré-edípica, na qual reside um incestuoso ainda mais assustador. O erótico destas túrbidas histórias de captura perdeu sua qualidade de vida e tem o inquietante e assustador colorido de uma sedução incestuosa e mortífera, já que mais primitivo. O caráter incestuoso da relação com a mãe está presente desde sempre, pois o bebê ocupou de fato o corpo da mãe, e a mãe portou de fato esse bebê dentro de si.

Na fase edípica, a fantasia de união é dos órgãos; na fase pré-edípica, a união de corpos é fato, é real, não é simbólica. Na relação dual, sequer há desejo ou reconhecimento da existência de um outro a quem desejar; não há o que ameace, não há o que tire, não há o que faça o bebê renunciar à mãe que é toda sua, nem faz essa mãe abdicar do laço incestuoso e da crença de que esse bebê é tudo para ela, é todo para ela. Há um espaço fechado e, estando o bebê no útero, no seio, nos braços ou no colo da mãe, eles estão unidos e assim ficarão.

Ieda tem 25 anos, quando busca análise. Ela casou há alguns meses e, parecendo bastante envergonhada, conta à analista de uma conversa com a mãe: Ieda disse a ela que não quer mais beijá-la na boca. A mãe não reagiu bem e, entre lágrimas e um dolorido lamento, oscila entre deixar a filha culpada e desdenhar de seu pedido. Ieda explica, então, que a mãe costumava dar *selinhos* nela e na irmã desde sempre e, mesmo já tendo passado por situações constrangedoras, como serem chamadas de *sapatão* na rua em função disso, a mãe não perdia *o hábito* e não entendia o motivo de as pessoas acharem estranho, *afinal, são mãe e filha...!* Não entendia também o que estava acontecendo com a jovem: *Por que isso*

7. DO INCESTUOSO EDÍPICO AO INCESTUOSO PRÉ-EDÍPICO

agora? Ela não aceita a recusa da filha, que nessa difícil conversa ainda tenta tranquilizar e convencer a mãe injuriada e ofendida; Ieda justifica, dizendo que viu uma reportagem na tv sobre pesquisas que comprovam que beijar na boca pode causar cáries. A mãe, no entanto, não entende, acha bobagem, acha uma ideia sem qualquer nexo e rebate quase com deboche: *mas e quando na vida que tu tiveste alguma cárie?! Ah por favor!*

Sem o argumento da ciência – um terceiro que talvez tivesse força de lei –, a filha diz a ela que não tem mais vontade de beijá-la na boca e que não gostaria que acontecesse mais. A mãe chora lá, e a analisanda chora na análise, enquanto narra sua tentativa de mudar o que tem sido mais desconfortável para ela, em especial, desde que casou. Mas são choros diferentes: a mãe chora magoada em seu narcisismo; a filha chora por um desejo de que sua mãe compreendesse e permitisse, para que ela não precisasse se sentir tão culpada e tão louca, por estar fazendo um pedido que, até ali, parecia-lhe bastante razoável. A mãe vê como uma tentativa sem propósito de separação da filha e, por fim, declara que, com certeza, é o genro que está com ciúmes delas e *se metendo onde não devia*. Com essa declaração em tom de ameaça, Ieda precisa que alguém além do marido lhe diga que seu desejo e seu pedido são legítimos. Na análise, terá de encontrar essa convicção em si.

Paim Filho (2017) entende que a inscrição psíquica da vivência incestuosa está caracterizada no inconsciente materno pela desmentida da diferença entre os sexos, da diferença entre as gerações e da dívida simbólica que o filho tem com as gerações que o antecederam. Ele afirma que, se seguir pela trilha do desenvolvimento normal, o incesto é a força pulsante do sexual na sedução, a partir do qual se funda o sujeito psíquico. "Esse outro [mãe], com seu mundo pulsional e representacional, cumpre a função de inaugurar a psicossexualidade no infante, vivida como o grande encontro incestuoso, a sedução originária" (PAIM FILHO *et al.*, 2009, p. 91). Esse incestuoso é a própria essência da sedução materna e tem suas raízes no narcisismo; é o desejo de ser uma só com seu bebê, experiência narcísica marcada pela completude: um só corpo, uma só alma.

Se, a partir daí, a mãe aceita a separação, essa sedução dos tempos primevos sofre um corte, é barrada e abre espaço para a triangulação do vasto território edípico. O problema, como vemos nos investimentos mortíferos, é quando isso não ocorre, quando segue não por essas trilhas, mas por atoleiros, claustros e buracos de onde é muito difícil sair. A mãe dessas histórias faz uma dupla negação: não se vê faltante nem do falo, nem de sua filha e, com isso, ela proíbe a saída desse sinistro encontro incestuoso mais regressivo, do qual então não há como fugir.

Naouri (2002) propõe existir uma propensão incestuosa natural da mãe, pela qual ela compreende tudo e controla tudo, de modo a identificar em todos os campos, o que é melhor para seu filho. De posse desse conhecimento, ela "fará de tudo para satisfazê-lo, em todos os sentidos, a todo momento e de todas as maneiras possíveis"[1] (p. 67). Ele descreve que, em uma espécie de *loucura*, essa mãe nega que o bebê tenha saído de dentro dela e "se empenhará em manter esse filho na mesma ilusão, espreitando a eclosão das suas mais íntimas necessidades e precipitando-se, ao menor de seus gritos, para satisfazê-lo sem tardar" (p. 62). Se dentro de limites razoáveis, a fantasia de serem um só servirá de ponto de apoio para um firme sentimento de segurança, sem converter-se em uma convicção delirante. Porém, se ultrapassa esse limite, a mãe, com visível exagero, buscará adivinhar e satisfazer sua cria além do humanamente possível, evitando qualquer desconforto, sofrimento ou espera. Esse é, para ele, o verdadeiro e mais cruel incesto.

---

1 Em seu livro, neste parágrafo, Naouri utiliza toda esta quantidade de expressões que remetem à totalidade (tudo, todo, todos, todas), o que faz muito sentido.

Cromberg (2001) apoia-se nesse autor para lembrar de que tal propensão incestuosa é indispensável ao bebê, pois dá a ele o mais alto potencial vivificante. A mãe necessita do recém-chegado, e ele necessita de toda e qualquer oferta; então, aceitará tudo o que lhe for oferecido e solicitado. Todavia, se ela não encontrar uma quebra, se ficar sem freio ou sem um contraponto, acaba tornando-se mortífera, já que provoca um movimento de apagamento das distâncias necessárias: a estadia no ventre materno, com sua ausência de estimulações. Essa qualidade de incesto está ligada à pulsão de morte, como compulsão à repetição e retorno ao Nirvana.

A descrição da autora nos deixa ver as diferenças do incestuoso do pré-edípico e o do Édipo, que é colorido pela pulsão sexual da mãe despertando a pulsão sexual na criança, que busca a repetição do que foi prazeroso e – ao invés de um retorno – busca um avanço na direção do objeto eleito como alvo dos impulsos amorosos. Para Cromberg (2001), se o útero materno converte-se em um continente confusionante, onde todos os corpos são *um*, isso gera situações de extrema excitação e, ao mesmo tempo, violência, pois essa excitação não é erótica ou libidinal. Por isso, uma relação assim incestuosa impede a constituição de um espaço imaginário que é a base para a construção de um espaço subjetivo próprio e de um si-mesmo separado.

Ao escrever sobre o filicídio, Borges e Paim Filho (2017a) tomam Jocasta como protagonista para destacar a função materna que antecede a Édipo e a todos nós. Adentrar no tempo da mãe pré-edípica significa, na letra dos autores, percorrer terras obscuras e dar visibilidade ao que se personifica no significado em grego do nome dessa mãe mítica: "brilho sombrio". Então, ao colocar luz na atividade da mãe, no tema do filicídio, eles desfazem a imagem idealizada da figura materna; fazê-lo "é ousar penetrar no 'brilho sombrio do incesto' – *satisfação sem limites*. Território da indiscriminação, das promessas irrealizáveis, do pacto narcísico, no qual vigora o compromisso do filho de desmentir a castração parental" (p. 44, grifo dos autores), território da fusão incestuosa que proclama a imortalidade tão ansiada pelo Eu Ideal que dá guarida a isso.

Este momento narcisista fundador é indispensável para que o *infans* afirme-se no trono do Eu Ideal, mas esse trono com sua promessa de completude e autossuficiência deverá ser sempre simbolicamente derrubado, e a criança liberada para desejar, viver e constituir-se como sujeito. Logo, esse circuito diádico do momento narcisista fundador, no qual o bebê reage como espelho-reflexo da mãe, é na verdade uma armadilha mortífera. Em um exercício imaginativo, Naouri (2002) narra o sedutor e, ao mesmo tempo mortífero *canto* da mãe fálica:

> *Então, deixe, querida, deixe, doçura, deixe que saboreie esses minutos assim como você mesma o faz. Deixa que eu me una a você, confunda-me com você, perca a noção de tudo o que me rodeia e que me tortura de tanto me solicitar. Deixe que eu me sinta certa, indispensável, enfim, total indubitavelmente importante para um ser. Deixe que eu me sinta por fim, por fim poderosa. Poderosa com você. Poderosa por você. Poderosa para você. Toda, toda-poderosa. De um poder de que não preciso de outra prova senão o que passaremos a ser uma para a outra. Você será seu instrumento. Eu, sua detentora. Formaremos um par tão unido que você nunca terá do que se queixar. Apressemo-nos! Apressemo-nos para alcançar essa comunhão que nunca deveria ter fim e que forja em nós as ideias conjuntas de harmonia, beleza, perfeição e justiça. E você quis me abandonar, imprudente! Agora retenho-a junto a mim. E será quando eu quiser e somente quando eu quiser que apartarei você de mim e porei fim, um dia, a essa forma*

> *de conivência que, unânimes e enciumados, todos a nossa volta aplaudem sem reservas. O que quer que você faça, jamais renunciarei ao que me tornei, ao que você fez de mim, ao que, por você, enfim, sei plenamente... Ser! (p. 40-41).*

Proposta assustadoramente sedutora, perigosamente tentadora...

Da sedutora à mortífera e incestuosa fase pré-edípica

No melhor desenvolvimento, a qualidade incestuosa da primeira relação – que dá o colorido aos investimentos iniciais em um psiquismo que está recém-nascendo depois que nasceu o bebê – deve ser o ponto de partida, mas é preciso que, dali, parta-se para outras experiências: primeiro para a fase edípica, na qual o desejo incestuoso sofrerá um deslocamento – poderia ser também um descolamento –, no caso da menina, para um terceiro com quem ela não dividiu o mesmo corpo. Depois de por este outro passar, fará o deslocamento final para o estrangeiro onde habitam as escolhas aí então não incestuosas, não endogâmicas, e onde ela encontrará, em sua própria geração, novos objetos de investimento.

Contudo, na clínica das histórias de captura, a relação incestuosa com a mãe na fase pré-edípica deteve a menina. Esta é mais mortífera que a relação incestuosa com o pai, por quem poderíamos dizer que, na fase edípica, ela seria tomada como objeto de amor sexual, o que já não seria simples; mesmo com a mãe, nessa terceira fase do desenvolvimento psicossexual, ela seria tomada como objeto de satisfação sexual, o que, igualmente, não deixaria poucos rastros. No entanto, pior ainda seria ser tomada pela mãe, objeto primeiro, na etapa anterior à separação do dual e a descoberta do outro. Nessa etapa, a sedução pré-edípica, é como se a mãe lhe garantisse: *és a razão da minha vida. O mundo somos só nós*, deixando nela o peso de ser tomada de todo por essa mãe toda.

As consequências também marcam uma diferença importante: na conflitiva triangular, a ameaça ou o risco de morte na fantasia é o fatídico destino do progenitor com quem a criança rivaliza; na fase pré-edípica, quem morre é a própria criança, que vive um tipo de relação com a mãe, na qual a primeira tem que desaparecer enquanto sujeito de desejo e de alteridade, para que a segunda permaneça viva em sua condição de completude.

Podemos agora reler a reflexão freudiana sobre a ternura da mãe por Leonardo da Vinci – e que roubou dele a possibilidade de um exercício pleno de sua sexualidade adulta – pensando na relação de uma mãe com a filha menina. Vale repetir uma parte da citação, para pensarmos que, enquanto na relação com o filho, a mãe priva-o de sua masculinidade, na relação com a filha, a mãe priva-a de sua existência: "o duplo significado que tinha esse sorriso, tanto a promessa de ilimitada ternura como a ameaça sinistra, também nisso, então, ele permaneceu fiel ao conteúdo de sua mais distante memória. Pois a ternura da mãe tornou-se para ele uma fatalidade, configurou seu destino e as privações que o aguardavam" (FREUD, 1910a, p. 190).

Nas histórias de um amor objetal, o par mãe e filha pôde viver um momento de completude, suprir toda a cota necessária de narcisismo – vivido pela filha e revivido pela mãe – e depois sair dele em direção a outros objetos não incestuosos. No entanto, nas histórias de captura, com uma filha seduzida pela promessa de um *amor* ilimitado e, ao mesmo tempo, discreta e sinistramente ameaçada, a relação de exclusividade e passividade se mantém assim como descrito na citação de Freud: na perpetuação da fidelidade ao objeto primordial, sem possibilidade de deixá-la, para explorar outros territórios exogâmicos, onde o incesto já não tem lugar, sendo-lhe assim fatal. É nesse destino infortunado da relação mãe e filha que observamos o que Freud (1919) descreve sobre o *unheimlich*: "o duplo tornou-se algo terrível, tal como os deuses tornam-se demônios, após o declínio de sua religião" (p. 354).

Neste estranho jogo de investimentos, essa filha foi escolhida e entronizada pela fantasia da mãe que lhe investe de dignidade fálica, mas para, no fim das contas, defender a mãe da aniquilação e da castração, tal como revela Freud (1919). Se a dupla mãe e filha permanece no encontro fiel e pleno, o desfecho só pode ser trágico. Para manter-se alojada nesse lugar, a filha tem que pagar um valor alto, pagar com a própria vida. Se essa etapa não pode ser superada, o próprio Freud (op.cit) alerta que o duplo inverte seu aspecto: "[...] de garantia de sobrevivência, passa a inquietante mensageiro da morte" (p. 352).

Ampliando esse alerta, Marucco (1998) define que, na medida em que o bebê da relação dual cresce e se separa, "esse Eu Ideal se transformará em embaixador da morte" (p. 96), mas da morte de quem? Sabemos de quem: da mãe fálica que, com essa qualidade de amarração com a filha, seguiria em um lugar de suprema deidade. Executada inconscientemente, essa operação deixa a filha-súdito impedida de conhecer a mãe inacessível e intocável.

Zalcberg (2003) aponta para a necessidade de desfazer tal amarração: a filha tem que se separar da figura atraente e persecutória do corpo da mulher, com o qual o corpo erótico da sua própria mãe se funde. Será a separação eficaz da sexualidade da filha da de sua mãe que destituirá do poder essa figura fascinante e ameaçadora que permanece fantasmaticamente entre elas. "Com a separação, um lugar é inscrito no seu corpo onde o gozo aparece: um gozo e um corpo que a filha pode chamar de *seus*, separados dos de sua mãe" (p. 151).

Para isso, a mãe terá de dar permissão. É normal e estruturante que, inicialmente, o encontro assimétrico entre a mãe e o bebê caracterize-se por uma relação que Zak Goldstein (2000) denomina como "domínio-submissão", pela dependência primitiva do bebê e pela intrusão materna que é fundadora. Todavia, se, levada por sua ferida narcísica, essa mãe tentar manter a submissão ou exigir uma adaptação, o bebê fica impedido de dali evadir-se.

É o que foi tão difícil para Gabriela: com muito sofrimento e muito tocada, ela buscou análise porque queria se separar do homem com quem estava casada há 15 anos. Ela descrevia o marido como uma pessoa boa, que fazia tudo por ela e para ela; então, não era fácil pensar em deixá-lo. Ela se incomodava por eles morarem no mesmo terreno que toda a família dele: a avó, duas tias, uma sobrinha, sua mãe e duas irmãs, dentro de um cercado que continha cinco casas que faziam aquele terreno parecer o mundo, um mundo restrito que ela não queria mais. Levou muito tempo para se dar conta do incômodo com o tipo de relação que eles tinham. Aos poucos, na medida em que, na análise, foi colocando em palavras o mal-estar que ficava cada vez maior, ela foi percebendo que era porta-voz do que o marido não podia sentir.

Gabriela, por fim, separou-se, mas com ele longe, foi ficando visível que a configuração de *sua* família de origem era a mesma e que a escolha por esse marido era uma reprodução de sua história. Logo, a demanda inicial deu lugar a questões mais dramáticas: seu corpo portava muitas dores: constantes enxaquecas e fortes dores na coluna denunciavam que ela carregava outros pesos. Então, ela foi contando: a irmã, dois anos mais nova, era mais livre *para ir e vir* e, como adolescente que era, confrontava e discutia com os pais. Ela – que só se calava – não só não compreendia como a irmã o fazia, como achava um absurdo a forma como ela tratava os pais. Sempre uma criança tímida e uma jovem quieta, a analisanda

142   7. DO INCESTUOSO EDÍPICO AO INCESTUOSO PRÉ-EDÍPICO

perdeu a virgindade só tardiamente com o primeiro namorado de mais tempo.

Certa ocasião, Gabriela *esqueceu* um preservativo na primeira gaveta da cômoda. A mãe – que entrava no quarto da filha quando queria, mexia em seus armários, vistoriava suas bolsas, abria qualquer espaço privado e conhecia absolutamente tudo sobre a filha – encontrou. Isso aconteceu no meio da noite quando Gabriela, em um estado de semi-sono, percebeu que a mãe estava vasculhando suas coisas. Sem conseguir dizer nada, com muito medo e sentindo-se paralisada, seguiu como se estivesse dormindo e só pôde assistir à invasão da mãe em sua intimidade. Quando encontrou o preservativo que revelava o crescimento e a atividade sexual da filha – que, nesta época, já estava com 27 anos –, a mãe sentou-se ao pé da cama, chorou e, com um profundo lamento, clamava desesperada: *Meu bebê, meu bebê...! Como isso foi acontecer...?!*

A coluna cheia de dores de Gabriela carregava a mãe *para cima e para baixo*, e sua cabeça latejante parecia sofrer pela culpa por se sentir traindo-a. Em um misto de pena, medo e receio de dizer qualquer coisa para a mãe, não conseguia protestar, nem mesmo às vésperas de completar 40 anos de idade. Como que para garantir este terreno compartilhado pelas duas, criou um outro negócio, em paralelo ao seu trabalho, e levou a mãe para trabalhar com ela; novamente juntas, mãe e filha *eram um grude*, observavam as pessoas. Grudadas, porém, ela desenvolvia mais e mais sintomas no corpo já tomado de dores.

Na faculdade que Gabriela conseguiu cursar nesta época, ficou impedida de formar-se porque não conseguia terminar o TCC. Em seu trabalho, via-se incapaz de falar qualquer coisa para sua chefia ou mesmo para seus colegas. Com uma inibição severa, não falava, não perguntava, não questionava, não se posicionava. Foi somente na medida em que o tratamento avançou mais um tanto, que ela começou a indignar-se com essas situações todas, o que foi compreendido como resultado de seu processo de análise e, agora sim, a segunda – ainda que primeira – separação a ser executada.

Zak Goldstein (2000) avalia quão difícil é para uma mãe reviver a sensação de mal-estar e de desamparo, quando se dá o *desencontro libertador*, ou seja, quando ela e o bebê, já não tão pequeno, começam a ter quebrada a ilusão de união perfeita que até ali sustentaram. Então, ela alerta: "é aí onde pode aparecer a tentadora solução, o tão acessível alívio que viria da aceitação – reunificadora – dessa disposição espontânea e permanente ao 'apego essencial' que o infante oferece em cada olhar e em cada gesto enamorado" (p. 116). Para a autora, é com certa facilidade que uma mãe tal como a descrevemos, a mãe fálica, faz um uso abusivo dessa oferta. "Uma sutil exploração, algum excesso do prazer que se obtém com o dom de amor que se troca com esse 'brinquedo majestoso, radiante e erótico', completo e disponível" (p. 116).

Na tentativa de evadir-se de uma mãe assim, sedutoramente abusiva, Haber-Godfrind (2008) fala de um ódio que se apresenta depois de uma intensa ligação vivida como idílica com a mãe, na infância e na adolescência. Ela avalia que, por trás de uma raiva feroz da filha já adulta, desvela-se uma *nostalgia da aproximação amorosa*. Essa nostalgia, porém, é sufocada, assim que percebida; negada, assim que pressentida, o que pode impedir o analista de perceber que há um amor escondido que levará muito tempo para ser abordado. Então, a hipótese dessa autora é que, por trás do ódio selvagem, "com tonalidades absolutas e indefectíveis, há um *amor apaixonado pela mãe*, amor nostálgico tão violento que não pode eclodir, amor cuja emergência suscita a evocação de perigos tais que provocam o recalcamento maciço do laço de ligação à mãe" (p. 85, grifo da autora).

É uma tentativa de evadir-se, sem dúvida; melhor do que uma extrema submissão. No entanto, é uma tentativa que não terá sucesso, porquanto o ódio segue sendo um vínculo, segue mantendo ligado, já que é comum observarmos que, após uma briga ou discussão, a filha sinta-se culpada e, cheia de remorsos, volte a submeter-se ao objeto materno.

O que está em jogo nesse confuso vínculo não é pouco: é no nível do Eu, da existência. Para traduzir os diferentes fantasmas em torno da presença materna, Haber-Godfrind (2008) toma emprestadas as palavras de suas analisandas. Uma delas abdicava da própria identidade em prol de um amor maternal percebido como totalmente vampirizante: "Eu não posso ficar neste meu lugar onde eu poderia esquecer que a detesto, que a odeio... Este lugar onde eu faria qualquer coisa por ela... eu me colocaria de joelhos, eu mataria, eu me deixaria morrer, eu me submeteria, eu abdicaria de minha dignidade, meus projetos, eu sacrificaria meu homem..." (p. 85). Além do risco de perder a identidade, outra delas vivia o risco de enlouquecer: "Seus olhos têm um atrativo lancinante, eles me fixam e eu queria me fundir a eles... O apelo de um espelho, mas que, de repente, quebra-se... Seus olhos então vacilam, a loucura os habita... e eu sou tomada por um turbilhão demente... loucas, ela e eu, eu me junto a ela" (p. 85). Esta mesma suspensão da vida mental, que se dissolve com a proximidade da mãe, está na fala de outra analisanda da autora:

> *Imaginar um instante que eu a encontro, que eu me deixo levar a este desejo em direção a ela, esta força que me empurra em direção aos seus braços abertos... É a explosão, a implosão, a desintegração. Minha história para aqui. Eu sou congelada, imobilizada, meus pensamentos estilhaçam, tudo se esvai de mim, eu sou uma poça, eu sou larva, eu sou cuspe, eu sou nada...*

Onde eu poderia me abandonar a ela, eu toco o vazio.
Não é a separação que eu temo: ela é sangue, ela é sofri-
mento, ela é ferimento, mas ela permite me sentir viva.
Mas o vazio de sua presença... Ausência de palavras...
Eu espero dela, desesperadamente, um sentido que me
escapa, que escapa a ela, que nos falta, infinitamen-
te. Meu amor por ela, por sua presença, uma ausência
branca, um nada (HABER-GODFRIND, 2008, p. 85).

Vemos a dramaticidade da sensação de que, frente à possibilidade de afastar-se da mãe, de desvencilhar-se desse tipo de relação, de liberar-se dessa qualidade de laço, a sensação é de morte ou de loucura; é um perder-se para sempre, um não saber, uma vida que parece inexistir sem a mãe, uma existência impossível fora daqueles limites; é como se a filha só pudesse respirar dentro daquela grande bolha que lhe promete uma sobrevivência livre de todos os vírus, as bactérias e os micróbios, livre de toda a maldade do mundo, dos perigos exteriores e da crueldade das pessoas do espaço lá de fora, do mundo.

Haber-Godfrind (2008) indaga: quais os perigos aos quais se expõem essas mulheres se elas abandonarem seu ódio pela mãe? Quais fantasmas rondam o encontro amoroso com ela? Podemos pensar que esse ódio funciona como um ferrolho, em que a filha pode descansar e sentir-se por alguns minutos protegida, sabendo, contudo, que esta *brincadeira* não terá um fim, já que é uma tentativa frágil de se desvencilhar de uma relação nociva com a mãe. Ele não é eficaz em efetuar uma ruptura verdadeira, que está pouco calcada em recursos do Eu para fazer frente à potência do objeto. Nesta armadilha de um psiquismo pouco hábil e pouco capacitado, a filha acaba como que em um labirinto, voltando para as mesmas curvas por onde já passou: as curvas do corpo da mãe que a contém e a aprisiona.

Parece ter sido nesse tipo de armadilha que Luciane caiu. Tentando fugir da opressão materna, tomou diversas decisões que, tem certeza, a mãe reprovaria: morar com um chefe bem mais velho que ela e de quem se separou após um ano de um relacionamento abusivo; dividir apartamento com uma colega da faculdade com quem se relacionou amorosamente durante mais um ano; morar com a tia, a quem buscou quando resolveu mudar de cidade e, por fim, com um amigo que já morava em uma *república*; além disso, manteve um relacionamento com um professor casado e vários relacionamentos eventuais com qualquer pessoa que a abordasse, que deixariam a mãe chocada.

Luciane passou a ter sonhos, nos quais fazia sexo com a mãe, sentindo todo o prazer que não sentia nas relações sexuais. Em uma estranha mistura, ela gozava sexualmente com a mãe nos sonhos, mas também voltava a ser uma só com ela, na relação perfeita que tinham, na qual ela era *tudo* para a mãe. Uma parte dela desejava retornar à relação simbiótica e, junto de toda a raiva e decepção que sentia pela mãe, enojada também a desejava. Várias vezes, Luciane pensou que não conseguiria viver a vida longe da mãe.

Sentindo-se sozinha e sem condições para cuidar de si mesma, passou por situações complicadas que pareciam confirmar sua percepção: um golpe financeiro, um sequestro relâmpago e um grave acidente de carro, em que capotou. Contatou algumas vezes a mãe para tentar reestabelecer a relação que tivera até a adolescência, mas foi invariavelmente mal recebida: *Ela falava comigo como se eu não fosse filha dela. Eu contava para ela o que tinha acontecido, do sequestro, e ela dizia que, na hora em que eu resolvesse voltar para casa, eu estaria protegida, mas que, enquanto eu vivesse uma vida imunda, não receberia o apoio dela. Disse que aquilo tudo era punição pelo que eu havia feito para ela, pela vergonha que tinha feito ela passar.*

Haber-Godfrind (2008) propõe um segundo tipo de ódio salvador e protetor: para libertar-se desta influência mortífera, o ódio existe; um ódio indispensável para um movimento de individuação, uma alavanca essencial de construção da personalidade, permitindo, inclusive que essas filhas tenham alguma realização acadêmica, profissional e pessoal. No entanto, por trás desses sucessos aparentes e adquiridos com grande esforço, um sofrimento escondido esvazia o significado e a importância de tais conquistas. Segundo a autora, é esse sofrimento que poderá levar uma filha a buscar um analista e a confiar suas feridas secretas: pobreza da criatividade, impossibilidade de manter uma relação amorosa, dificuldade em fazer face aos papéis parentais.

Talvez esse ódio-alavanca, porém, só vá poder adquirir a qualidade de separador, de uma força extra que é necessária para fazer o corte de algo que esteve tão aderido até então, a partir da análise. Será somente depois de algum tempo e muito trabalho em sessão, entre idas e vindas nos meandros dessa dinâmica, que as conquistas formais da jovem serão vividas como fontes de gratificação e suprimento narcísico a partir de um Ideal de Eu e não mais do Eu Ideal. Seguimos.

8. Nuances das histórias de captura: mães fálicas, mães narcisistas

> *[...] Ela precisa trabalhar e cuidar da própria vida*
> *em vez de se preocupar com as loucuras daquela mãe*
> *que insiste em permanecer quando ela não mais a quer,*
> *aquela mãe que finge não ser tarde demais para elas.*
> *[...] Aquela mãe que insiste em seguir existindo*
> *como uma realidade para ela.*
> *Mais viva ainda porque odeia e ama aquela mãe*
> *com a mesma intensidade, embora só tente odiar*
> (BRUM, 2011, p. 58).

Retomando alguns pontos, quando as coisas acontecem da melhor forma possível, os cuidados maternos vão, aos poucos, fornecendo as condições necessárias para a constituição de uma malha psíquica representacional bem tecida em quem nasceu e vai crescendo. A partir das melhores ligações da mãe, o bebê que nasce pura pulsão de morte vai sendo libidinizado pela aposta que ela faz nele. Assim, sua pulsão de vida – que *encontra* a pulsão de morte do bebê – vai dando enlaces, caminhos e possibilidades cada vez mais complexos, a partir do amálgama bem entrelaçado que vai se formando dentro dele.

No melhor desenvolvimento, durante uma fase inicial em que essa dupla manteve a ilusão de serem *tudo* um para o outro, é natural que assim seja; contudo, chegará a fase seguinte, na qual, desviando o olhar para um terceiro que se apresenta, a mãe libera o *infans* do investimento absoluto, e tanto um quanto o outro voltam-se para o mundo em busca de novos interesses e objetos. Seguro de uma ligação amorosa com a mãe, o bebê segue para outras direções, para o estrangeiro, para outros objetos, então, exogâmicos. Dessa separação, advém o aparato psíquico com um incremento qualitativo ainda maior.

Quando, porém, não tem a sorte de aqui encontrar um objeto suficientemente cuidador, um bom agente da ação específica para cada necessidade, o nascente fica à mercê de sua própria pulsão de morte; se, além dela, ele ainda tem uma mãe cujas questões narcísicas e edípicas não puderam ser elaboradas, fica depositário dos investimentos – mais do que amorosos – mortíferos.

Não seria exagero dizer que a mãe é uma das pessoas que mais ocupam, com um colorido, ou com um tom mais sombrio, para o bem e para o mal, a vida e o relato das filhas que buscam análise. Por vezes, ela está idealizada, é uma amiga, uma companheira, uma parceira, aquela com quem sempre podem contar; será com muita precaução que outra parte da história e outra qualidade de afeto serão divididas conosco. Outras vezes, a mãe é francamente criticada e acusada sem meias palavras dos infortúnios da vida da filha. Outras vezes ainda, as cenas, os momentos e os acontecimentos narrados nos darão ideia do difícil que deve ter sido e ainda ser a vida com uma figura materna que bem poderia protagonizar histórias de terror. A forma como vemos essas narrativas se deslindando em nossa escuta nos dá pistas sobre a relação de quem hoje deita no divã suas dores e seus dramas com a mãe: ela foi objeto sexual, de rivalidade, de desejo, de identificação, ou foi um objeto tanático, de uma qualidade mortífera?

Dificilmente na Psicanálise – na vida, na verdade – alguma configuração ou dinâmica se apresenta de forma única. Na clínica, cada pessoa vem com algumas coisas em comum com tantas outras, mas com inúmeros elementos que tornam singular o modo como ela viveu, sofreu e processou (ou não processou) sua história. Aquilo que lhe foi dado, ofertado ou imposto encontrará pontas diversas e fará variadas amarrações, de laços a nós cegos, atados com tanta força. Qualquer descrição dessas diferentes formas peca pela limitação que a didática da escrita impõe.

Então, seguimos examinando essa peculiar dinâmica entre imposições maternas que submetem uma filha em uma história de captura, mas também cotejando-a com outras apresentações presentes na clínica da mãe fálica. Sem perder de vista que há nuances que nos farão, às vezes, olhar mais de perto para focar em um ponto mais estreito e, outras vezes, olhar mais de longe para enxergar outros pontos, manteremos a permanente ideia de que, quanto mais ampliamos nosso conhecimento teórico, mais profundamente chegamos nas sutilezas de cada história.

Imagens de mães distintas do ideal de uma pessoa amorosa – que seja capaz de um investimento objetal e uma aposta libidinal – não são novidade. Encontramos já em Freud diversas metáforas e analogias para outras apresentações da figura materna e para diferentes matizes dos sentimentos nutridos por uma filha. Com sua aparência por vezes dúbia, por vezes enganosa, uma mãe fálica está presente em vários textos como uma figura devoradora e assustadora.

Na *Conferência XXIX*, Freud (1933a) arrola elementos dos sonhos que claramente são símbolos da mãe. Um deles é a aranha, que ele relaciona com a mãe fálica, que simboliza o pavor do incesto e o horror à visão dos genitais femininos, mais especificamente os da mãe. Esse mesmo horror é provocado por outra figura citada na mesma Conferência: a Medusa,[1] que representa a castração em seu contrário, pela multiplicação do símbolo fálico, nas inúmeras serpentes que compõem sua vasta cabeleira. Diz a história que a visão da cabeça da Medusa transforma o espectador em pedra, *rígido de terror*, o que remete a uma ereção. Assim, para Freud (op. cit), na situação original, tal imagem oferece consolo ao espectador: ele ainda se acha de posse de um pênis, e o enrijecimento tranquiliza-o quanto a esse fato.

Mas há algo mais a pensar na interpretação deste mito. Analisando-o, Freud (1922/1940) faz a relação entre o *decapitar* com *castrar*. Assim, define que o terror à Medusa é o terror de castração ligado à visão que o menino tem dos órgãos genitais femininos, essencialmente os de sua mãe. Por assustadoras que sejam as serpentes, elas contribuem para mitigar o horror, pois substituem o pênis que, ali, é farto. Todavia, é digno de nota que talvez o filho sim, como o espectador da história, será tranquilizado quanto à presença e manutenção do pênis; a filha, no entanto, seguirá sentindo-se ameaçada, já que ela segue vendo-se sem pênis, sem força, sem poder e aterrorizada, ante uma mãe que exibe exuberante sua capacidade fálica e destrutiva.

Tal ambiguidade – se a mãe fálica tranquiliza ou ameaça, se ela protege ou ataca – é examinada por Zalcberg (2003), quando afirma que, "quanto mais uma criança viver sua mãe sob a chancela de seu poder de doação, mais ela é vivida como potência de dar a vida

---

1 Que já fora trabalhada em 1919, em *O Inquietante*; em 1922, no texto *A Cabeça de Medusa*; e em 1923c, no *A Organização Genital Infantil*.

e, paralelamente, maior é sua potência de dar a morte, além de amor" (p. 60).

O relato de Denise nesse sentido é dramático: *A mãe dizia que preferia me ver infeliz, mas junto dela, porque ela tinha me dado a vida; então, eu não poderia deixá-la, nem ir embora. E até hoje estou lá...* Denise sente-se incapaz de questionar a mãe, pois teme sua reação. Seu medo não é sem motivo: até muito pouco tempo, ela era agredida física e verbalmente todas as vezes em que a mãe se sentia contrariada. *Quando minha mãe brigava comigo, eu achava que iria me desintegrar; era uma angústia absurda! Eu precisava sentir que ela estava bem comigo... Parecia que ou eu ia matá-la de desgosto, ou eu ia morrer de desespero... Ela me chamava de traidora, ingrata. Quando eu era pequena, sempre ameaçava ir embora, caso eu tirasse nota menor que dez, ou se eu experimentasse discordar, ou se eu tentasse insistir em qualquer coisa que não tivesse sido decidida por ela. "Filha do demônio", era como ela me chamava, quando estava furiosa; mas ela não se dava conta de que, se eu era filha do demônio, o demônio era ela...?* Em sonhos, Denise se permitia rebater os ataques da mãe: sonhava que estava batendo muito nela, mas acordava em um susto, cansada e muito culpada. Então, tinha que ir até o quarto da mãe para certificar-se de que ela estava respirando... Ou seria para certificar-se de que ela tinha como matar a mãe, que tinha como separar-se dela e da destruição que ela sadicamente impetrava contra a filha?

Pelas imagens simbólicas elencadas por Freud e por essas personagens da vida real, vemos a presença onipotente da mãe com sua capacidade de ser fonte de vida e fonte de morte. Foi nas teias do corpo da mãe que a criança cresceu para poder nascer; mas é pela mão dessa mesma mãe que ela pode morrer, quando não lhe for possível vir ao mundo como sujeito, o que se torna um complexo jogo de incertezas. Nem sempre as ameaças e o ataque maternos, a vingança ou o revide, são tão declarados, ditos em voz alta e com uma clareza que não deixa dúvidas. Se não for possível abandonar o cuidado exclusivo da mãe, renunciar às tentadoras promessas de amor e resistir às sutis (ou nem tanto) ameaças aí implícitas (ou nem tanto), o cuidado materno revela-se mortífero.

Neste sentido, na figura da mãe fálica, propomos outra interpretação da frase de Freud (1919) sobre o duplo, entendido como a mãe e o bebê fusionados em uma unidade: a mãe que foi, originalmente, uma garantia contra o desaparecimento do Eu do bebê, inverte o sinal de sua dedicação, passando à *mensageira de sua morte*. Então, em um paradoxo, a mesma mãe que um dia deu a vida e que é tão idealizada pode trazer a morte, caso seja desafiada, caso seja questionado seu império, caso a filha ouse duvidar ou desobedecer. Este risco, contudo, será apenas levemente anunciado, ou será de fato executado conforme a capacidade da mãe de investir libidinalmente (ou não), objetalmente (ou não), o que define também a força com que ela vai reagir.

As múltiplas e enigmáticas nuances da mãe fálica ficam ainda mais claras quando Freud (1913a) apresenta, no texto *O Tema da Escolha do Cofrinho*, as três parcas, as intrigantes formas assumidas pela mãe ao longo da vida de um homem: a própria mãe, aquela que lhe deu à luz; a mulher que é a companheira, sua amada, que foi escolhida segundo o modelo da primeira; e a mãe Terra, que mais uma vez o acolherá em seu seio. Será a terceira das parcas, a silenciosa deusa da morte, que vai tomá-lo nos braços no último de seus dias e partir com ele para sempre.

Lendo a mesma ideia e pensando não no homem como filho ou adulto, mas na estranha composição desse objeto primário como fonte de vida e de morte, vemos as básicas, mas assustadoras funções que uma mãe cumpre para uma filha: *nascimento, amor* e *morte*. Na intrincada trama das histórias de captura, a mãe fálica encarna a primeira apresentação: da mãe como aquela que alimenta, cuida e protege, mas a detém. No entanto, também estão ali presentes a amante e a morte: na promessa de um amor desmedido e perfeito, só delas; e na insinuação do risco de morte de alguém, caso a unidade ameace desfazer-se. Essas três funções estão combinadas em diferentes medidas e de formas diversas, e os elementos estarão mais silentes, mais discretos, ou mais rumorosos; depende.

A clínica nos mostra, incontáveis vezes, mães-fálicas-aranhas--medusas-parcas que, em nome de se manterem completas, transformam a vida de suas filhas em pedra, em vítima, em presa, para não haver o risco de elas denunciarem a falta materna. Esse risco, porém, sempre existirá, pois cada filha segue crescendo, a vida segue se apresentando e os psiquismos seguem se (re)conjugando. Os impulsos eróticos e os impulsos destrutivos da mãe se fazem ver entretons. Vale um olhar mais de perto, para uma discriminação mais precisa de mais esses elementos.

Ainda que didaticamente possamos discriminar muitas diferentes apresentações de relações patológicas mãe e filha, não há dúvida de que, por vezes, uma se interpõe à outra. Também está claro que, outras vezes, aquilo que observamos mais manifestamente em uma está apenas mais discretamente indicado na outra; e que aquilo que escutamos em alto e bom tom na clínica de algumas histórias está quase inaudível na outra. Quando escrevemos, uma descrição artificial acaba tendo que ser feita, mas não percamos de vista a questão das nuances que desmarcam tons tão definidos na realidade sempre múltipla da clínica.

A título de recapitulação, a mãe que protagoniza histórias de captura é uma mãe fálica que aprisiona sua filha no terreno do narcisismo primário e do Eu Ideal, com a promessa de um estado permanente de união, de dois corpos fusionados em um, e que, portanto, carrega tanto a (enganosa) satisfação de um estado de completude como a ameaça de morte, caso dali se saia. O que se passou e que segue se passando em duplas que assim se configuram é silencioso, é inconsciente, é disfarçado e é, por isso, mais dificilmente perceptível. A ameaça frente a algum movimento da filha é uma comunicação apenas subliminarmente transmitida: a mãe não precisa dizer, mas a filha escuta; a ambígua mensagem não é proferida em voz alta, mas a filha entende; os termos do pacto não são claramente revelados, mas a filha sabe. Sabe e obedece.

Para nos dar a dimensão do subliminar que se passa nessa relação, Cromberg (2001) destaca que a vida relacional intrauterina é de uma riqueza incontestável: o recém-nascido é programado *unicamente* pelo corpo da mãe e *só* sobre ele; por isso, ele conserva uma sensibilidade especial, que lhe permite, ao longo da vida, compreender sem o recurso da linguagem as mensagens mais discretas e mais informuladas sobre sua mãe.

Em uma linha espectral da apresentação mais extrema e mais carregada do silenciamento da clausura dessas histórias, temos relações em que também há um grau de captura, mas de uma forma mais visível, tão visível como são as produções que têm um colorido sexual, pois, para além da obscuridade da pulsão de morte, a mãe atrai sua cria, colocando-a no confuso lugar de objeto não só de completude, mas também de satisfação. Ela também dificulta ou impede a separação da filha, uma vez que esta fica com o encargo de sair da envolvente condição. Por certo, não se trata ainda da riqueza de matizes característica da neurose, mas, se levarmos em conta o funesto das histórias de captura propriamente ditas, com seu efeito quietante, já parece melhor que o incestuoso edípico presente nessa outra apresentação exerça uma atração e que dê um tanto de trabalho à filha. Nesse caso, a filha é mantida em uma nebulosa dúvida entre estar sendo seduzida ou usada, entre estar sendo atraída ou traída na crença das boas intenções da mãe fálica.

Contudo, um outro tipo de apresentação das relações mães e filhas, que também poderíamos pensar como de investimentos mortíferos, começou a ganhar cada vez mais visibilidade.[2] São mães denominadas *narcisistas*, francamente retratadas em livros, filmes e, infelizmente, na vida real. A clara destrutividade nelas presente está atenuada na mãe de captura, o que nos leva a pensar: essas apresentações dizem respeito a níveis ou intensidades apenas diferentes, mas de uma mesma questão – qual seja, a castração materna – ou se trata de tipos diferentes de mães, com dinâmicas diferentes? Afinemos nosso olhar e nossa escuta.

Nas histórias de captura, a mãe encontra a melhor chance de manter-se fálica: ela necessita que a filha fique sempre com ela, aderida a ela, para comprovar a crença onipotente em sua completude e, por isso, fará de tudo para que não haja motivos para um afastamento. A mãe narcisista, ao contrário, parece fazer de tudo para ver a filha o mais longe possível. Ela a ataca e a destrói, não deixando dúvidas de seus sentimentos hostis em relação a essa filha, que será acusada de ter estragado a vida ou o casamento da mãe, com os piores adjetivos bradados em alto e bom tom para que todos escutem e todos saibam. Ela não poupará palavras ao pronunciar frases como: *Eu devia mesmo ter*

---

2 O *facebook* – este rico observatório das manifestações do humano – alberga um número cada vez maior de grupos principalmente de filhas de "mães narcisistas", como elas são ali nomeadas. Os membros do grupo, em sua grande maioria filhas, descrevem mães que as odeiam e, por isso, maltratam-nas. Os inúmeros relatos postados nas páginas são de jovens odiadas, rejeitadas, criticadas, agredidas, desvalorizadas, humilhadas, xingadas, surradas, expulsas da casa e da vida de quem as colocou no mundo, *não por desejo, mas porque não conseguiu abortar*, como fazem muitas vezes questão de dizer. São impressionantes não só as situações relatadas, mas a necessidade de um lugar de fala. Cada publicação, que de forma óbvia, roga por um olhar e uma escuta, infelizmente, acaba sendo mais ab-reativa, porque o que é ali denunciado não tem como ser trabalhado e elaborado.

abortado, não devias nem ter nascido, ou *podes morrer, pois não farás falta para ninguém!*

A morte da filha é proferida aos sete ventos, sem constrangimento, vergonha, pudor ou moral – diques de uma fase anal bem vivenciada. Tratada como dejeto por quem deveria ser a primeira a amá-la, podemos dizer que essa filha é capturada pela recusa da mãe em conceder seu olhar, seu amor e seu reconhecimento, investimentos tão necessários para a estruturação psíquica de uma menina que cresce. Há uma captura, há uma detenção, mas pelo ódio. Com isso, essas meninas-mulheres seguem por muito tempo buscando ter o que não tiveram, receber o que nunca lhes foi dado. Elas não podem se haver com a verdade de que não só essa concessão de amor não será dada, como a ferida será mais uma vez e permanentemente aberta, pois, quanto mais esperam da mãe, mais essa vai afastá-las; quanto mais elas pedem à mãe, mais ela sadicamente recusa.

O caráter mortífero do investimento de uma mãe narcisista ganha representabilidade quando Freud (1931, 1933d) localiza na dependência da mãe o gérmen da paranoia da mulher, que aparece sobre o medo surpreendente, mas regularmente encontrado, de ser envenenada, morta ou devorada pela mãe. Como hipótese, ele propõe que esse medo se dê pela projeção da hostilidade da criança em relação à mãe. Todavia, não são raros os relatos que a clínica nos traz de situações e experiências que parecem aproximar-se *muito* da verdade material.

Muitas vezes, percebemos que o que nos conta uma filha na análise não está tão distorcido pelas armadilhas da memória, como acontece no que fica registrado como realidade psíquica. Há situações em que a mãe apresentada como perseguidora não é fruto da projeção da filha, mas é real; nesses casos, pois, na raiz dessa fantasia paranoica e desse medo, encontraríamos uma mãe que é *mesmo* – simbolicamente, mas quase de fato – envenenadora e devoradora como as representantes da mãe que protagonizam os contos infantis, as cantigas de ninar e os desenhos ou filmes de animação para crianças.

Era assim a mãe de Silvana que, dando gargalhadas, contava para as amigas, para as vizinhas ou para as irmãs que, quando a filha ainda bebê chorava sem parar, fazendo-a chegar ao limite da paciência, ela tinha vontade de colocá-la de cabeça para baixo no liquidificador: *ligado, claro!* E gargalhava ainda mais. O que impressionava Silvana – que veio à análise por não conseguir engravidar – não era que a mãe tivesse essa ideia ou vontade reconhecidas conscientemente por ela, assim como muitas fantasias que até as melhores mães têm; o que chocava quem escutava seu relato, era a mãe falar em voz alta aquilo que, em geral, fica esquecido pela amnésia dos primeiros tempos da maternidade ou escanteado pela consciência; o que constrangia a todos que a ouviam na varanda da casa era ela achar engraçada a cena imaginada, que soava como uma cena de filme de suspense ou terror.

Na época em que essas narrativas maternas aconteciam, a irmã mais velha de Silvana, já grandinha, tinha noção de que não era engraçado, pelo contrário. A primogênita não compreendia como a mãe podia ter ideias como essas e ficava horrorizada com a raiva que a mãe tinha daquele bebê. Silvana era a bebê, uma bebê que, felizmente, foi criada pela avó materna desde os seis meses, porque a mãe não suportava mais seu choro. O choro engasgado pelo ódio e sadismo maternos, no entanto, impediam Silvana de, hoje, ter seu próprio filho ou filha: *E se meu bebê for que nem eu fui? E se eu for que nem minha mãe foi?*

Muito diferente de uma mãe amorosa que tem capacidade de amar e de investir sua filha, a imagem da mãe como perseguidora está presente em diversos pontos da obra freudiana. Ao discutir um caso de paranoia, Freud (1915b) pondera que os pacientes paranoicos lutam contra uma intensificação de suas tendências homossexuais, uma escolha objetal narcisista. Ele identifica que, em geral, o perseguidor é alguém que a paciente ama ou já amou no passado, do mesmo sexo que a pessoa perseguida, ou seja, a mãe. Examinando o caso de uma moça avaliada por ele a pedido de seu advogado, ele atesta a força do complexo materno na concepção da ideia delirante: "o perseguidor original, a instância a cuja influência o indivíduo quer se furtar, não é aqui o homem, mas a mulher" (p. 202). Chama a atenção a palavra "original", pois penso que é justamente disso que se trata: da força e pressão dessa original ligação com o primeiro objeto que se nos apresenta: uma mulher, a primeira mulher, a mãe que mantém, por questões *suas*, a filha em uma posição de fixação que impede seus avanços.

"A mãe se torna, então, observadora e perseguidora hostil, malévola", reconhece Freud (1915b, p. 203), que avalia que, para ser superado, o complexo materno teria de perder o poder de impor sua intenção de afastar a filha dos homens, que é como Freud interpreta a perseguição. Contudo, para além de tratar-se de um homem, observamos que, com frequência, há uma outra pessoa envolvida na cena: amigas, vizinhas, familiares, um outro filho, o companheiro da mãe serão testemunhas das comparações, das humilhações, da inferiorização que a mãe vai fazendo sobre uma filha específica. Isso leva a pensar que o ódio declarado da mãe delata um vetor triangular (diferente da dualidade das histórias de captura) dividindo o espaço de qualidade narcísica que, sem dúvida, está presente e é a base para essa sinistra dinâmica.

Parat (2011) lança mão da imagem do vampiro para representar uma mãe mortífera. Na *clínica do vampiresco* – como a autora denomina certos transtornos da maternidade –, a indiferenciação entre a mãe e a criança fala de uma identificação vampiresca, "[...] uma anulação da diferença de gerações que deixa para cada uma o fardo dos lutos precedentes impossíveis" (p. 140). Para a autora, a condição de imortalidade da mãe se alimenta da mortalidade do desejo edípico, do narcisismo secundário, do Ideal do Eu e dos mandatos exogâmicos de sua prole.

Vemos que a mãe de captura suga simbolicamente da filha, na nascente, a força e a vida que ela teria, caso lhe fosse dado viver livremente seus próprios impulsos, movimentos e autonomia. A mãe narcisista vai mais matando aquilo que a filha, mesmo de modo precário, já conseguiu engendrar em termos de recursos psíquicos; parece uma situação menos grave que a primeira, pois o ódio parece mais presente na mãe narcisista do que na mãe de captura.

Há certamente algumas semelhanças nas histórias dessas duplas: a mãe narcisista é também uma mãe fálica, no sentido de que ela se apresenta onipotente, completa, imortal, cheia de certezas e razão. Do alto deste lugar idealizado, ela não precisa do outro e se basta. Incapaz de amar e reconhecer o outro em sua alteridade, precisa apenas de alguém que seja depositário de tudo aquilo que ela rejeita em si; por isso, sua filha será transformada em tudo de ruim que ela não pode ver em si: ela se livra disso tudo *na* filha e, logo, tem de livrar-se *da* filha. Quanto mais a mãe faz esse movimento, porém, mais a filha adere a ela e, em um jogo sadomasoquista mais tanático do que sexual, elas mantêm um vínculo de vítima e algoz.

Já a filha da mãe de captura será depositária do que a mãe não suporta em si: ela mais será depositária de outra qualidade de coisas, talvez de uma coisa específica, qual seja, a castração materna. Sendo ela, filha, castrada e desvalida, a mãe pode seguir potente e com todo o valor. A mãe, no entanto, não destruirá a filha, muito antes pelo contrário: ela precisa mantê-la ali por perto, quanto mais perto melhor, para que ela siga portadora do que a mãe não pode enxergar em si mesma.

O tema do filicídio ajuda a compreender as minúcias dessas dinâmicas. Borges e Paim Filho (2017a) frisam que os destinos do desejo edípico estão assentados no desejo narcísico que é governado pela hegemonia do princípio do prazer e que dá corpo à eterna fantasia de ser *dois em um*, plenitude da vivência incestuosa com a mãe. "Neste teatro da alma, existe apenas um personagem: o duplo. Sim, ser o par complementar, um outro sem singularidade" (p. 40), e denunciam: quanto mais narcísico o desejo parental, mas duplicidade, mais mandatos endogâmicos, mais filicídio alienante, ou filicídio em ato, como eles propõem.

Tomamos estas duas definições – filicídio alienante e filicídio em ato – para propor que uma mãe de captura promoverá um filicídio alienante, na medida em que nega a existência separada da filha, sequestra sua individualidade e exige sua fidelidade. Já a mãe narcisista promoverá um filicídio em ato, não pela morte propriamente dita, mas pela intensa agressividade verbal, emocional e, por vezes, física, impetrada contra a filha.

É possível dizer que, em cada uma dessas apresentações, teremos uma filha capturada. Penso, no entanto, em uma outra fina diferenciação: nas histórias de captura, a existência toda da filha é detida pela mãe, então, ela corre o risco de perder sua sensação de existir, já que só se pensa existindo aderida à mãe; quando há uma relação de sedução, o que é retido pela mãe é a sexualidade da filha, então, o risco é de perder a ilusão de ser objeto de desejo da mãe; e nas relações com uma mãe narcisista, a filha fica presa ao olhar odiento da mãe sobre ela, então, a perda seria da esperança de receber o reconhecimento e o amor que nunca teve, a ilusão de ter a mãe que nunca teve e que nunca terá, uma sensação de orfandade.

Paim Filho (2020)[3] entende que, com a mãe de captura, tratar-se-ia do duplo de forma mais direta, já que a mãe faz desaparecer

---

3 Em comunicação pessoal.

a singularidade da filha, para que esta siga cativa e aquela siga fálica; já com a mãe narcisista, teríamos um *duplo ao inverso*, ou seja, ela toma de qualquer forma a filha como propriedade sua, mas para ser, às avessas, o extremo oposto do que a mãe é. Já Hausen (2020)[4] entende que podem se tratar de dois tempos de uma mesma mãe, ou seja, enquanto a filha prestar obediência e corresponder à demanda materna, ela será bem tratada e poupada: detida, mas bem tratada; no momento em que ela começar a insurgir-se contra os desígnios impostos, esta mãe vai destruí-la por isso. Contudo, a clínica ainda me parece nos subsidiar para seguirmos pensando, explorando e desenvolvendo finas delimitações e discretas diferenças.

Faimberg (2001) tem dois conceitos que são importantes aqui: *apropriação* e *intrusão*. Ela se apoia na descrição de Freud sobre o Eu Prazer Purificado – no qual tudo aquilo que é digno de amor é Eu, e tudo aquilo que não aceito em mim é não Eu – para caracterizar uma relação de objeto narcisista com essas duas funções. A autora reconhece que há um discurso narcisista na medida em que com o amor por si mesma a mãe se alimenta apropriando-se daquilo que é digno de amor, mesmo que venha da filha (privando-a, assim, de uma linguagem própria) e/ou atribuindo a ela aquilo que odeia em si mesma.

"E/ou", porque essas duas funções podem dizer respeito a uma mãe em momentos diferentes, ou que reage aos diferentes movimentos da filha que vai deixando de ser um bebê; ou – como me parece mais frequente – podem falar de duas mães que se desenvolveram de formas particulares e díspares. Então, relendo a descrição de Faimberg à luz da mãe fálica, diremos que, pela função de apropriação, a mãe de captura ama a filha com um amor narcisista. Ela se apropria daquilo que dá prazer, das qualidades amadas

---

4 Em comunicação pessoal.

na filha, ou da própria filha; ela se identifica com essas qualidades, como se fossem suas. A mãe narcisista, que sente a filha como diferente dela, tenderá a odiá-la com um ódio narcisista e, pela função de intrusão, atribuirá à menina qualidades que são suas, mas que em si provocam desprazer

Em ambos os casos, deixa de existir o reconhecimento do outro como distinto ou separado. Todavia, se pensarmos que as coisas não são estanques nem fixas, na clínica, falamos de nuances, de roupagens, de tons e não de apresentações em blocos; então, sim, encontramos na clínica mães que conjugam o bordo e as duas faces na moeda que investem na filha. Vejamos como a mãe de captura atua sobre sua filha, nessa problemática que ela não pretende ou não pode resolver em si, deixando, então, para a sua prole o encargo de dar conta, sucumbindo a ela, se não tiver forças para lutar, ou tentando por tudo ser resgatada da captura.

9. O pai da horda primeva não é pai, é mãe

Antes de sair, minha mãe se agachou diante de mim,
agarrou meu rosto com suas duas mãos
iguais as minhas e disse:
"se você fizer mais uma bobagem dessas,
eu juro que você nunca mais vem à escola.
Vou lhe ensinar em casa".
Eu não sabia que era ilegal.
Eu então acreditei. Se soubesse, não faria diferença,
porque a minha mãe era a lei.
Nem Deus poderia com ela, disso eu sabia
(BRUM, 2011, p. 56).

Sabemos da importância que os mitos tiveram na construção teórica de Freud; eram, para ele, fenômenos valiosos. Um deles é, sem dúvida, o mito da horda primeva, base para um de seus textos de maior calibre: *Totem e Tabu*, que ele considerava seu melhor trabalho desde *A Interpretação dos Sonhos*.

Roudinesco e Plon (1998) aquilatam o texto freudiano como uma verdadeira obra-prima, tanto por sua redação, "digna da melhor literatura romanesca do século XIX, quanto pelo desafio que lança ao raciocínio científico" (p. 756). Na qualidade de obra-prima, ele segue podendo ser lido à luz de outros olhares e lançar novos desafios ao nosso sempre vivo raciocínio científico e psicanalítico. Para os autores, esse livro se apresenta, ao mesmo tempo, como um "devaneio darwiniano sobre a origem da humanidade, uma digressão sobre os mitos fundadores da religião monoteísta, uma reflexão sobre a tragédia do poder e uma longa viagem iniciática ao interior da literatura etnológica da virada do século" (p. 758).

Para manter vivo o impulso investigativo sempre presente no criador da Psicanálise, façamos um exercício de imaginação e, com uma espécie de *licença poética*, revisitemos esse mito de maior valor para Freud: o da horda primeva. Então, se podemos tomá-lo como fonte de novos devaneios, digressões, reflexões e viagens, proponho escutarmos o mito darwiniano, tendo como pano de fundo não a figura do pai, mas a da mãe:

> *Se olharmos bastante para trás no curso do tempo, [...] a concepção mais provável é de que o homem primevo originalmente viveu em pequenas comunidades, cada um com tantas esposas quantas podia obter e sustentar, que ele ciumentamente guardaria dos outros homens. Ou pode ter vivido sozinho com várias esposas, como o gorila; pois todos os nativos "concordam que apenas um macho adulto é enxergado num bando; quando o macho jovem cresce, há uma disputa pelo domínio, e o*

mais forte, matando ou expulsando os outros, estabele-ce-se como o líder da comunidade".[1] Os machos jovens, vagando após serem expulsos, impediriam quando, en-fim, encontrassem uma parceira, uniões consanguíneas muito próximas no interior da mesma família (DAR-WIN, 1871 citado por FREUD, 1913b, p. 193-4).

Na dinâmica das histórias de captura, proponho que essa descrição que, originalmente, refere-se ao pai da horda, caiba melhor na descrição da mãe fálica, a mãe do tempo primordial, a mãe do narcisismo primário; e que ao pai fique reservada, como analisamos na sequência, a descrição do pai *totêmico*. Vejamos melhor.

A mãe fálica: estado de natureza, portanto, selvagem

Freud (1921) toma de Darwin a descrição do pai da horda primeva como um macho poderoso, um indivíduo de força superior que governava despoticamente os membros do grupo que tinham ligações e vínculos, enquanto ele mesmo era livre. "Seus atos intelectuais eram fortes e independentes mesmo no isolamento, sua vontade não carecia do reforço dos demais" (p. 86). Ele era o criador do mundo, já que foi ele quem gerou todos os filhos que compuseram o primeiro grupo habitante desse mundo, ainda enquanto horda. Representava o ideal de cada jovem e era, ao mesmo tempo, venerado e temido.

O pai déspota impedia os filhos de satisfazerem seus impulsos sexuais diretos; impunha-lhes a abstinência e, assim, os impelia a relações inibidas na meta. A ele, porém, reservava o livre gozo sexual, sem ligar-se aos objetos de seu prazer. Ele gozava também de

---

1 Dr. Savage, em *Boston Journal of Natural History*, vol. V, 1845-7, p. 423.

168   9. O PAI DA HORDA PRIMEVA NÃO É PAI, É MÃE

todos os benefícios e das vantagens que somente a quem está no poder estão reservados, e tratava de expulsar quem lhe oferecesse resistência ou representasse uma ameaça. É com este grau de submissão que os indivíduos da massa careciam da ilusão de serem amados igualmente e de modo justo pelo líder que, por sua vez, não precisava amar ninguém mais além de si: "é-lhe facultado ser de natureza senhorial, absolutamente narcisista, mas seguro de si e independente" (FREUD, 1921, p. 86).

Não é nessa posição do pai da horda que se encontra a mãe fálica? Detentora de tudo e de todos? Vemos pelos relatos da clínica como uma mãe fálica guarda consigo todas as certezas, o domínio do que acontece e, em especial, do que não acontece, os bens e os filhos. Ela tem seus desejos satisfeitos, suas demandas atendidas e suas ordens obedecidas. Ela detém o império e o saber sobre quem cresceu nela, nasceu dela e dela precisou para sua sobrevivência orgânica. É ela este ser com toda a riqueza, a propriedade de nada menos que tudo e que, tal como o pai da horda, reina absoluta. Aos filhos, cabe a obediência e a sujeição.

São essas condições que estão garantidas quando Freud (1931; 1933d) fala do complexo de masculinidade como uma das saídas da menina para a evidência da diferença anatômica entre os sexos: quando crescer e tornar-se mãe, uma demanda haverá de ser atendida por aqueles que dela nascerão, de que ela seja mantida no lugar de tudo ser, tudo ter e tudo poder, de que ela não seja destituída de sua posição de autoridade, de que não seja revelada sua castração. São essas as exigências da mãe fálica, que as filhas deverão atender, como atenderam os jovens filhos do pai da horda dos primeiros tempos da humanidade.

Marucco (1998) considera que um apego pré-edípico à mãe vista como fálica é universal, mas ele estabelece que um desprendimento desta crença liberará a criança para avançar na direção contrária do Eu Ideal, na direção do Ideal do Eu, podendo perceber que a mãe é castrada. Quando, porém, essa mãe não deixa o lugar da autoridade suprema e detentora de todas as coisas, ela impede a criança edípica de nascer. Para coibir a denúncia de sua castração, a mãe fálica exige o retorno aos tempos primordiais. Pelo temor à vingança materna e às consequências de sua ousadia e desobediência, a criança acata e faz renascer a Narciso, a criança mítica, mais uma vez. "A partir daí, uma eterna, complexa e constante repetição de mortes e renascimentos" (p. 217).

O que vemos acontecer com a mãe fálica é o que vimos acontecer no mito do pai da horda, essas inquestionáveis entidades que ninguém se atreve a contestar. Contra elas, somente tentativas falhas e ineficientes: de tanto em tanto, algum filho da pré-civilização organizava-se para matar o líder. Esse solitário parricida, porém, não tinha sucesso, pois, ocupando depois o lugar tão ambicionado de chefe do bando, ele acabava por ter o mesmo destino: ser morto também. Com a mãe fálica sucede algo parecido: a filha enfraquecida por proibições e impedimentos não consegue fazer frente à uma mãe que se encarrega de manter inacessível o que sua prole teria direito: seus próprios bens e objetos, suas próprias escolhas e opções. O investimento narcísico da mãe, normal nos inícios, converte-se na única condição existente e permanente – *minha, para todo o sempre, minha*. Com mais sucesso, ela mantém cativa e subjugada toda uma descendência que não pode existir de forma autônoma e que não tem força para sequer tentar destroná-la como fizeram inúmeras vezes os filhos do pai mítico.

A saga de lá se repetiu até que, reconhecendo a necessidade de ajuda alheia, os irmãos se uniram e tiveram êxito: mataram o pai, instituíram o totem, as regras e as normas, o que leva Freud (1925a) a anunciar que o crime primevo da humanidade deve ter sido esse parricídio: a morte do pai da horda primitiva. Contudo, o que sabemos, após vários autores, é que "o filicídio é, logicamente, anterior ao parricídio" (ANTONIAZZI; WEINMANN, 2018, p. 170): os filhos que mataram o pai foram sucessivas vezes mortos por ele. É esse o crime primeiro que vemos se repetir e se manter nas histórias de captura, entre filhas e suas mães que, fálicas, as têm a seu dispor e a seu serviço.

Outro texto em que Freud (1923a) examina as relações entre pai, mãe e filhos é *Uma Neurose do Século XVII Envolvendo o Demônio*. Ao ali questionar por que tanto a figura de Deus, como a do Diabo foram tomadas como representantes paternos, ele conclui que "a relação com esse pai era ambivalente talvez *desde o início*" (p. 244, grifo meu); ela conteria dois impulsos emocionais opostos: impulsos de natureza terna e submissa, mas também impulsos hostis e desafiadores. Mas indaguemos: não poderíamos pensar que essa ambivalência entre a submissão e o anseio pelo pai, por um lado, e, por outro, o desafio e a rebeldia do filho – segundo Freud (op.cit), presentes *desde o início* – estariam melhor se referindo à figura parental que primeiro chega e se apresenta ao recém-nascido, a mãe?

Uma pista para tal construção está no mesmo texto, quando Freud (1923a) faz notar que o Demônio porta seios, marca física de uma mulher, que ele explica como a atitude feminina do menino para com o pai, ou como deslocamento dos sentimentos ternos da criança pela mãe para o pai. Para o autor, essa segunda explicação sugere que houve *previamente* uma intensa fixação amorosa na mãe que é, por sua vez, responsável por parte da hostilidade da criança para com o pai. No exame que propomos, a questão temporal é importante, já que o mito da horda apresenta-nos *duas* figuras de pai: uma que estava lá, previamente, desde sempre; e outra que surge em um segundo tempo e que não estava no *primeiro tempo*, no início. Se entendemos que, para o bebê, a mãe é o objeto desde o início, faz sentido relacioná-la com esses seres divinos que ocupam o lugar de Deus – para o bem e para o mal.

Koren (2013) localiza, da mesma forma, no tempo essa anterioridade: "o pai da horda é não apenas o ancestral do pai, como também precursor e fundamento de sua legitimidade. Ponto zero absoluto, tão irrepresentável quanto logicamente necessário" (p. 58). E quem seria o *ponto zero absoluto*, tão logicamente necessário, senão a mãe? O autor descreve esse tempo dos primeiros cuidados maternos como o "tempo do *Hilflosigkeit*, do desamparo e da necessidade absoluta do '*Nebenmensch*', do próximo provedor; tempo de investimento do corpo, da presença e da ausência, do tipo particular de cuidado materno, do despertar corporal e da inscrição do aparelho pulsional na relação com o Outro, dos primeiros entrecruzamentos entre a demanda e o desejo" (p. 72).

Caso assim tenha ocorrido, o bebê que foi investido no corpo – e que, como menciona Koren (2013), recebeu o adequado cuidado de uma mãe que soube apresentar-se e afastar-se, dando espaço a ele – avançou para além da lógica da necessidade e da demanda. Mais independente do olhar do outro para validar sua existência, essa criança pôde ingressar na lógica do desejo, em que deixa de haver prontidão, certezas e garantias. Ela estará no campo da conflitiva edípica, campo aberto para a diferença anatômica, a entrada de outros objetos, a barreira contra o incesto, a triangulação e as escolhas próprias.

É como acontece nos melhores casos. Contudo, pensamos aqui no destino de filhas que não podem fazer esta passagem e ficam aprisionados em um funcionamento ainda mais regressivo, no qual elas habitam sem a instituição da cultura, da lei, das normas, das proibições, em que tudo é possível e permitido. Elas ficam cativas nessa terra de ninguém; ou melhor dizendo, nessa terra da mãe, nessa mãe-terra, em que somente a mãe *faz e acontece*.

Ela comanda a tudo e a todos na lógica da dualidade, da igualdade e do incestuoso, longe da possibilidade de desejar.

Submissas e submetidas, misturadas e indiscriminadas, fusionadas e engolidas pela mãe fálica, nas histórias de captura – tal como os filhos da horda que nada podiam –, essas filhas se calam, paralisam, obedecem e inexistem. Se os filhos do mito se rebelaram, o que as impede? Por que elas não reagem? Como essas mães conseguem assim mantê-las? Referindo-se à ambivalência de sentimentos, Freud (1913b) atesta: "a hostilidade é [...] abafada por uma intensificação excessiva do carinho, que se manifesta como angustiosa solicitude e que se torna obsessiva, pois, de outro modo, não cumpriria sua tarefa de manter sob repressão a corrente oposta inconsciente" (p. 85).

Cabe-nos discriminar os sujeitos das frases da citação freudiana: a hostilidade que porventura a criança ouse dirigir à mãe fálica será abafada por essa mãe que, falando mais alto e do alto de seu trono e domínio, fará desaparecer toda e qualquer manifestação de pensamento próprio neste ser que ela mesma criou. A mãe fálica rouba a voz de quem nasceu em estado de dependência e que seguirá assim para sempre, caso ela decida isso. E ela decide.

Ela tem esse poder de decisão, e Zalcberg (2003) explica porque: como é a mãe que atende às necessidades tanto biológicas quanto amorosas da criança, ela ganha uma importância sem igual. "O que impera é seu poder: suas respostas constituem leis ou regulamentos, suas demandas são mandamentos, seus desejos são desígnios" (p. 60). Ela tem a chancela do poder de doação e de tudo conceder; então, é daí que a mãe fálica tira seu poder de veto e de silenciamento.

Examinando o *Totem e Tabu*, de Freud, Faimberg (2001) entende a luta entre parricídio e incesto como uma luta narcisista que tem sua origem na ilusão de que existe *um só* espaço psíquico, no qual nunca haverá mais do que um único objeto erótico. "Esse espaço único pertence inteiramente ao pai narcisista; esse é narcisista, precisamente porque reina sobre esse único espaço e porque decide quem terá o que" (p. 141). É à luz desse pai narcisista do texto freudiano que ela entende certas figuras de pai, e que nós entendemos certas figuras de mãe: a mãe fálica.

Quando a mãe impõe essa lógica do pai da horda, de que só há espaço para *um*, ela obtura o deslocamento do investimento para objetos exogâmicos. É esse caráter obturador de uma mãe que Freud (1915b) destaca: "o amor à mãe torna-se o porta-voz de todos os impulsos que, no papel de 'consciência', procuram deter a garota em seu primeiro passo no caminho novo, perigoso em muitos sentidos, da satisfação sexual normal – e consegue perturbar a relação com o homem" (p. 202). Porém, podemos ampliar a *relação com o homem* da citação freudiana, afirmando que essa qualidade mortífera e centralizadora de *amor* à mãe impossibilita a relação com o mundo: nenhum dos demais objetos habitantes dele será buscado e nenhum novo território poderá ser explorado, já que a propriedade de tudo está no nome da mãe.

Nessa linha das histórias de captura, com uma mãe que impede que a filha usufrua qualquer coisa que seria propriedade sua, o ato criminoso dos filhos do mito darwiniano – que, unidos, matam o pai – seria uma questão de sobrevivência psíquica, assim como o será na história individual, um ato de libertação dos atos arbitrários e imperativos maternos. Diremos que é, inclusive, *vital* que este ato aconteça. Então, a morte a ser perpetrada no seio dessa tribo será a da mãe fálica, enquanto pai da horda primeva. Dito de outro modo, será necessário que cada filha se rebele e possa tanto questionar como destituir a mãe deste lugar de toda poderosa, criadora do céu, da terra e de todas as coisas do mundo. Será preciso que cada uma desminta para si e para ela que a mãe é detentora da sua vida e da sua morte. Será fundamental que a filha se insurja desse lugar de total dependência e submissão, onde esteve por longo tempo, mesmo depois de, fisicamente, ter vindo ao mundo. E como ela opera tão difícil tarefa?

Não será solitário o ato de desprender-se, individualizar-se, conquistar suas próprias terras e seus próprios objetos de amor. Tal como precisou acontecer um assassinato, o banquete, as renúncias e a instituição da lei, para que se passasse do estado selvagem para a humanidade, também na vida real deverá haver a instituição de uma lei, mas agora uma lei diferente da do pai déspota.

Para conseguir discriminar, a filha necessita de ajuda, da ajuda de alguém, um outro, um terceiro, o pai. O pai edípico proíbe uma mulher específica – a mãe de sua filha – e permite que ela, então, com mais força conceba um projeto exogâmico para o futuro. Logo, a lei materna, mais autocrática, deve ser cambiada pela lei paterna, mais democrática. Neste ponto, a filha criança, jovem ou adulta que teve apoio do pai terá recursos de Eu para erigir uma luta por si mesma contra o encarceramento a que esteve submetida. Será aí, então, que à filha estará liberado o reino da conflitiva edípica. Será na passagem de uma terra a outra, onde poderá encontrar outro clã, outra tribo, outro grupo familiar com sobrenome diferente, que ela se encontrará com a figura paterna, o pai totêmico.

O pai totêmico: estado da cultura; portanto, a castração

Para Freud (1921), o desenvolvimento do totemismo, que abrange a instauração da moralidade e da organização social, está ligado ao assassinato do chefe e à transformação da horda paterna em uma comunidade de irmãos. Aconteceu que, mais de uma vez, os filhos submetidos se juntaram, mataram o pai da horda e despe-daçaram-no, mas, em um determinado momento, algo diferente sucedeu. "Nenhum dos membros vencedores pôde se colocar no seu lugar, ou, quando um deles o fez, renovaram-se as lutas, até perceberem que todos tinham que renunciar à herança do pai. Então, formaram a comunidade totêmica de irmãos, todos com direitos iguais e unidos pelas proibições do totem, destinadas a preservar e expiar a memória do assassínio" (p. 101). Constitui-se o tabu do parricídio.

Outro desdobramento desse parricídio foi a instituição da exogamia totêmica, ou seja, a proibição de todo laço sexual com as mulheres de uma mesma família, ternamente amadas desde a infância (lemos: a mãe). Dirá Freud (1921): "isso representou a cunha que dividiu os afetos do homem em sensuais e ternos, di-visão que ainda hoje persiste. Em virtude dessa exogamia, as ne-cessidades sensuais dos homens tiveram de contentar-se com mulheres desconhecidas e não amadas" (p. 109). Constitui-se o tabu do incesto.

A instituição de um totem, representante do pai, da lei e da ordem, estabeleceu, em respeito a ele, esses tabus contra o parricí-dio e o incesto, o que, longe de ser um ato tirânico, foi paradoxal-mente um ato de libertação. Entendamos melhor: ao estipular normas que limitam ações específicas e que devem ser seguidas, o agente da proibição dá permissão para que o sujeito explore uma outra e vasta série de ações que estariam, de outra forma, limita-das. Dito de outro modo, quando o pai totêmico proíbe, o filho ganha a liberdade dos grilhões do pai da horda, assim como (to-mara) veremos acontecer nas famílias de quem busca nossa clíni-ca: quando o terceiro se apresenta, trazendo as condições da proi-bição do incesto para uma mãe que até então tinha o domínio de sua cria, ele libera a filha para ganhar mundo em outros territórios.

Foi o que tentou, durante anos e sem sucesso, o pai de Natália, até que ele a trouxe ao tratamento. Ele procurou análise para a filha que estava precisando, segundo ele, de ajuda para viver: *Ela não tem vida própria... Minha ex-esposa roubou a vida dela; a infantiliza e vai enlouquecê-la.* Pedro descreveu a jovem como uma pessoa torturada emocionalmente. Sufocada pela relação com a mãe e muito angustiada, é como se ela estivesse sempre em pânico. Mesmo incomodado há bastante tempo com a situação da filha e com muita raiva da ex-esposa, ele se sentia impotente. Tendo sido praticamente expulso de casa, não era com facilidade que conseguia acessar Natália. Foi por vê-la no extremo deste estado, que ele resolveu tomar uma posição e buscar ajuda. Nas primeiras sessões, pai e filha foram juntos ao consultório, como se precisassem da voz um do outro para fazer frente à voz lancinante da mulher que sempre gritou mais alto que os dois. Na análise, foi muito aos poucos que Natália foi criando corpo e voz e se apropriando de suas sessões. Chorando muito e sempre com muita angústia, relatava sua história, sua rotina e as situações vividas diariamente com uma mãe imperativa e confusionante.

Desde a separação dos pais, ela e a mãe passaram a dormir no mesmo quarto. *Quando meu pai foi embora, eu lembro que não sentia falta dele. Eu dormia com minha mãe e pensava: "Como sou completa e feliz! Com minha mãe comigo, nada de ruim pode me acontecer. Eu não preciso de mais nada!". Às vezes, a mãe era doce e preocupada, cuidava da minha saúde e comprava coisas boas para comermos juntas... Eu sentia o que ela sentia; era como se fôssemos uma só, e eu não queria perder aquilo.* Apesar desta satisfação, com forte angústia e um tanto de nojo, Natália começou aos poucos a reconhecer a estranha atração *da* e *pela* figura materna: *Minha mãe tinha sonhos eróticos comigo e me contava! Isso não está certo!* Ao lembrar disso, ela se coçava sem conseguir parar, até a pele sair e ela sangrar, como se precisasse limpar de sua pele qualquer resquício da presença da mãe com sua sexualidade bizarra e fora do lugar. Foi com palavras que, ao longo de já dois anos de análise, Natália começou a poder tirar um pouco, camada trás camada, a confusão de ter por demais uma mãe.

De diferentes formas, os pais abrem os caminhos a serem percorridos por sua descendência. Nas melhores circunstâncias, se com uma força e uma medida adequadas, o investimento parental orientará as posteriores escolhas de objeto. Todavia, nos casos que agora nos ocupam, as mães interditam esses caminhos, fecham fronteiras, impedem a circulação, obstruem todas as saídas. A promessa incestuosa de uma mãe fálica para uma filha – ainda mais do que para um filho – que habita com ela o fechado mundo pré-edípico é a de que, ali, poderão reinar e seguir em um idílio em que, de duas, são uma.

Freud (1905a) indica que "o mais fácil, para a criança, seria escolher como objeto sexual as pessoas que ama desde a infância com uma libido *amortecida*" (p. 147, grifo meu). Contudo, essas escolhas teriam uma qualidade incestuosa e uma direção regressiva; talvez por isso tenhamos, na citação freudiana, a *amortecida*, palavra passível de tantas desconstruções entre o amor e a morte que o incestuoso contém em si. Então, a barreira contra o incesto acolhe os preceitos morais que interditam expressamente a escolha de parentes consanguíneos amados na infância. Para o autor, o respeito a essa barreira é uma exigência cultural para o estabelecimento de unidades sociais mais elevadas; por isso, ela atua "com todos os meios, no sentido de afrouxar em cada indivíduo, especialmente no jovem, os laços com a família, que eram os únicos decisivos na infância" (p. 147). Mas quem é o anunciador das boas novas no caminho desse afrouxamento e do desenlace?

Para se dar a passagem da horda (quando se tem a posse) para o totemismo (quando se tem relações), do incestuoso para o terceiro e do endogâmico para a exogamia, o apego pré-edípico, dirá Marucco (1998), deverá ser sucedido pela lei paterna que denuncia e executa a castração da mãe fálica. Nesta trilha, a fantasia de sedução edípica será uma convocatória ao desejo paterno, como libertador do confinamento dessa mãe.

Koren (2013) segue pela mesma rota: a marca da origem de cada um inicia a cadeia da sucessão de gerações, mas não pode parar nesse ponto; por isso, há a necessidade da passagem para o tempo da triangulação edípica, para que um sujeito advenha daí. "Introdução da lei que marca uma dupla diferença: diferença de gerações, diferença sexual; proibição do incesto e complexo de castração" (p. 60). Em um determinado momento, o que operará para que haja a proibição do incesto, a limitação do gozo, a renúncia pulsional, a abertura para o desejo, a fundação do social e a introdução da criatura humana no tecido da cultura, será "o destino-devir edípico, [que] é herdeiro direto desse ponto zero absoluto" (p. 59). Então, é a posição do pai como pai totêmico que marca as proibições, as renúncias, os limites, ou seja, a castração, e que define o limite ao gozo tanto da criança, quanto – e em especial – da mãe.

Logo, retomando a associação da mãe fálica com o pai da horda, o portador das boas novas e dos novos rumos será o pai totêmico. Com ele, vem a passagem para a cultura e a instituição da exogamia, que proíbe as relações sexuais e o casamento entre pessoas do mesmo totem, irmãs e mãe. Além disso, vem o estabelecimento dos tabus, como uma proibição primeva forçadamente imposta por essa autoridade desde fora e dirigida contra os anseios mais primitivos e também mais poderosos dos seres humanos.

E bastará essa imposição? Freud (1913b) não é otimista; para ele, o desejo de violar os tabus persistirá no inconsciente, o que faz com que, mesmo que obedeça, cada sujeito mantenha, no mínimo, uma atitude ambivalente quanto àquilo que o tabu proíbe. Mas no inconsciente de quem? Falamos de dois inconscientes em que ele pode se manter: no da criança e no da mãe. Se, no inconsciente da mãe, o tabu estiver bem sedimentado, ela se encarregará de dar paradeiro aos desejos insistentes da criança; se não estiver, a criança estará perdida...

Nessa esteira, Koren (2013) pergunta onde, quando e como as proibições do incesto e do gozo vão operar-se: "o que faz esses mamíferos bípedes falantes se submeterem à lei, aceitarem uma determinada renúncia pulsional, resignarem-se com uma perda de gozo, para que sejam enfim humanizados?" (p. 57). Ele mesmo responde: precisa-se do pai morto "para que a comunidade de irmãos se torne, por sua vez, pais que representem, encarnem, sejam os lugar-tenentes, a garantia dessa lei" (p. 58). Pensamos, porém, que o pai a ser morto para que se faça a lei, será a primeira e arcaica figura da mãe fálica, enquanto pai da horda primeva, para que aí, então, ganhe espaço e lugar o pai totêmico, essa instituição-terceira transmissora da lei. Koren (op.cit) assim descreve estes objetos em seus diferentes tempos:

> *Transcorrido esse primeiro tempo edípico do sujeito, segundo a dialética designada por Lacan com os termos "alienação/separação" entre o sujeito e o Outro, esta será retomada com ao menos três figuras do Outro: o primeiro Outro que é a mãe, o segundo Outro que é o pai, na condição de separador e lugar-tenente, e a terceira figura do Outro que é o discurso da cultura, em que o sujeito nasceu e do qual é chamado a participar (p. 72).*

Dufourmantelle (2013) também localiza no pai totêmico a função de regular a relação com o Outro, que é a emanação onipotente de um real mágico e que pode decidir sobre a vida e sobre a morte dos membros do grupo. "O totem exige daqueles que recorrem a ele obediência absoluta quanto aos tabus dele emanados, e às liberdades por ele permitidas. Esse Outro é, de certo modo, o 'destino', haja vista decidir o que será 'ordenado' a um indivíduo" (p. 51).

Podemos avaliar, no entanto, que a obediência imposta a essa lei difere em muito da exigência feita pela mãe fálica. Da mesma forma como o Deus do Velho Testamento é tão diferente do Deus do Novo Testamento, o pai da horda exige o cumprimento de uma lei a que ele próprio não se dobra nem se subordina; já o pai totêmico profere uma lei que vale para todos, inclusive para ele mesmo.

Lebrun (2008) delata uma confusão que pode haver entre a submissão a uma lei a ser seguida por todos e a submissão àquele que impõe a *sua* lei. Ele aponta que, "quando um pai goza demasiadamente de impor limites a uma criança, tornando-lhe presente esse incontornável corte, substitui a tarefa de transmitir a lei, comum a todos, pela satisfação de impor a sua única lei própria e provoca, consequentemente, a recusa da criança, mergulhada por sua vez na confusão de não poder distinguir a submissão à lei, da submissão àquele que a impõe" (p. 30).

A primeira lei a ser seguida faz Lebrun (2008) lembrar o escrito bíblico: é exigido que se abandone pai e mãe, como se anuncia no Gênesis. Para que se dê a primeira separação – a mais difícil, penso –, vem o anúncio paterno: a interdição do incesto. Algo deve interpor-se entre a mãe e a criança, para separá-las: tanto a criança, da mãe, como a mãe, da criança. É por isso que esta precisa contar com o apoio de um outro objeto que será o pai, diferente do primeiro objeto que foi a mãe, para autorizá-la a se descolar, conquistando um voo próprio que a leve a se distanciar do que é o dito materno.

As leis a que todos têm de se submeter são as tão necessárias e organizadoras restrições aos impulsos mais primitivos: a proibição da relação incestuosa com a mãe (com quem se teve, até ali, livre comércio) e o parricídio (a eliminação da figura parental no tempo da disputa edípica). O pai totêmico impõe tais regras e as faz valer, mas – diferente da mãe fálica – não impõe restrições à existência, à autonomia e ao avanço; ele impõe leis, normas e regras às ações de sua prole, tomadas, então, como sujeitos de deveres e também, felizmente, de direitos. Quinet (2015) atesta a força deste dito: "para o bebê, a lei da mãe é onipotente, pois apenas ela é capaz de suprir suas necessidades, ou seja, ela pode ou não satisfazê-lo, só depende de sua boa ou má vontade" (p. 40). Temos ideia, pois, do risco de ser um *fora da lei* desta lei, nessa relação tão primitiva, em que a lei é absoluta.

Neste importante movimento de fazer-se um *fora da lei* – específica lei, a materna –, parece paradoxal que seja uma outra lei – a lei paterna que venha ajudar; mas é isso mesmo. O totem, afirma Dufourmantelle (2013), possibilita deixar a terra na qual se esteve submetido ao poderio de um objeto onipotente, onipresente e déspota. Todavia, ela alerta: os espectros e as assombrações em torno desse objeto estarão sempre rondando, mais ou menos; depende do quanto seja possível distanciar-se. Podemos avaliar que não seja um distanciar-se que se dê de vez; talvez cada filha vá precisar seguir distanciando-se neste gerúndio que indica ser uma tarefa contínua. Por isso, para a autora, "Totem e Tabu nos faz pensar na sobrevivência desses laços em que o arcaico se mantém em nós hoje mais do que nunca" (p. 53). É fundamental, então, não parar de pensar: e quando não se pode contar com esse pai?

10. "O pai que nunca esteve lá não estava lá"

E por um instante está no fundo da piscina,

berrando no silêncio,

enquanto a água lhe enche os pulmões

e a leva para um lugar sem sofrimento.

E a mãe puxando-a pelos cabelos à superfície,

porque nunca a deixará partir

(BRUM, 2011, p. 13).

Nas mais diversas configurações familiares, em geral, temos a presença concreta de mais de *duas* pessoas, presenças que vão aumentando cada vez mais. Comecemos por perguntar: se, como diz o provérbio africano, "é preciso uma aldeia para criar uma criança", como, nas histórias de captura, uma mãe logra fazer-se aldeia, ela mesma, toda? Como uma configuração assim se engendra? Como a figura materna consegue tomar para si a posse e exclusividade da filha que deveria poder contar com, no mínimo, mais uma pessoa que marcaria a triangulação e a saída da dualidade dos tempos

184   10. "O PAI QUE NUNCA ESTEVE LÁ NÃO ESTAVA LÁ"

primeiros? Onde está o pai? Fica claro que perde muito uma criança que não puder contar com outros objetos para além da mãe, já que, nessa dinâmica, isso será assim:

"Ela gostava de me botar na cama dela. Na cama de casal onde deveria dormir o meu pai, mas em que dormia eu. Quando meu pai chegava do trabalho, o sol entrando pelos furos da persiana, encontrava no caminho para o corpo da minha mãe a minha carne enrodilhada. 'Ela tem pesadelos, dizia ela. Fui obrigada a trazê-la para nossa cama'. Não sei precisar quando ele desistiu. Apenas passou a dormir primeiro no sofá azul da sala, um dia se transferiu para minha cama estreita, e estava feito. O tempo era confuso na minha infância. Com os dias, eu acabava acreditando que havia sido sempre assim. Meu pai não tinha raiva nos olhos. Só cansaço. E um desalento difícil de ver porque doído. Ele me olhava com amor e parecia querer me tocar, mas havia sempre a minha mãe atenta. Sempre pronta a abocanhar o gesto de carinho do meu pai no ar. Como ele trabalhava à noite, como guarda noturno de uma indústria farmacêutica, era mais fácil. Meu pai era um fantasma que não nos assombrava" (BRUM, 2011, p. 33). É assim que Laura, do livro *Uma/Duas*, começa a falar de seu pai.

Então, sabemos por essa descrição e pela clínica, pelas histórias que nela escutamos e por tantas narrativas, que o pai *está lá*, às vezes, só de carne e osso, mas não subjetivamente; outras vezes, de forma nenhuma. É o que descreve Eliane Brum, para mostrar que, na dinâmica que ora nos ocupa, mesmo que o pai seja o parceiro da mãe, casado de papel passado, morador daquela casa e provedor daquela família, ele não se constitui como alguém que será considerado, alguém com força, alguém com possibilidade de fazer-se reconhecer, ou com capacidade de executar a função de corte da fusão mãe-filha.

Retomando a ideia da mãe fálica que reserva para si a posse do falo, podemos imaginar que a mulher que tomou o caminho do complexo de masculinidade em seu desenvolvimento infantil não fará, na vida adulta – na época de escolha do objeto amoroso –, a eleição de um parceiro que seja *ele* o portador do falo. É mais provável que ela eleja alguém castrado, para que ela não precise – pelo confronto com a diferença dele – dar-se conta de sua própria castração.[1]

Assim, nas histórias de captura, esse outro será enfraquecido, irreconhecido, desvalido, dispensável; e a mãe estará presente de forma absoluta, sem conceber nem admitir sua incompletude, sua não exclusividade ou sua mortalidade. Por isso, ela recusa que precise de outras pessoas em sua vida, em seu círculo de relações ou como fonte de gratificações; e recusará, com a mesma contundência, que o bebê que cresce necessitaria cada vez mais ampliar seus horizontes.

Quando fosse ingressar na conflitiva edípica que anuncia a saída do narcisismo primário, o bebê deixaria a condição de *infans* – dependente da mãe e somente da mãe – para tornar-se uma criança com capacidade de locomoção e de fala, ou seja, com um grau de independência que lhe permite acessar outros lugares e outros objetos que não a mãe. Nesta via de acesso, faz sentido pensar no símbolo da *ponte* que Freud (1933a) interpreta como o órgão masculino que liga o casal parental no intercurso sexual e que gera o bebê que nascerá; depois, com base em Ferenczi, essa interpretação é ampliada: "a ponte se torna a passagem do Além (o não-haver-ainda-nascido, o útero materno) para o Aquém (a vida)"

---

1 Sempre importante lembrar que não falamos aqui do confronto ou da visão do pênis no homem, até porque este que, para efeitos da escrita, convencionamos chamar de *pai* pode ser uma mulher ou um homem, nas mais diversas configurações familiares; ou qualquer objeto que desvie a atenção da mãe para fora do foco único e exclusivo sobre o ninho onde mantém seu filhote-bebê.

(p. 149). Ao mesmo tempo, esse símbolo expressa a ligação entre a morte e o retorno ao útero (ao líquido), dando materialidade à ambiguidade da figura materna, entre o nascer e o morrer ligados a ela.

Este trânsito se dará pela passagem tanto de uma ponte que leva de um lugar para *outro* lugar, como pela passagem do único órgão conhecido até ali, o da mãe, para o órgão do outro, o do pai, o diferente. Da passagem de um a outro, haverá um movimento para direções opostas: um recuo ao objeto primordial e um avanço na rota do objeto que se apresenta como um outro já não colado. O bebê encontra sua salvação e redenção em um objeto diferente que tem a missão de liberar sua passagem do não mundo uterino dos braços da mãe, para o mundo aqui fora. Da mãe do amparo ao pai do desejo, haverá uma luta entre voltar a instalar-se junto a quem é a primeira garantia de sobrevivência ou, então, seguir rumo ao mundo.

Contudo, a mãe de que falamos não admite, ela mesma, essa possibilidade. Sem poder ver-se castrada, ela desconsidera a presença, a necessidade e a ação de um terceiro; ela apodera-se de seu fruto e mantém com ele uma eterna relação fechada. Para uma mãe que não tem essas concepções internalizadas, é difícil ou até mesmo improvável admitir a existência e a importância de mais alguém, um terceiro que a colocaria de frente com aquilo que ela desmente há muito: que ela não se basta, que ela não tem tudo, nem é tudo e que, por isso, precisa de um outro diferente dela. Não é o que pensa a mãe fálica e não é o que ela permitirá que sua filha pense. No círculo fechado que constrói em torno delas, ela não dará nem passagem nem entrada a mais ninguém.

Como se daria a entrada de um outro?

Em uma relação dual que transcorreu da melhor forma nos primeiros meses de vida de um bebê, a entrada de um terceiro indica a porta de saída do estado de união fusional e anuncia a chegada na conflitiva edípica. Quando, com exceção da amamentação, esse terceiro já se inclui nos cuidados, na rotina, no brincar com um bebê que já sabe sorrir e que responde não só mais à mãe exclusivamente, o mundo que até então estava mais restrito vai se ampliando. O bebê vai, paulatinamente, sendo deixado mais no colo alheio, mais nas mãos terceiras, mais nos braços de um outro que confia em suas habilidades para igualmente dar conta, ainda que diferente da mãe, e que é confiado por ela.

Estimulado por quem apresenta o lado de fora, o bebê segue desenvolvendo as habilidades de se experimentar e descobrir coisas. Não se trata apenas de uma mudança de etapa, da fase anal para a fase fálica; é mais complexo que isso, em especial para a menina, que terá de ali fazer a dupla mudança de zona erógena e de objeto amoroso, de quem foi até então, a mãe, para um outro, o estrangeiro que chega desde fora. Não é possível, porém, executar esses movimentos todos sozinha.

Freud (1933d) reconhece a dificuldade que é fazer essa passagem, mas, quando se pergunta sobre como desaparece a forte ligação materna da filha, ele parece colocar mais atividade na menina que, desiludida e desapontada com a mãe, toma *sua sina habitual*, nas palavras do autor. É como se ela tomasse o caminho que leva naturalmente a uma desvinculação com a mãe e a uma vinculação com o pai. No entanto, parece-nos que não é um processo que ocorre tão naturalmente ou tão facilmente assim. Podemos afirmar que, mesmo nas melhores duplas, compostas por uma mãe com suas próprias questões psíquicas com relativa resolução, uma força extra haverá de ser impetrada; um outro haverá de apresentar-se como catalisador de um impulso que deverá ser para a frente.

No engendramento de recursos psíquicos para fazê-lo, Freud (1939) indica que o afastamento da mãe, que se dá em direção ao pai, aponta para uma superação da sensorialidade pela intelectualidade, na medida em que a maternidade é demonstrada pelos órgãos dos sentidos, e a paternidade é uma suposição, uma inferência e uma abstração. Essa indicação se presta a muito pensarmos: a mãe é, na concretude, onde cada um esteve, de quem se fez parte, de quem se dependeu; o pai é, no subjetivo, com quem se conta ali adiante, em uma relação que será construída. A mãe foi carne, foi víscera, foi órgão; o pai já se conhece alheio. A mãe remete ao encontro endogâmico e à permanência no mesmo lugar; o pai é o convite ao exogâmico que requer movimentação, requer um deslocar-se de onde se esteve, para um *buscar*.

Essa movimentação está igualmente relacionada ao estruturante transcurso do Eu Ideal para o Ideal do Eu. Freud (1923b) propõe que, na dissolução do complexo de Édipo tanto positivo como invertido, o Supereu[2] indica: "assim (como o pai) você *deve* ser", mas também adverte: "assim (como o pai) você *não pode* ser, isto é, não pode fazer tudo o que ele faz; há coisas que continuam reservadas a ele" (p. 42-3, grifos do autor).

Vemos que, no terreno do Ideal do Eu, há permissões, mas também limites; há condições, mas também impedimentos; há possibilidades, mas também proibições. Fica evidente a diferença do Eu Ideal, da oferta da mãe na fase do narcisismo primário a quem ocupa o trono de sua majestade: ali, tudo se pode, tudo se faz, tudo é seu, é-se tudo. Essas facilidades, porém, não são desfrutadas somente pelo bebê; podemos dizer, inclusive, que, nas histórias de captura, elas são *menos* desfrutadas pelo bebê e *mais* desfrutadas pela mãe fálica; é ela que, principalmente, gozará de estar nesse lugar com sua cria. Logo, será difícil que ela libere de livre e espontânea

---

2 Aqui compreendido como Ideal do Eu, este que define as condições para que a criança seja amada, reconhecida e valorizada pelas figuras parentais, objetos de sua afeição.

vontade e que abra com facilidade as portas do paraíso, para que o movimento de entradas e saídas se faça possível.

É por isso – porque essa abertura, que é uma operação de simbolização da mãe, dificilmente ocorre espontaneamente – que, às vezes mais e às vezes menos, será crucial a intervenção de um terceiro que introduza a lei de interdição. É o que anuncia Quinet (2015): a instância paterna no discurso da mãe apresenta o pai como a figura legalizadora, pacificadora e protetora. "É o pai que une o desejo com a lei, permitindo ao sujeito escapar aos caprichos da mãe e ascender às identificações secundárias" (p. 35). Para a mãe, o pai responde com um *não* ao impulso de tanto reintegrar a criança, como fazer uso dela como objeto, e declara que ela está submetida a uma lei. Para a criança, sua presença significará que o desejo da mãe se encontra em outro lugar e que, desta feita, ela está liberada de cumprir a função de complemento.

Durante algum tempo, a criança teve a sustentação da fantasia de ser plenamente satisfeita. Para Lebrun (2008), quando a mãe se ausenta, a criança vê que outros começam a cercar sua existência, o que traz a necessidade de sustentar o vazio deixado. Ao mesmo tempo, a presença de outros "é a revelação progressiva de que ela não está sozinha no jogo da relação com a sua mãe e que, portanto, ela não pode preenchê-la inteiramente, mesmo se ela for para sua mãe, a oitava maravilha do mundo" (p. 84). A criança precisará renunciar a sua identificação fálica, ou seja, à crença de ser o falo da mãe. Mas como fazê-lo?

Falando da função de interditor, Lebrun (2008) entende que, enquanto o pai está lá e ocupa-se da mãe, ele se coloca como obstáculo para essa ilusão do bebê de que é ele que preenche essa mãe. Neste sentido, o pai interdita a criança. "É porque põe um ferrolho sobre essa função de preencher a mãe que ele constrange a criança a se deixar ferir em sua onipotência, e é essa incisão que servirá de amarra ao seu desejo" (p. 86). Vemos que, no momento certo, o pai, que até então esteve como um pano de fundo, fará o corte e, com marca de ferida, deixa sua marca ali: de perda, mas de libertação. Com a interdição, a liberdade.

Lebrun (2008) explica que a significação fálica instaurada pelo Nome-do-Pai substitui o significante materno e desencadeia, assim, o regime de ausência da mãe. Essa ausência promove o surgimento da linguagem; porém, para que a criança mantenha singularmente sua fala, será preciso que a razão dessa ausência tenha uma causa sexual, "única capaz de inscrever que a necessária perda de gozo da mãe não depende da criança, mas que, ao contrário, ela [a criança] é o resultado, o produto" (p. 84): do intercurso sexual dos pais, nasceu esse bebê.

Conforme Lebrun (2008), o pai é um outro (um terceiro) que prova que justamente a inexistência da garantia do Outro abre a via do desejo. Dito de outra forma, é necessário que a criança encontre o lugar ocupado pela mãe que se tornou faltoso, via esse outro lugar do pai. Isso leva a compreender que o vazio está sempre inscrito, "que ninguém pode pretender-se o proprietário, mas que esse vazio não é nem mortal nem destrutivo" (p. 88). Concluímos que esse lugar não é prerrogativa de ninguém e a todos falta; e que está tudo bem: perde-se a ilusão, ganha-se uma vida de desejo. O que parece perda é, na verdade, o maior ganho que se pode ter.

Nos casos em que a mãe tiver maior dificuldade, a figura paterna concede essa liberação com efeitos de *salvo conducto*. Na possibilidade de deixar a casa materna, seja dito por quem for, a indicação da porta de saída salvará a filha que se sentir impossibilitada de andar com as próprias pernas. Quando nos encontramos, porém, nessas histórias, não é essa figura paterna que comporá a cena; pelo contrário: mesmo que ali esteja de corpo presente, este outro estará relegado a um lugar de desvalor, porquanto todas as posições estarão ocupadas pela mãe fálica.

Laura, nossa personagem, segue falando do pai: "Eu sentia uma pena profunda. Sempre tive esse sentimento pelos homens todos depois dele. Sentia que podia tocar a fragilidade do meu pai com a ponta dos dedos, mas nunca tive coragem de vencer a distância estabelecida desde sempre entre nós. De algum modo, eu sabia que meu pai era uma vítima fatal da minha mãe. E como eu era a carne prolongada dela, ele era uma vítima também de mim. Queria dizer que escapasse, mas não conseguia aceitar a ideia de viver sem a presença indefinida dele. Quando eu conseguia escapulir da minha mãe, fugia para dentro do meu *Flicts*. E ficava num canto, olhando-o fazer coisas com as mãos. Meu pai criava um mundo com madeira, papelão e retalhos de alumínio. Era um mundo de brinquedo, mas eu não podia brincar. Minha mãe dizia que meu pai não gostava que mexessem no mundo dele. E meu pai nunca disse outra coisa. Nunca disse nada" (BRUM, 2011, p. 35).

Diferentemente desse não casal, para vivenciar o desprendimento carnal que se produz durante o parto e a necessária e crescente separação, a filha "sustenta-se nesse 'apoio' específico que é a presença e o acionamento benfeitor do homem-pai, o que consolida nela efeitos psíquicos de castração simbólica", afirma Zak Goldstein (2000, p. 102). Ou seja, a função paterna é essencial para a mãe *e* para a filha. O pai do desejo vai, a um só tempo, salvar e fazê-la perder algo, a fusão com o objeto materno, mas, liberada para sua capacidade de desejar, ela será *alguém*, não será mais posse. É assim que essa autora define que o corte paterno dá passagem a uma organização triádica edípica e garante, além da separação da díade, a interdição do incesto e a exogamia.

Segundo Zak Goldstein (2000), a filha vai recebendo do pai instruções sexuais como que à distância, até que, na conflitiva edípica, ela começa a inventar recursos para atrair e merecer o olhar e o amor desse outro. "O pai real, em segundo plano, longe, obriga a menina a aprender as artes da luta entre mulheres para escapar da presença persecutória materna e aproximar-se da mãe" (p. 28), já como um objeto de identificação, sem o sinistro e perigoso colamento da relação dual que só a engolfaria. Quando ele exerce adequadamente sua posição diante da menina-jovem--mulher, ele melhor neutraliza os aspectos persecutórios derivados da fantasia da mãe como madrasta ou bruxa, fantasias que habitam a excessiva e sempre sinistra proximidade com a mãe.

Mais do que é para o menino, para a menina, este processo de afastamento da mãe se dará com mais entraves. Portanto, ela terá mais ainda que contar com o pai que abrirá uma rota de fuga. Zak Goldstein (2000) reflete:

> *Em razão de sua "imprescindível excessiva proximi-dade" identificatória com a mãe, [a menina] busca o resgate e a saída no necessário olhar e presença do pai para proteger e proporcionar sua passagem ao tempo psíquico da puberdade. Esse olhar paterno "à distân-cia" garante os imprescindíveis cortes no imaginário, que conjuram os demônios persecutórios e, assim, neu-tralizam "o poder" encarnado na mãe fálica, sempre presente na realidade psíquica (p. 94).*

Ela está se referindo mais ao processo na puberdade, mas é fácil saber que, para ser feito lá, precisou ter sido feito anos antes. A busca da menina por um olhar se dá em dois tempos: primeiro, ela busca o olhar do pai que, na vivência edípica, a sexualiza para, em seguida na adolescência, ser substituído pelo olhar do estrangeiro vizinho, que vê a jovem como objeto erótico exogâmico. Assim, também o pai deve cair como objeto impossível, e o desejo de bebê deverá dar lugar ao desejo de um filho, em uma virada decisiva para a mãe e para a filha, integrantes do binômio inicial. Essa virada depende, destaca Zak Goldstein (2000), "da eficácia psíquica e de fatos desse homem desejante que convocará ativamente a 'jovem mulher-mãe' que retorna, nesse ato, à posição incompleta de 'mulher desejada-desejante'" (p. 101).

Depois, no segundo tempo, ela procura o olhar da mãe que a autoriza na impossível "excessiva aproximação do *continuum* identificatório constitutivo feminino" (p. 99) e se reconhece durante os ensaios de mulher que realiza sua filha menina ou jovem. Como exemplo, Zak Goldstein (2000) cita o constante jogo de fantasiar-se com as roupas da mãe, as idas às compras e a escolha de roupas junto à mãe da infância, "sugestivas evidências da complexidade psíquica inconsciente que acompanha os preparativos para sua 'função sexual' e para a fecundação" (p. 99).

Contudo, é necessário incluirmos mais um tempo, na verdade o primeiríssimo tempo, quando a criança precisa do olhar materno para sobreviver e ir constituindo-se. Esse olhar é não só anterior aos dois descritos por Zak Goldstein, como prepara o caminho para eles, se foi vivido da melhor forma; ou impedindo esse deslocamento da demanda, se foi vivido como um claustro, como estamos propondo à luz dos investimentos mortíferos.

Nesta esteira, Cromberg (2001) detalha: para que o afastamento do corpo da mãe se dê, é preciso que a menina imagine o pai como aquele que outorga um filho à filha na conflitiva edípica, com o consentimento da mãe. Esse filho é, evidentemente, simbólico, e faz parte do jogo que anuncia a necessidade de adiamento do desejo e do ato de ter um filho de outro homem que não o pai. Essa fase dará acesso à sublimação e à simbolização, bem como promoverá uma reaproximação do corpo da mãe como separado, mas, então, "como corpo de mulher semelhante que se valoriza e que se quer ser igual, ter o mesmo destino, apoiado na integração da homossexualidade primária que lhe permitirá ser a mãe, enquanto acesso, agora no seu corpo, de sua magia sexual" (p. 212).

Cromberg (2001) avalia que é um alívio quando a menina se percebe colocada de fora da relação que, até então, era de exclusividade com a figura materna e pode conceber o lugar da mãe junto ao pai. A partir dessa recolocação de lugares, ela "pode encontrar a mãe no exterior aparando a queda, cúmplice no acesso às diferenças sexuais e à simbolização da saída do corpo materno e da diferença sexual" (p. 213). A autora estima que, se não houver o investimento em um terceiro fora da mãe, se não se constituir uma imagem corporal e um espaço psíquico separados, não será possível ingressar no mundo simbólico da relação triangular com um outro pai e, depois, com um outro parceiro no mais além da família. Logo, separar-se da mãe constitui uma perda, mas não é só uma perda; muito antes pelo contrário. Perda é o que veremos acontecer nas histórias de captura, justamente quando não há separação.

Consequências e destinos nas histórias de captura

"Quando meu pai chegou do trabalho, eu ainda mamava o não leite que me envenenaria por toda a vida. Com nojo, com desejo. Sem conseguir escapar nem dela, nem de mim. Ele me encarou da porta, e eu pude tocar seu horror e sua pena. Aquela era uma noite de sentimentos ambíguos naquela casa de esquina. Reconhecemos nossa mútua derrota naquele olhar sem palavras que cruzou o quarto enquanto ela roncava com a cabeça sobre dois travesseiros de pena de galinha. Ao contrário de mim, minha mãe sempre dormiu muito bem. Na manhã seguinte, o homem que nunca esteve lá não estava lá. Tinha me abandonado no estômago do dragão negro onde eu continuaria a ser digerida noite após noite" (BRUM, 2011, p. 40).

Este é ápice do dramático relato de Laura, essa filha que não pôde chegar muito adiante, capturada, envenenada, digerida, engolida pela mãe fálica que a seduzia e assustava, ápice da atração e do horror e do abandono paterno. Sobre essa cena, Koren (2013) nos diria: quando deixa de operar a lei edípica, teremos sujeitos abandonados, perversos ou psicóticos, desprovidos de subjetivação. "Sem a sustentação da lei pelo pai, deixando este de barrar a mãe, de introduzir a dialética da castração (aquela que traduz e simboliza um determinado número de impossíveis), os novos sujeitos estariam confrontados com uma relação inédita e problemática com o desejo e com o gozo" (p. 60). Temos uma ideia das severas consequências.

Parat (2011) propõe a imagem do vampiro para dar materialidade a relações entre mãe e filha que são profundamente destrutivas quando mantêm a qualidade incestuosa. Por isso, para delas sair, a entrada de um terceiro deve promover não só a retomada da triangulação achatada no unidimensional do dual, como também "a morte simbólica do vampiro aspirando às psiques maternas, para que elas possam, por sua vez, dar vida psíquica e corpos libidinizados à criança livre da repetição do mesmo" (p. 143). Somente assim será permitida a suspensão da transmissão mortífera: no reconhecimento das diferenças, na impossibilidade de realizar os desejos onipotentes e nas limitações de um poder de vida e de morte, é que emerge a possibilidade de fazer o luto do objeto primário, que estava impedido pelos lutos não elaborados pela mãe.

O futuro da menina depende, para Zalcberg (2003), de que a fantasia da mãe de tomá-la como objeto de gozo seja regulada pela função simbólica personificada pelo pai. Ela terá de contar com o pai para sair da submissão e alienação básicas, solução que dá a oportunidade de superar a posição passiva na qual esteve como objeto, entregue à fantasia do Outro materno. É o pai que anuncia que ela não pode seguir no lugar de ser o objeto que satisfaz e completa a mãe; assim, ele a libera do domínio absoluto que a mãe tem sobre ela. Se, contudo, o pai não intervir, a criança ficará inteiramente sujeita à fantasia materna. Experimentada inicialmente como parte do corpo e objeto da mãe, ela será mantida nesse lugar de ser objeto do desejo da mãe, na única posição possível, ainda que devastadora, nada além disso.

Quando a figura paterna não funciona como o libertador do confinamento da mãe fálica, quando falha o plano do pai de resgate do *infans* – a lei paterna que delata e opera a castração da mãe fálica – Marucco (1998) prevê que haverá o triunfo de uma endogamia idealizada, onde se consuma o verdadeiro incesto. A desmentida da castração instala de uma vez e para sempre o Eu Ideal, com a eterna vigência da mãe fálica, aprisionando o bebê nesse lugar em que fica detido, crente no poder da mãe. Nessa detenção, o autor propõe uma interessante diferença: "a confiança tem a ver com a função paterna; a fé é a fé na mãe fálica, um afeto paralisante, que detém em um lugar [...]. Frente à fé, a única alternativa é a construção, porque seu fragmento de verdade histórica é o que abala a denúncia e possibilita a execução da castração [da mãe fálica]. Queda dos mitos, da fé" (p. 209).

Na relação que o autor faz com a fé, que remete à religião, é curioso que a necessidade de separação seja reconhecida e autorizada *até* por quem tem a insígnia de demandar fé. O Deus do Novo Testamento anuncia: "Vai e encontra uma casa e uma família para ti". Deus-Pai, função paterna, ele fornece a confiança necessária para uma filha, aponta o caminho que vem pela frente, a busca que deve ser ali iniciada, as conquistas que podem ser feitas. Diferente do pai *que nunca esteve lá*, a melhor figura paterna esteve lá e segue lá e, com sua presença marcada, declara que a ausência é possível e, mais, que o afastamento simbólico é fundamental para a constituição de uma vida psíquica, é a garantia de uma existência própria. Liberdade e direitos garantidos por lei, a lei de todos.

11. Pátria mãe gentil: lealdades e obediências

Ela me roubou as palavras, a minha mãe.

Sinto sua presença em tudo,

na minha pele, no cheiro do meu corpo,

no corpo das letras que escrevi.

E por isso as palavras são menos minhas.

E o indizível agora se tornou não mais uma busca

pelo que está fora das palavras,

mas uma impotência

(BRUM, 2011, p. 89).

Normalmente, toda aquisição da criança pequena mostra que vai sendo cada vez mais natural deixar o corpo da mãe e prescindir de sua presença. Sentar, mastigar, engatinhar, caminhar, correr e falar: uma sequência de ganhos que indica um caminho sem volta – *não reintegrarás o fruto de teu ventre*. Era para ser bom, conhecer e explorar o mundo. Mas *o mundo parece perigoso*: é o que diz Camila na sessão de sua análise; foi o que sempre lhe disse a mãe. *Cuida, não fala com estranhos,* ela alertava. Ela ganha pensão do pai e não depende da mãe; pelo contrário, é a mãe que vive do dinheiro que deveria ser da filha. Contudo, ela não tem autonomia e não consegue se libertar dessa mãe que ela sente que suga seu dinheiro, seu sangue, sua alma. Enredada, não consegue virar a quadra sem sentir que devia voltar para dentro de casa.

Camila sai com os poucos amigos que tem, mas não fica bem; preocupa-se com a mãe que, *coitada, ficou sozinha em casa,* e quer logo voltar. Ela já se formou, mas não consegue trabalhar, então, passa os dias e as noites nessa casa onde ninguém mais entra; são só ela e a mãe. Ela, no entanto, não se sente bem em estar ali e busca tratamento para que a analista – contrariando o alerta materno, uma *estranha* com quem ela vai, justamente, falar – a ajude a sair desse estado em que se sente estagnada, paralisada, petrificada. Neste útero-apartamento que é a unidade mãe-filha, não existe identidade individual.

O ideal seria que cada filha que cresce ganhasse tamanho e autorização, incentivo e aposta para partir. A mãe de Camila, porém, é a mesma mãe de muitas outras analisandas que buscam, na análise, a muito custo, uma possibilidade de discriminação, de diferenciação, de libertação dessa tão imperativa figura; e é a mesma mãe de muitas outras mulheres que sequer cogitam questionar a autoridade materna e buscar algo que não seja aquilo que já têm; alguém que não seja aquela que conhecem desde que nasceram, aquela que lhes deu nada menos que a vida.

Por isso, não é fácil separar-se. Uma filha quase sempre escolhe ser leal aos parentes e aos próximos, a despeito de si mesma, estima Dufourmantelle (2013), pela fantasia de que faria sofrer aquela que a martiriza – no nosso caso, a mãe. Com angústia, ela teme decepcioná-la com seus movimentos e crescimentos, e romper, com sua confissão, o pacto que as une. Com efeito, à filha feito vítima resta compactuar com sua mãe feita algoz, para que o silêncio perdure e para que, como vimos no caso da mãe fálica, a desmentida da castração siga assegurada.

No difícil que é para uma e para outra, há uma delicada combinação entre forças que estão em jogo nas não tentativas de independizar-se. Quanto disso depende da mãe e o quanto depende da filha? Que força cada uma emprega e em que direção? Como se dá a separação quando as forças são desiguais ou em direções contrárias? É com frequência que escutamos narrativas de duplas mãe e filha por demais fusionadas, que fazem tudo junto e pensam igual; também não é raro que nosso divã conte histórias de filhas que não casam, não têm filhos, que mal trabalham e seguem morando por toda a vida com seus pais ou somente com suas mães. Elas sequer questionam o papel de cuidadora, "a companheira da mãe". Algumas são mais silenciosas, outras são mais audíveis, depende de com que grau a mãe tamponou com sua presença a boca da filha, os pedidos e as aberturas possíveis que ela teria pela frente.

Para Freud (1915b), quando uma mãe dificulta ou detém a atividade sexual dos filhos, caberá à geração nova a tarefa de emancipar-se de tamanha influência e resolver por si mesma sua parcela de fruição ou negação do prazer sexual. Quando, por ação da neurose, uma jovem não consegue fazê-lo, identificamos um grau mais elevado do que ele descreve como um estado da *inércia psíquica*, que se opõe à modificação e ao progresso, paralisando o desenvolvimento das pulsões sexuais. Há casos não da neurose, porém, em que o complexo materno – que o autor qualifica de *superpoderoso* – impõe-se, deixando-a impossibilitada de enfrentá-lo, e frustrada sua tentativa de dele libertar-se. Nesses, o grau de paralisia está para além de uma fixação da libido, então, é de outra coisa que se trata, de outro nível: serão casos em que essa inércia aproximará o sujeito da própria pulsão de morte em sua tendência de antiavanço, de retorno ao estado inicial. Freud (op.cit) mesmo localiza esse ponto: "se procurarmos o ponto de partida dessa inércia especial, descobriremos que é a manifestação de vínculos muito antigos – vínculos difíceis de serem desfeitos – entre pulsões e impressões, e os objetos envolvidos nessas impressões" (p. 208).

Se o estado inicial, o ponto de partida, será a mãe, entendemos que, ainda antes de ter que se haver com os embates próprios da adolescência, houve um primeiro tempo e lugar, no desenvolvimento primitivo, de onde essas filhas parecem não ter conseguido apartar-se. Mas, se sabemos quão libertador é, por que é tão difícil dizer "não", essa palavra que é um dos primeiros exercícios de autonomia, ensaios de separar-se do corpo materno que segura, que prende e demanda obediência? Não há uma só resposta. Esmiucemos, então.

Confusas promessas da mãe fálica

Já vimos que a fusão inicial do bebê com a mãe é fundamental para a sobrevivência física e psíquica. No início do desenvolvimento, a idealização dessa unidade – em que *dois* corpos são *um*, a mãe contendo o feto – é não só necessária como indispensável. Porém, por seu crescente tamanho, o corpo uterino é obrigado a desalojar-se das cavidades maternas no nascimento. O problema é quando sua alma segue a elas ligada; é quando esse estado idealizado, mais do que uma nostalgia, segue se impondo como presente, quando simbolicamente não se sai desse útero/corpo/colo.

No estado pré-natal, o útero da mãe é lugar de silêncio. Não silêncio externo – já que o corpo da mãe é pleno de ruídos –, mas de um feto que não fala e não precisa. Lugar de vida, é o espaço que fornece todas as condições de crescimento desse que, dali uns meses, far-se-á um recém-nascido; ao mesmo tempo, é lugar de morte, onde esse feto morrerá, caso não possa nascer. Ao mesmo tempo em que o corpo da mãe segue envolto em uma mítica ilusão, ele é para onde, felizmente, não se pode voltar... Felizmente, porque, se pensarmos bem, voltar seria equivalente a morrer; a mesma equivalência que se apresenta para a filha que ficou nesse lugar, existindo *na* mãe e *pela* mãe, e que, proibida e ameaçada, dali não pode sair. Vai ficando clara a estranha confusão entre uma fusão erótica e terrorífica, e a passagem da qualidade libidinal do encontro para uma qualidade mortífera presente nas histórias de captura.

Freud (1919) mostra uma hesitante relação entre os elementos do silêncio, a escuridão e a solidão: nos sonhos, são símbolos que representam tanto a morte como o útero, o que nos serve como metáfora. Se é neste lugar que a filha encontra abrigo, mas também sua morte enquanto sujeito, enquanto autora de sua história e de seus próprios desejos, por que é tão custoso sair do útero? O que há lá que tanto atrai? Se há tanto a ganhar quando se ganha mundo, e se há tanto a perder quando se fica presa ao corpo da mãe, o que torna tão difícil este parto, essa partida? Qual o *canto da sereia* ali instalado?

McDougall (2000) oferece uma resposta: as fantasias em torno do corpo da mãe são compostas de uma representação ideal que oferece a promessa eterna de felicidade inefável. No entanto, a autora adverte: ainda que continue permanentemente atraente, este objeto carrega a ameaça de morte física e psíquica, e a fantasia do espaço interno da mãe retorna de modo aterrorizante e mortífero.

Foi a minha asma que me protegeu da loucura. Minha mãe, que nunca me tocava, no entanto me penetrava por todos os lados – com seus olhos, com sua voz, com suas palavras que feriam. Seu olhar era sempre duplo. Ou não me via absolutamente (a menos que eu fosse de algum modo parte dela própria) ou me vasculhava com o olhar, quase eroticamente. Frequentemente procurava sabe Deus o quê nas minhas gavetas, enquanto ria estranhamente. Mas, nas minhas crises de asma, eu lutava sozinha contra a morte, eu me sentia protegida dela. Ao mesmo tempo, eu me agarrava à sua presença, pois ela também representava a vida. Sem ela eu não existia de maneira alguma (p. 170).

Este relato é de Georgette, uma analisanda de McDougall (2000). Em análise, ela falava da fobia de tempestades, ligada à voz penetrante de sua mãe, e de sua claustrofobia ligada à imagem de uma mãe sufocante. Mesmo com um ódio que a levava a querer estar longe da mãe, podia-se notar em sua fala uma intrigante atração que a mantinha perto dela. Em um sonho com duas mulheres presas em um elevador, a analista interpretou tanto a angústia claustrofóbica que Georgette queria que sua analista sentisse em seu lugar, quanto o desejo de serem idênticas, indivisíveis e para sempre enganchadas. Essa combinação de sentimentos dava ao sonho tanto qualidades terroríficas quanto eróticas, porque a analista aparecia no sonho também como uma mãe mortífera que, *espumosa*, grudava-se à pele da analisanda-filha.

Para compreender esta confusão, McDougall (2000) examina casos em que, como esse, a imago materna fica cindida em uma representação idealizada, toda-poderosa e inacessível, capaz de banir qualquer sofrimento e de atender a todos os desejos.

Por outro lado, é um objeto parcial, uma mãe rejeitadora, até mesmo mortífera, que carrega a ameaça de morte psíquica e física.

O nebuloso dessa condição é que, em uma relação *amorosa* entre mãe e filha, será difícil para ela discriminar o que é de fato amor ou não, assim como é difícil compreender o que é próprio de um vínculo que enriquece e o que está indevida e imprecisamente misturado aí. Veremos que, nas histórias de captura, a mãe aproveita-se do bebê humildemente fascinado por ela, para proferir vetos em diversos níveis, ameaças em vários tons de voz, entrelinhas cheias de mensagens obscuras, promessas feitas de amor incondicional, acordos unilaterais que, se descumpridos, serão severamente punidos.

McDougall (2000) assim detecta: "a criança que continua a viver no indivíduo tentou, ao longo de toda a sua infância, interpretar as mensagens incoerentes deixadas pelos desejos e temores inconscientes de seus pais" (p. 41). Com mensagens imprecisas e ambíguas, ela não consegue discriminar a veracidade do que é dito e do que não é dito em voz alta; assim, ela fica impedida de pensar por si mesma sobre o que quer, o que deseja e o que fará. Impossibilitada de considerar a realidade da mãe fálica, mesmo adulta, essa filha chega a assumir como *sua* a dificuldadede desprender-se, como se fosse uma incapacidade *dela* de viver longe. Parece tratar-se, mais, de *a mãe* não poder viver sem a função que a filha cumpre e colocá-la submetida e aprisionada.

E como a mãe fálica aprisiona-a? Freud (1921) examina a relação de fascinação e faz uma descrição que nos interessa, quando pensamos nessa filha capturada. Falando das relações amorosas, o autor menciona que, quando a supervalorização sexual e o apaixonamento aumentam, o Eu vai se tornando cada vez mais despretensioso, modesto, humilde, com seu narcisismo limitado e danos causados a si próprio. O objeto, por sua vez, vai ficando cada vez mais sublime e precioso, consumindo por completo o Eu, até obter finalmente a posse de todo o autoamor deste Eu, cuja consequência natural é o autossacrifício. Nas histórias de captura, com um amor narcísico – e que, sendo narcísico, está dito: ela ama menos a filha e mais a si mesma –, uma mãe fálica se engrandece à custa do apequenamento de sua prole.

Quando a analista de Karen abre a porta para recebê-la pela primeira vez, é tomada de susto: sentada, sorri-lhe uma moça cadavérica; destacam-se os olhos e os dentes em um rosto muito magro, sustentado por um corpo que é *pele e osso*. Ela teve o diagnóstico de anorexia seis meses antes, quando também lhe foi indicado tratamento psicológico, em combinação com a medicação necessária. Embora concordando e entendendo a importância, passou por três psicólogas, sem conseguir ficar mais que duas ou três sessões com nenhuma delas. Foi preciso que a irmã lhe desse a indicação de uma analista que havia sido, 21 anos antes, sua professora no Ensino Fundamental. Foi preciso que ela reencontrasse alguém de sua infância para que pudesse, hoje, fazer uma difícil, mas vital passagem.

Karen é a primeira filha de seus pais e tem duas irmãs. Criada para ser a *bonequinha de sua mãe*, a aparência física da primogênita sempre foi uma das obsessões da genitora: tinha que estar impecavelmente arrumada, ser educada e, principalmente, magra. Lembra das surras que levava na infância, seguidas de privação de alimento, quando era verificado, na pesagem semanal, que havia engordado. Obcecada pela questão estética, sua mãe cortou o pão de sua dieta, pois o peso havia subido mais do que o previsto, aos 7 anos de idade. Ela a matriculou no *ballet* e, mesmo que, para Karen, as apresentações fossem um tormento, ela nunca pensou em contrariar as determinações maternas; sentia muita vergonha.

Essa mesma determinada mãe a obrigou a participar do concurso de "primeira prenda" do colégio, e fez uma verdadeira *operação* para a venda de votos, entre familiares e vizinhos, pois sua filha *tinha que ser a vencedora.*

Na adolescência, as coisas não ficaram mais fáceis, e a mãe seguiu dando ordens: ela mesma escolhia os meninos que a filha iria namorar, e ela, a partir dos 13 anos, tinha que passar a tarde de mãos dadas, no sofá da sala, assistindo a programas de televisão junto com a genitora, sem nenhum interesse por nenhum desses rapazes. A mãe, por sua vez, não se ocupava tanto de seu próprio relacionamento: Karen cresceu ouvindo que o pai não prestava e que era mulherengo. A mãe chorava suas mágoas e contava em detalhes sua versão de descontentamento em relação ao marido para as filhas. Logo depois que entrou na escola, sem entender por que, foi proibida de sentar no colo do pai, e as irmãs não podiam usar *short*, para não atrair a atenção dele; o pai, porém, nunca fez nada, era uma boa pessoa.

Foi aos 31 anos e no segundo ano de análise, depois de uma vida sexual bastante ativa com práticas sadomasoquistas, que Karen namora pela primeira vez, um homem bem mais velho e poderoso, segundo ela, o que desperta seu interesse. O sadomasoquismo passa de prática sexual para o campo psicológico, dando ensejo a uma relação abusiva, desgastante e complexa, mas ao mesmo tempo, igualmente intensa e excitante. Ela tem a sensação que nunca vai conseguir sair, porém, quando a analista sugere uma ligação dele com a mãe que tem um funcionamento muito parecido, ela se desinteressa por completo por ele.

Freud (1921) destaca que, na devoção do Eu do sujeito ao objeto, a crítica que seria exercida pelo Ideal do Eu é calada; este deixa de funcionar como um sinalizador, de modo que, então, tudo o que o objeto faz e pede é tomado como correto, justo e irrepreensível.

Quando observamos esse processo intrapsíquico na relação dual, vemos a mãe colocar-se no lugar de Eu Ideal de tal forma, que obtura qualquer possibilidade de uma filha – bebê ou adulta – fazer a transição para o Ideal de Eu, onde ela já seria mais livre.

O autor também evoca a figura do hipnotizador, para falar das posições de atividade e de passividade nas relações; ele identifica que existe uma sujeição humilde ao hipnotizador, pela qual o sujeito fixa sua atenção, única e exclusivamente nele, o que gera um solapamento da iniciativa própria. Paralisado na relação com alguém com poderes superiores, o Eu de quem não tem qualquer poder e encontra-se desamparado, experimenta tudo o que o outro pedir ou afirmar. Como no estado de apaixonamento, Freud (1921) nota igualmente na hipnose a posição de fascínio ou servidão enamorada, pela qual o Eu se empobrece, entrega-se ao objeto e o coloca no lugar de seu *mais importante* componente. Na relação com um hipnotizador, ele descreve "uma personalidade muito potente e perigosa, ante à qual só se podia ter uma atitude passiva-masoquista, à qual a vontade tinha que se render, parecendo uma arriscada empresa estar a sós com ela, 'cair-lhe sob os olhos'" (p. 91), imagem tão semelhante a que identificamos na relação de dependência e submissão à mãe fálica.

O hipnotizado comporta-se como se estivesse adormecido, com todos os seus sentidos desviados do mundo externo para o hipnotizador, para quem o sujeito se mantém atento e está desperto. Ele vê e ouve apenas este, compreende o que ele ordena e lhe dá respostas; fica completamente dócil, obediente e crédulo, de um modo quase ilimitado. Se o hipnotizador diz: *Você não pode movimentar seu braço*, o braço cai inerte sem conseguir movê-lo. Se o hipnotizador ordena que o braço se mexa sozinho, o braço do hipnotizado *vai* se movimentar e, sem que consiga detê-lo, ele fará esforços inúteis para mantê-lo parado. A palavra, nesse caso, tem o poder de se tornar magia (FREUD, 1905b). Se trocarmos o sujeito das frases – *hipnotizador* por *mãe* –, vemos a ação das ordens e determinações maternas terem efeito de magia sobre a filha em questão.

Freud (1905b) identifica o mesmo poder do objeto sobre a capacidade perceptiva do sujeito. Ele ilustra que, se o hipnotizador disser: *Você está vendo uma cobra, está cheirando uma rosa, está ouvindo a mais linda música*, o hipnotizado vai ver, cheirar e ouvir o que dele exige a representação que lhe é fornecida. O próprio autor faz uma relação que é tão significativa para nós:

> *Observe-se [...] que uma credulidade como a que é demonstrada pelo hipnotizado perante o hipnotizador, fora da hipnose e na vida real, só é encontrada nos filhos perante os pais amados, e que uma adaptação semelhante da própria vida anímica à de outra pessoa, com uma submissão análoga, encontra um paralelo único, mas integral, em algumas relações amorosas plenas de dedicação. A combinação da estima exclusiva com a obediência crédula costuma estar entre as marcas distintivas do amor (p. 185).*

Quando a relação é dos pais com uma criança pequena – cuja capacidade perceptiva está recém se formando –, temos a dimensão do tanto que está aí implicado e que nível de *obediência crédula* encontraremos no amor e nos investimentos mortíferos. A descrição de Freud (1905b) segue de forma impactante: o hipnotizado pode ser levado a ver algo que não está ali de fato, ou proibido de ver algo que está presente e que ele enxergaria com seus olhos como, por exemplo, uma pessoa que se espantaria de não

210 11. PÁTRIA MÃE GENTIL: LEALDADES E OBEDIÊNCIAS

conseguir fazer-se notar pelo hipnotizado através de qualquer tipo de estimulação, sendo "tratada por ele 'como se fosse feita de vento'" (p. 186).

Na clínica das histórias de captura, vemos a tamanha sujeição nas filhas caídas sob os olhos e emudecidas pela imponente voz de comando de uma mãe fálica. Será com a mesma autoridade de um hipnotizador que essa mãe – amada por uma filha que segue em estado de desamparo – exercerá todo sua influência no que fez, faz e fará esta que simplesmente obedece. Será com o mesmo domínio que ela cegará sua filha para o mundo e a deixará ouvinte de uma só voz: a sua. Será sob o mesmo império que proferirá suas ordens, as que bem quiser, e será automaticamente atendida. Será com o mesmo arbítrio que fará a filha ver o que ela quer e a impedirá de ver o que ela não quer. Será com a mesma força que atacará a capacidade perceptiva dessa filha e fará desaparecer – *como se fosse feita de vento* – qualquer pessoa que não seja ela, mãe.

Ao estar toda lá, sempre lá, ao nunca se ausentar, uma mãe fálica tanto se furta à consciência de sua própria falta, como impede a falta que o bebê sentiria e que lhe demandaria trabalho psíquico, no sentido de criar objetos substitutivos e simbólicos. A capacidade de pensar e de falar só é desenvolvida sobre o espaço vazio deixado pela mãe que, com outros interesses, afasta-se da atenção absoluta sobre a criança. Quando esse afastamento não pode se dar, quando a mãe não permite, ela fica condenada a permanecer no lugar de abrigamento, ao mesmo tempo, tão gratificante e tão assustador. Sem poder delatar a incompletude materna, ela fica subordinada ao desejo alheio, o investimento narcísico da mãe, tanto pela vida quanto pela morte, pelo inimaginável que é abrir, e pelo insuportável que é mudar. Presa e confundida, ela acata: não se arriscaria a questionar, a delatar ou a revelar os segredos da mãe por, no mínimo, dois motivos: porque não quer e porque não pode.

Quando a voz da mãe é o silêncio da filha

Se Freud ocupou-se mais da fala dos analisandos do que de seu silêncio, façamos, então, agora, *falar o silêncio*, neste paradoxo que nos leva a muitas indagações: do que fala o silêncio? Ele é uma forma de comunicar algo ou ele é, justamente, a ausência de comunicação? Nas análises, talvez na maior parte delas, há, por certo, um silêncio comunicativo e transparente, prenhe de ditos no que não é dito. Foi por isso que, nos primeiros tempos da análise de Amanda – uma jovem que passava longos minutos, em intermináveis sessões, em sucessivas semanas, por demorados meses, fazendo penosos silêncios, deitada no divã, imóvel e quieta –, a analista buscava, na ausência de fala, compreender caminhos percorríveis por Édipo: a luta interna entre fantasias primitivas e censuras, entre impulsos parricidas e impedimentos, entre desejos incestuosos e proibições, mas nada encontrava. Antes, a morte, o sono, a lentidão do tempo, um estado de quase-sonho e uma quase-desistência preenchiam com sua presença tácita a sala de análise.

No silêncio em que repousava, conformada, Amanda contou um sonho: *Estou mal, com dor. Minha mãe e mais uma mulher vão abrir meu abdômen e retirar de dentro todos os órgãos que tem lá, e eu vou deixar; que seja, não estou nem um pouco preocupada com isso. Fim.* Assim era ela em sua vida: desistente. Desistiu de tentar que a mãe não a sufocasse; não conseguia reagir às investidas invasivas da mãe que entrava sem perguntar em sua agenda, seu celular, seu computador, seu quarto e em seu corpo. Durante algum tempo, ela tentava argumentar, mas a mãe era hábil com as palavras e a fazia acreditar que *era frescura da filha, que elas não tinham segredos uma com a outra, que ela o fazia para ajudar, que era para seu bem.* Com as palavras da mãe ressoando na sua cabeça, depois de algum tempo, ela já nem se incomodava mais. Sabia que não adiantaria, então, fornecia suas senhas de acesso, revelava o que a mãe precisava saber, respondia o que ela queria escutar, falava o que ela esperava ouvir. Fim.

McDougall (2000) pergunta: "como a criança chega a compreender que sua mente é uma caverna cheia de tesouros dos quais ela é a única proprietária, usufruindo com todo o direito dos pensamentos, dos sentimentos, dos segredos íntimos que esta guarda?" (p. 40). Amanda não chegou a compreender. Então, assim também era em sua análise: sem parecer ter ganas de entender, ela não se angustiava com seus tão longos e frequentes silêncios e, diferente dela e da mãe, na sessão, ela e a analista ficavam sem ter por onde entrar ou para onde sair.

Tomada por um estado de apatia por uma vida que ela julgava sem sentido, depois de algum tempo de análise, Amanda começou a chorar, mas não entendia do que se tratava. Ela dizia: *Não aconteceu uma coisa que eu saiba que é por aquilo que fiquei assim. Se tento dizer para as pessoas o que é, eu não consigo. Não tenho palavras para explicar uma coisa que nem sei. Meu pai é legal, e minhas amigas adoram minha mãe; então, não sei... Se falo da minha família para elas, parece que não é nada de mais...* Realmente não *parecia* nada de mais. Do que houve com ela nos tempos primeiros, havia somente pistas, mas ainda não se sabia ao certo o que se passara – e que não passava – com ela. Seu pai era *legal*, mas um tanto apagado ante à esposa que fazia sombra a ele e à filha. Sua mãe era *cheia de vida*, divertida e parceira; por isso, as amigas de Amanda a adoravam. O que sobrava de brilho e vida na mãe, faltava em quem habitava a mesma casa com ela. O que houve com Amanda foi insidioso e silencioso.

Em seu silêncio, não se escutavam fantasias, impulsos ou desejos edípicos; impedimentos e proibições sim, mas não aqueles advindos da instância superegoica herdeira do complexo de Édipo. Isso levou a ter que pensar em outros significados que não estavam audíveis. Diferentemente de alguém que tinha o que dizer, que poderia dizer e não dizia, foi possível ir percebendo que o silêncio de Amanda não era da neurose. Ela não escondia desejos; ela mais parecia não ter desejo algum. Seu silêncio era opaco, fechado e distante, produto de uma fala que não podia ser assumida como própria, que não lhe foi dada, uma história que não lhe pertencia, que mais lhe foi inoculada, para além do que foram suas próprias experiências. Não lhe pertencendo, não podia ser contada. Do que se tratava, então?

Se na neurose, há uma verdade que deve ficar recalcada, que é a dos desejos incestuosos do sujeito em relação a seus pais, nas histórias de captura, diremos que a verdade que deve ser mantida em segredo é a da castração materna; ou seja, não é algo do próprio sujeito que não pode ser revelado ou mostrado à luz do dia, mas de suas figuras parentais, mais especialmente da mãe. É a mãe que fica como protagonista dessa dinâmica, definindo o que pode aparecer e o que deve ser desmentido. No caso de Amanda e de tantas outras analisandas em que o vazio de si é tão presente nas sessões, algo se deu no campo dessa mais precoce relação de um bebê: com a figura materna. Mas como se estabeleceu esse que poderia ser o melhor encontro da vida de cada um? Como evoluiu?

A mãe de Amanda seguia entrando em seu quarto e arrumando suas roupas e seus armários. Indignada, na sessão, ela protestava: *Meu quarto é o único lugar onde eu deveria poder ter autonomia!* Mas sabemos que o quarto, ali, representava muito mais que o cômodo da casa que ela poderia ser a dona: representava seu corpo, esse corpo assaltado, aberto e penetrado do sonho, de onde a mãe e outra mulher tiravam o que queriam, sem qualquer protesto ou reivindicação do direito que *ela* tinha sobre ele. Então, com a mesma força que algumas vezes, na análise, ela conseguia chorar de raiva por não ser escutada pela mãe, em suas esgotáveis tentativas de dizer que não invadisse seu espaço, Amanda se sentia culpada por deixar a mãe triste e decepcionada com uma atitude vista como mais "hostil", e rendia-se, incapaz de seguir tentando. *Não tem como, nem porque falar, pois ela não me escuta! Segue pensando o que pensava e sequer leva em consideração os meus argumentos.* Esgotada, Amanda decretava falência: ao invés de brigar e gritar, ela desistia, isolava-se e, bem comportada, ficava quieta em casa, em seu quarto, em sua cama. Só queria dormir.

Por mais que tentasse fugir do pacto silencioso firmado sem ela saber, sem sua anuência clara e expressa, Amanda agia conforme os imperativos de uma mãe que, então, seguia tendo controle sobre ela e a confundindo. Ferreira (2009) afirma que, nos armários, há sempre esqueletos escondidos ou guardados, ou que se deseja ignorados. Amanda não sabe que esqueletos guarda em seus armários. Sabe que, na realidade de seu quarto e na concretude de seus armários, a mãe vinha arrumar aquilo que ela preferia deixar bagunçado. Será este um dos esqueletos? Uma mãe que não tolerava o mínimo de espaço entre as duas, um espaço com porta fechada, gostos diferentes, escolhas diversas, um terceiro que tentava se interpor entre as duas e que mostrava a essa mãe que sua filha, mesmo que *a fórceps*, tinha de sair, desgrudar dela e de seu corpo...?

A mãe de Amanda não a escutava e, repetidas vezes, proclamou à filha que sua fala não era bem-vinda, até que ela, ainda que soubesse falar, parou de falar. Sem conseguir sustentar o que queria ou precisava dizer, ela sucumbiu à não escuta do outro. A fala – não qualquer fala, mas a fala simbólica, a fala na análise – anunciaria um prêmio: a presença de uma criança, separada do corpo materno e com direito à existência. No entanto, anunciaria também uma ausência: a ausência da mãe; por isso o perigo, por isso o medo.

As histórias de captura são caracterizadas pelos pactos narcísicos propostos por Marucco (1998), para descrever um bebê que segue junto à mãe, não por suas próprias necessidades narcísicas, mas porque a mãe ainda tem as *suas* necessidades narcísicas por serem atendidas. Então, muito mais do que prover o anseio narcisista do bebê, são as demandas narcísicas dessa mãe que serão atendidas. Capturada pela função mãe fálica, a filha corresponde aos mandatos maternos e, em posição de dependência, ela acredita nas promessas do pacto: a oferta que a mãe fálica faz ao bebê irreal é de uma condição de completude igualmente irreal. Ela, no entanto, cobrará por isso, e não será pouco: a filha posta nesse lugar deverá estar sempre presente, desmentindo a falta e mantendo a mãe na condição de fálica, sem interrogar-se e sem interrogar-lhe.

Esse tipo de relação é reconhecido por McDougall (2000) de uma forma diferente, mas guarda a mesma dinâmica. Ela o denomina como *um corpo para dois*, uma combinação que mantém a mãe de tal forma aderida ao bebê, que impede qualquer espaço entre eles, qualquer separação ou distância. Para a autora, a esperança na re-união fusional em um único corpo, do qual segue sendo parte indissolúvel, segue viva em cada um e engendra a fantasia de que há "um corpo para dois, um sexo para dois, um psiquismo para dois e até uma única vida para dois" (p. 37). Porém, quando essa união estiver apoiada no terror de perder o sentimento de *self*, é fácil distinguir que não estamos mais no tempo da constituição, mas na patologia.

Neste estado de captura, em um acordo desigual e unilateral, a mãe segue garantindo, renovadamente, que as necessidades da filha mantida bebê sejam sempre satisfeitas, dando-lhe a ilusão de que, ali, se ficar junto a ela, não prescindirá de nada. Elas seguem formando um par perfeito que, ainda que incestuoso, será dificilmente desfeito, e a mãe segue reinando plena com a *sua* majestade.

De contínuas experiências de satisfação sem fim, é no Eu Ideal – solo do desejo narcísico, da lógica dual e das certezas – que se encerra o tipo de investimento materno de que falamos. Longe de, em um segundo tempo, seguir rumo ao Ideal do Eu, uma mãe que toma a prole como fiadora de sua existência e como suprimento narcísico, não precisará renunciar à ilusão de completude.

Sobre a importância de um espaço de separação e distância, Zygouris (1995) refere que "a ausência é, seguramente menos perigosa que a besteira presente, pois mesmo deixando desamparo e vazio, não obtura a esperança" (p. 141). Ela fala de casos em que o bebê é forçado a uma proximidade e intimidade por demais reais pela mãe, o que, segundo a autora, é mais prejudicial do que não ter uma mãe presente. Ela mostra que "é necessária uma relação metafórica com a mãe, para preencher a tensão interna dos objetos sonhados e 'criados'. Se essa relação não for possível, sobrevém a dependência material, ou ainda, somatizações, para ocupar o lugar de um mundo interno, imaginário que foi bloqueado" (p. 143).

Quando, porém, fica capturado pela figura materna em uma relação dual, sem ser reconhecido como separado e *uno*, o bebê fica impossibilitado de ele mesmo reconhecer-se como um sujeito; seu psiquismo *não precisa* desenvolver-se e *não pode* desenvolver--se. *Não precisa*, porque essa condição o mantém em um estado de Eu Ideal, sob o reinado do narcisismo primário, ao qual é difícil renunciar, tanto pelo sedutor e irresistível que é este lugar, como pela impossibilidade de abandoná-lo. Por isso, seu psiquismo também *não pode* desenvolver-se, porque ele tem o compromisso de manter-se como objeto para sustentação narcísica desta mãe; se ele não foi amado pela mãe como um indivíduo, como um outro diferente dela, ele não tem como afastar-se.

Para Zygouris (1995), os limites dos territórios, as passagens, fronteiras e zonas mudas terão de ser atravessados e, para isso, uma mudança de língua terá de ser feita. Por certo, restarão fragmentos da língua de origem, "aquela que, sem palavras, era um lugar a Dois, território primeiro de vida, onde a diferença era – sonhava-se – negligenciável e sem riscos. Assim, somos todos poliglotas sem saber, pois, para cada interior, há seu exterior ou alhures" (p. 18).

Entretanto, Zygouris parece-me otimista. Penso que nem todas as filhas têm a sorte e a chance de serem poliglotas; algumas simplesmente desconhecem que há outras línguas faladas no mundo; sequer sabem que há terras habitadas para além-limites, além-território, além-fronteiras. Para algumas, a língua de origem será a língua falada, a única falada até o último dia de vida; para elas, o território primeiro de vida segue sendo o único existente para essa filha que desconhece não só alhures como algures. Essa prisioneira da terra-mãe gentil desconhecerá o estrangeiro, ou terá somente longínquas notícias dele, mas nunca o visto para sair.

Zygouris (1995) indica o motivo de tal dificuldade: o estrangeiro que, ao mesmo tempo, fascina, atrai e dá medo, lembra a criança do exterior que está sempre por ser conquistado, sinal de liberdade e de vida. "Essa liberdade que, desde a mais tenra idade, ela terá de subtrair à atração toda-poderosa exercida pelo corpo materno. [...] Ela e o mesmo da criança, cuja separação começa na hora do nascimento e, por vezes, nunca acaba" (p. 19).

Nesses casos, o bebê é tomado como objeto tamponador da castração materna, que deve certificá-la o tempo todo, para sempre, de sua completude e de sua imortalidade. Um bebê que, assim, segue habitante do corpo materno, não tem o espaço necessário que demandaria a formação da capacidade simbólica, o pensamento, o Pré-consciente, as representações, a palavra. Não há uma distância a ser percorrida, nem um vazio a ser ocupado pela satisfação alucinatória de desejo. Se a mãe está sempre ali, ele não precisa chamar, não pode falar, nem se satisfazer com seus próprios recursos. Ele segue com os parcos recursos, os mínimos possíveis, dos inícios, nesse complicado jogo de não precisar ampliá-los, nem complexificá-los e, ao mesmo tempo, de não poder fazer isso, proibido que está por essa mãe que tudo faz e tudo atende.

Ao manter-se toda e sempre, ela evita a primeira condição mais necessária para o surgimento de recursos psíquicos: a separação, do um, fazer-se dois. Para que o bebê cumpra a função que lhe foi designada, a mãe fálica dificultará ao máximo que ele se desenvolva, já que, se ele crescer e independizar-se, ele começa a denunciar a castração que ela se esforça por desmentir. Teríamos aí um psiquismo que muito precariamente se desenvolveu ou que quase inexiste enquanto aparato de processamento de intensidades; uma pessoa que não se constitui enquanto sujeito, e uma vida de desejo que não se forma, porquanto o desejo que rege e vale é o desejo e os imperativos do objeto materno. Quando a mãe se fecha em um circuito com sua filha, ninguém entra e ninguém sai. Neste círculo fechado – imagem do útero – ela respira pelo bebê, alimenta-se por ele, e o bebê está engolido por ela.

Leclaire (1977) antevê que a denúncia da castração materna e a morte da mãe fálica forçariam a filha a aceitar que não é a única nem o centro do universo da mãe, uma perda considerável. Avançando, porém, para outro nível, entramos em contato com o que de mais tanático há nessa história: o engano do bebê mítico, tão ansiado, centro da vida da mãe, "a criança maravilhosa que, um dia, foi tudo para essa mãe [...] é também, e ao mesmo tempo, a criança abandonada, perdida numa total solidão moral, só, diante do terror e da morte" (p. 10), denuncia o autor.

Assim, ainda que a condição narcísica pareça ideal, a imagem da *sua majestade, o bebê* é uma representação tirânica, já que condena a uma inexistência, pois esse bebê é simplesmente uma representação do desejo da mãe; é como se lhe dissesse: "já que és imortal, só viverás, amarás e falarás em teu próprio nome mais tarde, quando tua mãe estiver morta" (LECLAIRE, 1977, p. 46). Esse que não fala, o *infans* da etapa mais precoce, só terá o direito de falar quando executar o que o autor designa como a morte da imagem do bebê maravilhoso e idealizado dos pais. Para viver, essa criança entronizada pelos pais, monarca, investida, fascinante, "criança-não-morta-para-o-consolo-de-sua-mãe" (p. 46) deverá ser morta.

Tarefa difícil, às vezes, impossível, que só pode ser executada se houver uma mãe que o fez, que esteve ali a serviço do bebê, e não o contrário. No caso da mãe fálica, *é* o contrário. Segundo McDougall (2000), quando a mãe está presa por seu próprio sofrimento e por suas angústias, ela será incapaz de observar e interpretar os sorrisos e gestos, as mensagens e queixas de sua filha; ela imporá suas próprias demandas e ideias acerca daquilo que deseja que ela sinta ou sobre suas necessidades: uma violência tácita.

Correspondendo a essa violência de uma mãe que define o que a filha seja, ela não pode questionar nem desejar, porque o desejo abre espaços, possibilidades, separação. Sob ameaça e temendo o ódio de quem é responsável por ela, cumpre o que precisar cumprir e, por isso, cala-se. Tenha a idade que tiver, a filha atende como o bebê às demandas narcísicas da mãe. É natural que assim transcorra nos primeiros tempos. Faimberg (2001) afirma: "obrigado a criar as condições necessárias para que seus pais se interessem por ele, [o bebê] sabe em que consistem os interesses narcisistas dos mesmos. Para poder depender deles, precisa conformar seus interesses pessoais com os interesses narcisistas dos pais" (p. 68). Na não desconformidade, de um ponto para adiante, dá-se a patologia dessa relação.

Valéria, filha caçula, sempre se percebeu como o principal alvo da agressividade e da inveja maternas. Sua mãe é muito invasiva, desrespeitosa e grosseira. Sempre quis e quer saber de detalhes da vida das três filhas que acabam contando, mesmo que se sintam violadas em sua privacidade. Ela interfere sem qualquer constrangimento na educação e no cuidado dos netos, ignorando a autoridade das mães das crianças, suas duas filhas mais velhas. É na irmã do meio que Valéria encontra algum cuidado e proteção. Elas sempre buscaram uma na outra o alento para suportar as atitudes da mãe tirânica e perversa, protegendo-se mutuamente contra a fúria materna. Confidentes, ela é a única pessoa com quem a analisanda tem uma relação de confiança, por quem não tem receio de ser julgada, consegue ser ela mesma, sem precisar se armar. A filha da irmã, sua afilhada, é uma criança por quem Valéria tem muito afeto, e não é difícil ver que ela faz pela menina o que gostaria que alguém tivesse feito por ela quando era pequena.

As agressões tanto verbais quanto físicas contra Valéria, a filha mais nova, mas que já conta com seus quase 30 anos, são constantes. Quando se descontrola, a mãe desfere tapas contra ela, e se faz de vítima, para que não haja reações e muito menos revides. Foi preciso um ano de análise, para que essa analisanda tivesse coragem para se proteger das agressões físicas da mãe, embora os embates verbais sigam presentes, incluindo agora, além de todas as ofensas, o nome da analista, como a responsável pela rebeldia que, ainda que tímida, nunca estivera presente na filha até então completamente submetida. Sabendo que tem efeito confusionante e intimidante sobre a filha, a mãe profere: *Tu não tens vergonha de continuar indo lá nesta analista? Até quando? Falando as mesmas coisas este tempo todo, pagando menos do que ela cobra de outros pacientes?*

A mãe conseguia. Transferencialmente, Valéria sentia que tinha que medir as palavras com a analista. Não se sentia à vontade para ser espontânea, e sempre havia uma expectativa do que ela diria, ou como ela a olharia. Fora das sessões, um pensamento estava sempre presente: *O que minha analista vai achar?* O primeiro inverno foi sofrido para ela: com muita chuva e frio, sendo o seu o primeiro horário da manhã, tinha a insensata convicção de que, quando fosse abrir a porta para entrar na sala de espera, a mesma estaria fechada, pois a analista teria se cansado dela. Isso nunca aconteceu, pelo contrário.

Ela sempre foi uma pessoa instigante para a analista, o que destoava muito de como ela se sentia: implacavelmente julgada e criticada, caso ela não andasse na linha. Mesmo morando longe do consultório e utilizando dois ônibus para chegar, ela nunca faltou às sessões, poucas vezes se atrasou, e o pagamento sempre foi feito no dia combinado, com exceção de uma única vez: quando isso ocorreu – pois o seu salário *desapareceu* da gaveta onde sempre o guardava em casa –, ela queria parar o tratamento, como se tivesse cometido um erro grave, sem perdão nem possibilidade de uma recombinação. Imaginando que a analista fosse aproveitar a chance para dispensá-la, para Valéria, era impensável que pudesse aceitá-la, mesmo não sendo *perfeita*.

Transformada em objeto da necessidade *da mãe*, a filha não abrirá questões, não pensará, não revelará, não desvelará, não compreenderá nada para além da mãe. Ela seguirá presa à lógica narcísica, detida na beira do lago e plena de certezas, impedida de ascender ao plano edípico, onde poderia sair a explorar, perguntar, duvidar. Ela estará condenada a, por mais voltas que dê, por mais estradas que pegue, acabar retornando para os braços da mãe, nem que precise, para isso, deixar sua vida em suspenso.

É assim que avaliamos que as questões inconscientes da mãe têm não só influência, mas também *poder* sobre o destino de sua prole. McDougall (2000) certifica que, durante os primeiros tempos da melhor evolução da relação primitiva, a mãe mantém, ante alguma frustração ou sofrimento, a ilusão de que ela e a filha formam uma só unidade. Assim, ela tanto atende às necessidades fisiológicas do bebê, como mantém a fantasia de uma existência única, até que começa a promover separação e permitir passagem. Todavia, se a mãe está presa por suas próprias angústias, se está tomada por temores e anseios, ela não será capaz de escutar e interpretar os estados afetivos do bebê. A autora declara: "se a mãe não [...] conseguir ouvir, alternadamente, os desejos de fusão, de diferenciação e de individuação de seu filho, [...] impedirá, então, a criança de apropriar-se psiquicamente de seu corpo, de suas emoções e de sua capacidade de pensar ou de associar pensamentos e sentimentos" (p. 49-50). As consequências são sérias.

Quando a mãe não se resigna a abandonar a fusão, McDougall (2000) prevê que a criança terá dificuldade para estabelecer o sentimento vital e necessário de uma identidade separada. Ela terá freada sua tentativa de construir a representação interna de um ambiente maternante que atende e alivia, que seria resultado de uma boa identificação com a mãe que cuidou pelo tempo que foi preciso e, depois, abriu espaço para que o que foi obtido de fora seja, então, buscado e encontrado dentro. Se, como vemos em tantas histórias, a mãe não dá espaço, não se distancia, não espera, se ela se antecipa, se se mantém necessária e insubstituível, ela impede que o objeto seja internalizado pela criança.

12. Esse ambíguo desejo de *fusãoseparação*

Eu corto corto corto e ainda não sei que existo.

Continuo sem corpo.

E ela lá fora, com medo que eu vá embora,

fingindo desconhecer que não posso partir.

Nunca pude. Porque arrasto comigo o corpo dela,

que me engolfa e engole

(BRUM, 2011, p. 15).

Não! Claro que não! É óbvio que não! É óbvio que não quero sair da minha casa que eu adoro, onde vou almoçar uma comida saudável, tranquila com meu marido, para ir almoçar na tua casa! Nessa casa cheia de doença, de perversão, de falta de limites, de abuso! Foi essa a resposta que Fernanda, incomodada, pensou em dar para a mãe, quando ela ligou, convidando-a para um almoço no domingo. Pensou, mas não deu. Pronunciou com contundência e raiva essa resposta na sessão de sua análise, mas ainda não teve coragem de dizê-la em voz alta para a mãe; para ela, ainda *inventa uma desculpa,* pois se sentiria culpada de declarar e assumir seu desejo de, simplesmente, não ir.

Mas de que desejo falamos? Desejo de separação, o que poderia ser simples: Fernanda é uma mulher, casada há anos, que trabalha, sustenta-se, tem suas atividades e suas amigas. Mas não era simples; pelo contrário: dizer *não* para a mãe tinha um peso que ela não entendia de onde vinha. Não entendia, porque o que ela mais sentia era uma vontade intensa de livrar-se dela, liberar-se de seus convites, arrancar-se de suas ofertas. Então, o que a prendia? Adulta, ela já teria condições de assumir por si mesma o que, até então, estava a cargo da mãe. Se estava claro para ela – às expensas do que queria sua mãe – o desejo de emocionalmente nascer, separar-se e crescer, o que tornava isso tão difícil? Por que não o fazia? Ela não queria? Ela não podia?

Na clínica, temos filhas, cuja raiva e cujo medo se fazem ver com muita clareza e intensidade; nelas, o desejo de distanciamento, o maior possível, poderia anunciar um parentesco com a fobia. O componente fóbico revelaria um caráter erótico que tanto atrai, ao mesmo tempo em que causa tão forte aversão. Mas como seria isso? A sensação com o corpo da mãe – esse lugar/coisa tão fortemente repudiado e tão estranhamente desejado – traz um misto de repulsa, terror e excitação. Com desejos contraditórios, já estaríamos na esfera da neurose, ou seja, de uma filha com uma estrutura psíquica, em conflito com suas próprias instâncias. Pela presença do erótico, poderia tratar-se de uma questão edípica, de um complexo de Édipo invertido, em que a filha mantém a mãe como seu objeto de desejo, dirigindo a ela seus impulsos amorosos e sexuais. Certamente a clínica nos fornece incontáveis casos em que escutamos esse enredamento entre estar libidinalmente fixada na mãe, mas querendo afastar-se dela para poder fazer uma escolha mais livre de objetos.

Aqui, porém, não é disso que se trata: os pedidos feitos em voz alta por analisandas como Fernanda são de mudança, de diferenciação, de independência, de desidentificação de uma mãe mais mortífera que a mãe edípica, que as aprisiona. Logo, identificaremos outra face da complicada trama da relação entre mãe e filha: o que há de erótico, mas também de terrorífico e que colore a proximidade com estranhos contornos. De forma simples, poderíamos dizer que, na neurose, há uma atração, uma fixação; na captura, há o desamparo, um vazio. No meio do caminho, não ainda na neurose, não mais no extremo da captura, uma ambiguidade: uma briga que já pode acontecer, um protesto que já pode ser dito em voz alta, mas ainda não diretamente, ainda não com efeito de independização.

A sensação de angústia fóbica denota a existência de desejos ambivalentes: o de evadir-se das armadilhas, escapando da proximidade excessiva do corpo materno – lugar de vida e de morte –, e talvez com a mesma intensidade, o de voltar a habitar esse lugar de onde foi tão custoso sair. Como, então, dar conta de escolher um dos caminhos que não se encontram nem se cruzam? Por isso, somos levados para um pouco adiante. O que agora examinamos encontra figurabilidade na fala de Fernanda e no enredo de muitas análises. De outro deles fala Paula.

A angústia vivida por Paula, quando tinha que ir na mãe, era da ordem da *claustrofobia*: foi com essa palavra que, em uma sessão, ela conseguiu descrever sua sensação. Sua impressão era de que, se entrasse no apartamento, nesta porta de entrada para o corpo da mãe, não mais conseguiria sair. Se convidasse a mãe para ir a algum lugar, seria diferente; neste caso, até sentiria vontade de vê-la e conversar com ela. Parecia que fora daquele apartamento/apertamento, ela estaria a salvo; poderia fugir, caso precisasse. Do interior do corpo da mãe, ela não podia. Presa neste claustro engendrado pelas promessas da mãe – mas também por suas ameaças –, Paula vivia a confusa mistura entre sentir-se seduzida e sentir-se condenada à morte, caso deixasse o *heimat* que a acolheu. A mãe de Paula não deixava e, sempre que a filha lhe telefonava, era com tom de voz afirmativo que ela perguntava: *Quando tu vens aqui?* Paula sentia-se inquirida, exigida, obrigada, e a vontade era de nem ter ligado. Apressava-se em desligar, como se corresse o risco de ser pega pelo que ela sentia serem os tentáculos da mãe, em face dos quais não teria qualquer chance. Tal como relata McDougall (2000), "para escapar ao terror de ser apanhada em armadilhas na mente de sua mãe" (p. 50), Paula evitava, mas sempre (se) ligava de novo.

É também como Carla sentia, outra analisanda que contava aflita que se via na obrigação de ir todos os dias na mãe, que já tinha certa idade e morava sozinha. Porém, como ia sentindo-se obrigada, irritava-se com ela por qualquer coisa, e elas acabavam brigando. Carla saía da casa da mãe, frustrada e braba. Aos poucos, a culpa que ia aumentando trazia a necessidade de telefonar, para assegurar-se de que nada acontecera, que a mãe não morrera, nem se matara – como fez seu pai quando ela tinha nove anos –, e ela, a filha, seria culpada. Ao telefone, *para compensar*, prometia que a visitaria no dia seguinte, mas, quando o dia seguinte chegava, ela se sentia indo novamente obrigada, o mesmo ciclo se repetia dia após dia, e ela seguia indo lá semana após semana. Secretamente, desejava que a mãe tivesse morrido, para que não se sentisse forçada ou impelida a vê-la todos os dias. Mas quem a obrigava?

Não é difícil confundir o desejo de estar e outro de escapar, fugir ou afastar-se. Semelhante relato encontramos em Freud (1900), quando ele narra a história de uma jovem paciente que, acometida por um estado de excitação confusional, exibiu uma enorme aversão pela mãe, batendo nela e tratando-a grosseiramente, toda vez que ela se aproximava de sua cama. Ao mesmo tempo, mostrava-se dócil e afetiva com a irmã bem mais velha que ela. Inúmeros sonhos remetiam à morte da mãe: em um deles, ela comparecia ao enterro de uma velha; em outro, ela e a irmã estavam sentadas à mesa, trajadas de luto. À medida que seu estado foi melhorando, surgiu uma fobia histérica, sob a forma de um medo torturante de que algo pudesse ter acontecido à sua mãe. Por isso, ela se via obrigada a correr para casa, de onde quer que estivesse, para se certificar de que a mãe ainda estava viva. Para Freud (op.cit), o aparato psíquico da jovem reagiu pelo medo da excitação. No estado confusional, a hostilidade inconsciente para com a mãe encontrou uma expressão motora. Quando ela melhorou ainda mais, pôde confirmar que sua preocupação exagerada com a mãe era uma contrarreação histérica e um fenômeno defensivo. Ele conclui: "não nos resulta já inexplicável o fato de que as moças histéricas manifestem com tanta frequência um tão exagerado carinho a suas mães" (p. 506).

Para Freud (1926), as fobias remontam a uma angústia sentida pelas exigências da libido, para escapar da tentação de ceder a desejos eróticos. No entanto, além de uma renúncia, o Eu efetuará uma regressão temporal à infância que, em casos extremos, ele localiza: "até o útero materno, a um tempo em que se estava protegido dos perigos que agora ameaçam" (p. 67). Por isso, parece haver uma relação com a fobia, mas não exatamente como produto de uma conflitiva edípica não resolvida com os progenitores. Então, segue uma indagação: o exagero e a confusão da paciente de Freud e de nossas analisandas seriam somente devidos aos sentimentos de uma menina que, na conflitiva edípica, deseja eliminar a mãe por amor ao pai? Ou poderíamos pensar que ela luta, em um primeiro tempo, contra desejos em relação a *um* mesmo objeto, a mãe? Falamos aqui de algo ainda pré-edípico, ou de um primeiro tempo da conflitiva edípica, com o investimento no primeiro objeto?

Não estamos exatamente no campo da neurose, com seus conflitos mais característicos, com suas manifestações mais típicas, em que – presa à conflitiva edípica – uma menina dirige seus impulsos amorosos ao pai e rivaliza com a mãe, disputando com ela o amor e o olhar deste que é objeto de desejo de ambas. Não. Estamos mais na forte e precoce ligação erótica que segue com a genitora, precisamente em uma parte do espectro em que já há a presença de libido, a ponto de a filha erotizar a ligação com a mãe; esse erótico, contudo, não diz de um Édipo invertido, por exemplo, mas de algo ainda anterior, com um colorido estranho, uma tonalidade lúgubre, nas bordas entre um e outro.

Quando uma analisanda consegue expressar sua raiva, sua irritação, uma repulsa, um rechaço pela proximidade com a mãe, pensamos: o que se proclama como uma evitação dessa proximidade, um ímpeto de afastar-se, uma vontade de livrar-se, uma aversão ao contato? É uma urgência de sair, uma gana por espaço, uma ânsia, uma agonia... difícil encontrar a palavra que melhor defina. Em relações assim, com muita clareza sobre o grau de patologia que há no vínculo com suas mães, essas analisandas querem por tudo se separar; definitivamente, o que mais anseiam é apartar-se desse tipo de contato tão aprisionante; o que mais desejam é poder ter uma vida em que sejam responsáveis por suas próprias escolhas, sujeitos de sua própria história. Elas, no entanto, não conseguem.

Não seria preciso dizer que não se trata de uma separação física; senão, bastaria nascer. Falamos de uma sensação, de algo que passa longe do que os olhos podem ver. Sob um olhar menos acurado, pensando objetivamente, fica evidente que essas filhas *poderiam* afastar-se: elas já não moram com a mãe, já têm sua própria independência financeira, casa, marido, filhos, trabalho... mas, ainda assim, sentem-se enclausuradas, enredadas em uma teia que, quanto mais se mexem tentando livrar-se dela, de tão abstrusa, prende-as ainda mais.

Tais relações são visivelmente ruins; caracterizam-se por discussões, brigas, críticas, mágoas, ressentimentos. No entanto, por tanto que evitam, mesmo com raiva, essas filhas estão lá, voltam lá, permanecem lá. De corpo, ausentes; de alma, presentes (ou seria o contrário?). Não conseguem – por mais que queiram – deixar de todo a casa materna, o antigo lar, o colo, o seio, o corpo de quem lhes deu origem e que guarda sabe-se lá o quê... A filha que, um dia – como um bebê em estado de desamparo –, *teve* que corresponder à demanda narcísica da mãe, hoje é adulta, uma adulta que não dependeria mais do cuidado materno para sobreviver, que já não correria mais riscos caso se diferenciasse.

Por isso, não é fácil lançar na sessão a questão: quais os movimentos que lutam por espaço nesta intrincada dinâmica entre distanciamento e atração pela mãe, entre a repulsa e a sedução de estar junto da mãe, entre o terror e o desejo de estar dentro da mãe? O que habita essas filhas, ao lado do desejo desesperado de apartar-se, da necessidade urgente de separar-se?

Talvez quando Freud (1933d) preveja que o desenvolvimento da menina em direção ao pai não se dá simplesmente por uma troca de objeto, ele nos ajude a pensar. "O afastamento em relação à mãe ocorre sob o signo da hostilidade; a ligação materna termina em ódio" (p. 275). Ódio pela ligação, desejo e evitação; por isso, a claustrofobia, porque, apesar de querer, essa menina – hoje mulher – tem dificuldade em desfazer-se de melhor forma do impreciso enleio com a mãe. Tratar-se-ia, pois, de uma passagem necessária e buscada, mas dolorida e, logo, evitada. Ao que parece, para além do ódio rancoroso decorrente da castração – injúria atribuída à mãe –, a menina só possa afastar-se desse objeto original, tão imprescindível nos tempos inaugurais, com uma força extra, fornecida pelo impulso disjuntivo do ódio.

Zalcberg (2003) compreende a relutância da menina em abandonar a identificação pela qual tinha um lugar definido junto à mãe: ser objeto de desejo dela. Quando a filha é marcada pela castração e pela impossibilidade de continuar sendo ilusoriamente o

230   12. ESSE AMBÍGUO DESEJO DE FUSÃOSEPARAÇÃO

falo para a mãe, ela não tem mais seu lugar assegurado; daí a nostalgia da menina em relação à figura materna. O complexo de Édipo que a leva a renunciar a essa posição – que embora satisfatória, é mortífera – representaria uma saída de um destino totalmente alienado, mas traria junto uma questão para a mulher, por ela não saber mais qual o seu lugar no desejo do Outro.

Nesta passagem, uma definição também é importante ser feita: o quanto há de atividade da filha, o quanto há de atividade da mãe, sendo que não seria exagero dizer que elas são inversamente proporcionais: quanto mais mãe, menos filha, quanto mais imposição, menos sujeito. Se pensarmos que o bebê só vai construindo mais e mais recursos psíquicos a cada centímetro que a mãe se afasta e a cada minuto que ela se ausenta, faz sentido que a filha só possa querer (ou não querer) algo, se a mãe puder renunciar a ser sempre, a ser toda, ao que *ela* quer (ou não quer) para a filha, pela filha.

Nas relações mãe-filha em que pouco espaço é deixado para a demanda, Zalcberg (2003) percebe que a mãe procura suprir a filha ao nível de necessidades. Para a autora, essa é uma forma de evitar as questões que a filha dirigir-lhe-ia quanto à ausência de um significante específico para o sexo feminino, marcando-as a ambas. "Ao confundir satisfação de necessidades com a doação de seu amor para suprir uma falta, a mãe priva a criança de um precioso dom: o de preservar-lhe o espaço da demanda, isto é, a possibilidade de ter uma demanda insatisfeita, de onde pode emergir seu desejo" (p. 80). Quando isso acontece, a angústia vem como manifestação sintomática da *falta de falta*. "É esta, a falta, o vazio, que instaura uma fundamental dissatisfação no ser humano, a causar-lhe desejo – desejo que não poderá ser satisfeito definitivamente por nenhum objeto" (p. 80). Por não aceitar sua própria falta, a mãe tenta atender completamente à criança. No lugar de dar-lhe a falta, a mãe esmaga qualquer vestígio da demanda de amor.

Diferentemente de um objeto primário que cuidou, na relação com a mãe que McDougall (2000) define como *mortífera*, existe pouco espaço potencial entre a dupla. Nela, a separação e a diferença não são vividas como aquisições psíquicas derivadas da aceitação da alteridade, que enriquecem e dão sentido à vida pulsional. Por isso, a criança pode ter dificuldade para realizar por si mesma as funções de organizar sua própria realidade psíquica, de se proteger das situações ameaçadoras, de se aliviar nos momentos de dor psíquica. Assim, as experiências de crescimento podem ser temidas como uma perda, como um luto que ameaça a imagem do *self*, como algo que a esvazia daquilo que lhe parece vital para a sobrevivência. O preço é a ser pago é alto... McDougall (op.cit) não poupa palavras: "a mãe mortífera leva à perda irrevogável de si mesmo" (p. 36).

Logo, quando a mãe não libera a filha, a realização do desejo de discriminar-se equivale à perda da identidade pessoal e à morte psíquica. Com essa fantasia em cena, tudo aquilo que ameaçar destruir a ilusão de indistinção entre o próprio corpo e o corpo materno a lançará "numa busca desesperada para reencontrar o paraíso perdido intrauterino" (McDOUGALL, 2000, p. 34). Devemos, porém, problematizar a palavra *paraíso*, tantas vezes empregada para referir-se ao útero da mãe e ao período gestacional como este tempo e lugar do paraíso. Pensamos na comum associação do paraíso com o idealizado lugar para onde iremos – acreditam os religiosos – para viver a eternidade: gozaremos da vida eterna, contudo, quando estivermos mortos. Aquilo que parecia tão compreensivelmente desejado, começa a causar estranhamento: se estar lá seria voltar para um lugar de inexistência, por que voltar?

Outro nível desse confuso desejo ora de fusão ora de separação, vemos em Sandra que, em sua análise, protesta e revolta-se, falando sobre as cenas diárias de discussões com a mãe. Porém, sempre chega um ponto na sessão em que ela recua diante da escuta das próprias palavras ditas em voz alta sobre a inadequação dessa que não permite que ela tenha uma vida própria, ainda que seja uma adulta. Ela tem clareza, ao falar, sobre o absurdo de ainda se preocupar com o que a mãe vai dizer, sentir ou achar, mas não consegue parar de pensar e de sentir-se culpada; então, é a voz da mãe que ela escuta dizendo: *Eu passei tanto sacrifício para te dar tudo o que tu tens, para comprar cada uma destas peças...* As peças a que a mãe se refere são as roupas que ela insiste em comprar, mesmo que a filha já tenha pedido tanto que ela não o faça, que ela não se antecipe, que ela deixe que a filha escolha e compre aquilo de que ela gosta.

Mas eu sei do que tu gostas!, afirma a mãe cheia de convicção sobre conhecer a filha melhor do que ela mesma. *Não, não sabe*, diz Sandra na sessão: a mãe consegue comprar o modelo que ela mais detesta, o número que não serve, a cor que não é sua preferida. *A mãe consegue errar em tudo.* Quando termina essa frase, sentindo *dilacerar o coração da mãe* – como ela diz –, julga-se, tantas e repetidas vezes, uma ingrata: *Ah também, eu só uso essas roupas em casa mesmo! Eu não vou morrer de deixar estas coisas lá...*; mas vai: não vai morrer de corpo, mas vai morrer de alma. Na análise, algumas vezes, de diferentes formas, a analista formula a questão: *Se sabes, se tens clareza, se não gostas, se te irrita, o que te impede de te achares no direito de não usar as tais roupas? O que ainda faz te sentires culpada, impedida de usar, fazer e falar o que quiseres? Quem te proíbe?*

Quando dois parece nenhum, esta vida parece melhor do que a morte

Na clínica da neurose, há casos em que uma filha, mesmo adulta e com todas as condições externas, fica emocionalmente fixada no primário objeto materno, porque, para liberar-se dele, teria que renunciar à satisfação de ser o objeto que, em fantasia, completa a mãe sexualmente; ou – já não tão na neurose – ao gozo de, simbolicamente, formar com a mãe um todo fechado e absoluto. Nesses casos, a dinâmica ainda é colorida por um *quantum* de libido que confere algum grau de prazer ou ganho envolvidos. O anseio da filha de seguir neste lugar pode estar ancorado no desejo de voltar a ter aquilo que, de tão maravilhoso, foi difícil renunciar: o auge do narcisismo primário com sua glória e luz.

Em outros casos, porém, tal anseio está ancorado no terror de perder o sentimento de si, o Eu. Então, o drama que vive essa filha é de outra ordem: não se trata de perder algo que ela não quer deixar de ganhar, mas de não perder algo que não é possível perder, quando é uma questão de vida ou morte. Nesses casos, de nosso divã, escutaremos o relato sobre uma mãe cujos mandatos foram recebidos na fase mais precoce da infância da filha e se fizeram ouvir não só por aquilo que aprisionam, por aquilo que submetem, mas também por aquilo que matam.

Essa filha não pode escapar de uma dinâmica em que a renúncia à própria vida parece ser a única forma de vida possível. Nada pode fazer mediante um compromisso silencioso imposto por alguém de cuja existência ela acredita depender para sua sobrevivência física e psíquica. Como, então, libertar-se – indaga Marucco (1998) – deste *"engaño-encierro?"* (p. 216).

Nos casos mais dramáticos, ao recusar a enganosa oferta de amor condicionada ao *encierro* de um pacto narcísico, o que restaria seria uma orfandade vivida como insuportável por essas mulheres que, ainda que adultas, sentem que não sobreviveriam. Para uma filha capturada pela mãe fálica, crescer e separar-se não significa independizar-se, diferenciar-se ou reconhecer-se como alguém singular, com direitos e deveres que lhe são próprios. Para ela, crescer carrega o peso de uma morte: a sua morte ou a morte dessa que

234   12. ESSE AMBÍGUO DESEJO DE FUSÃOSEPARAÇÃO

passou a vida lembrando-lhe que ela não verá a vida passar, caso ouse deixar o leite da mãe, o leito da mãe, o leito de morte. Então, neste paradoxo entre morte e vida, separar-se adquire o significado de uma impossível partida, uma terrível perda, que repetiria uma experiência já vivida: no nascimento, vivido não como ganho, mas como angústia.

Segundo Freud (1926), a angústia mais primordial é uma reação à falta do objeto. Conforme o autor, é a única forma que a criança, em face a seu ainda precário desenvolvimento, consegue reagir. À separação da mãe, ela primeiro busca investir alucinatoriamente sua imagem mnêmica; como isso não produz resultado, é como se o anseio pelo objeto se transmutasse em angústia.

Essa angústia surgiria de duas formas: como angústia-sinal como recurso do Eu que, de uma maneira adequada, dá um sinal para impedir a ocorrência de uma situação de perigo; e angústia automática, a mais pura expressão da pulsão de morte que, ao identificar uma nova situação de perigo, de uma maneira inadequada, toma o sujeito de todo. Freud (1926), porém, pergunta-se: o que seria considerado um perigo? Então, aquilata o nascimento como o que oferece o verdadeiro perigo para a vida, pois, nele, grandes somas de excitação se acumulam no feto, provocando sensações de desprazer. Nesse primeiro ato de separação do corpo da mãe, uma combinação de sensações corporais desprazerosas e impulsos de descarga, o faz protótipo do temível estado de angústia. "A primeira angústia foi, portanto, uma angústia tóxica" (FREUD, 1917c, p. 524).

Nas experiências posteriores, no correr da vida, quando a criança perceber a ausência da mãe ou quando esta a ameaçar com a retirada do amor, quando ver-se sozinha no escuro ou com uma pessoa desconhecida, ela sentirá falta da mãe, seu objeto desde sempre amado e de quem sente saudade. O mesmo estado de angústia, semelhante ao vivido quando nasceu, será revivido (FREUD, 1933c). Por isso, o bebê tem necessidade de ver que a mãe está ali, em seu campo de visão, porque já entendeu, pelas repetidas experiências, que é ela que satisfaz todas as suas necessidades. Por seu estado de desamparo, ele depende da mãe para sobreviver, já que sobre essas necessidades, ele não tem qualquer autonomia, assim como não tem qualquer controle sobre a presença ou ausência do objeto. A sensação de impotência ante isso tudo – calcula Freud (1926) – é análoga à vivência do nascimento, uma repetição do perigo. Se, nessa revivência, a angústia automática puder converter-se em uma reprodução deliberada da angústia como um sinal de perigo, o desenvolvimento estará seguindo pelos melhores caminhos.

Não é o que acontece nas histórias de captura. Nelas, entenderemos que, por algum tempo, uma filha que chega à sala de análise já crescida – seja com 20, 30 ou 40 anos de idade – seguirá vivendo a perspectiva de separar-se da mãe como um perigo do qual tem de se defender, via acionamento da angústia sinal, ou – pior ainda – sem ter como se defender quando sentir-se tomada, inundada, dominada pela angústia automática que a joga na mesma condição de desamparo de quando chegou ao mundo. Por isso, quando a mãe fálica é vivida como o único objeto com quem contar, quando é dela todo o arbítrio sobre a vida (e sobre a morte) da filha, será muito difícil desafiar a autoridade desta que, ativamente, põe-se em um lugar idealizado e inquestionável de superioridade e fascínio.

Helena tenta libertar-se do imperativo materno, procura desamarrar-se de seus enredamentos, busca desvencilhar-se e recusa os convites diários com tom de convocação da mãe. Demora para responder as mensagens que a mãe manda, em uma semana de férias que ela, pela primeira vez na vida, conseguiu tirar. Sabe que o que vem é uma cobrança, lembrete daquilo que ela deve à mãe e que está falhando em dar. Porém, ela entra em um ciclo em

236   12. ESSE AMBÍGUO DESEJO DE FUSÃOSEPARAÇÃO

que, justamente por não responder, passados dois curtos dias, escutará a cobrança de que, então, *esqueceu que tem mãe!? Não vai nunca mais vir aqui!?* Com a sensação de que, então, não há saída, Helena paralisa. Paralisa sua vida e passa os dias entre pensar no que poderia trabalhar depois de completar seu segundo curso superior, nada encontrar e seguir quase sem qualquer atividade profissional; ou conseguir algum movimento e tomar alguma iniciativa para buscar emprego, mas na sequência desistir, convencida de que *não vai dar certo, não adianta, não vou conseguir, não tem como.*

Helena segue em casa, onde mora sozinha, no andar de baixo do mesmo prédio construído pela família, onde, evidentemente também mora a mãe, a avó e as tias, nesta família onde parecem só existir mulheres. Achando uma grande ideia, a mãe já sugeriu: *vamos colocar uma escada interna, fazer um duplex! – Deus me livre!*, roga ela em sua análise; mas Deus não a livra: *ela* teria que se livrar, libertar-se, mas, mesmo desesperada, ela se sente ainda mais desesperada de pensar que a mãe romperia com ela para sempre. Pensa com muita frequência em se mudar e passa os finais de semana procurando, em *sites* de imobiliárias, o lugar que será seu lar. Invariavelmente, contudo, desiste: *minha mãe nunca me perdoaria.*

Fica claro que não é só pelo gozo ou por prazer, mas além disso – talvez ainda mais – pelo medo. Se concordarmos que – mais do que o desejo da filha de seguir sendo tudo para a mãe, ou ser seu par sexual – o que define sua permanência nessa reclusão é a proibição de desobedecê-la, vemos que isso representa uma impossibilidade de fazer diferente. Logo, parece que os ganhos não são maiores que as perdas aí implicadas e que não são mãe e filha que têm benefícios. Nas histórias de captura, não foram as duas que reconheceram firma de um acordo; ele foi assinado unilateralmente por uma mãe que guarda para si a propriedade e o direito de exploração dela. Por isso, não será fácil romper, pois, de fato, há uma ameaça mais grave por trás.

É como se essa filha não tivesse para onde ir, caso deixe o seio materno. Ficaria perdida, sem uma casa própria para onde voltar em segurança. Para Édipo, ser errante foi o caminho para encontrar um lugar com certa singularidade; já a filha de uma mãe com essa qualidade de investimento, sabe que o caminho para longe do corpo da mãe é um caminho sem volta. Sabe a que está condicionada sua separação: ao abandono. Sabe que, se questionar o lugar da mãe fálica, sofrerá duras consequências por sua ousadia. Nessa dinâmica, os desejos maternos impõem um pesado fardo que a filha terá de carregar, sem poder recusar-se. Sem reconhecer que a filha tem direito à voz ou a escolhas, ela retém para si aquilo que a ela, só a ela, pertence: o falo. O imperativo faz valer seu efeito de lei suprema e, frente a isso, não há qualquer negociação.

Ousar elaborar um questionamento ao Eu Ideal provocaria uma fissura, o que é vivido como intolerável pela filha e como inaceitável para a mãe. Mesmo repetindo, é importante retomarmos a citação de Marucco (1998), em que ele explica o conceito de mãe fálica:

> [É] uma estrutura intrapsíquica (primeiro rudimento de Eu) que se conforma desde a identificação primária em voz passiva, ou seja, desde a função materna que nega a castração. Tal estrutura se mantém, dada a impossibilidade da criança de discriminar a diferença dos sexos, se a função paterna não executa a castração da mãe. Chegado o momento da diferença dos sexos, a criança reconhece e denuncia a castração da mãe. Porém, temendo a vingança desta (privada do falo), cria ante si

um monumento comemorativo: o Eu Ideal (novo lugar que ocupa a mãe fálica), com seu imperativo categórico ("deverás ser"), a respeito do Eu (p. 207, nota de rodapé).

Retomamos para sublinhar que há um nível dessa dinâmica em que não é pelo prazer ou pelo gozo; é porque é impossível sair, porque a mãe se vingaria, e ela seria morta. A filha, assim submetida ao império materno e à ausência paterna, intui que não será poupada da vingança daquela que não tolera ser revelada, que não aceita ser denunciada. É por isso que, quando dois parecem nenhum, essa não vida com a mãe parece melhor que a morte. Ameaçada e presa ao cumprimento de mandatos, uma filha assim não pode fazer o necessário assassinato simbólico da mãe. Em sua fantasia vivida como real, executar esse crime corresponderia à morte do objeto e, matando-a, ambas perderiam a vida, uma vez que, da vida de uma, depende a outra: uma delas deixou de existir; não será a mãe fálica. Se a morte simbólica do progenitor não pode acontecer ou ser vivida, a filha perde também direito a uma existência individual: é sua morte psíquica.

Ao fazer a renúncia à fantasia de *ser o falo* desejado pela mãe para o *aceitar não o ter*, Zalcberg (2003) explica que a menina confronta-se com a nostalgia do objeto que, de fato, nunca tivera, mas que, ilusoriamente, acreditara ter. O problema é que, nos casos mais dramáticos, esse *não ter* inscreve-se no inconsciente da menina como *não ser*. Quando ela era, supostamente, o objeto que completava a mãe, ela sentia que tinha um lugar, concedendo-lhe, de alguma forma, uma identificação. Então, a dificuldade em abandonar sua posição em relação à mãe, bem como a fantasia da completude materna, trará uma questão sobre sua existência.

Longe de sentir que ganhará novas experiências, se sair do corpo da mãe, essa filha sente que ficará em um vácuo; então, sequer concebe a possibilidade de uma existência viável longe dele. Logo, como se trata de uma questão de vida ou morte, parece não haver opção. E aí, nesse tipo de relação, um paradoxo se impõe: para não morrer, a filha abre mão da própria vida; no entanto, se permanece como o duplo da mãe, fadada a seguir um apêndice dela, essa filha está condenada à morte, tentando fugir dela. É a mesma via aparentemente sem saída que Leclaire (1977) formula: "renunciar a ela seria morrer, não encontrar mais razão para viver; mas fingir conservá-la seria condenar-se a não viver" (p. 11). A filha, no entanto, não vê saída.

Como pode haver-se essa filha com uma mãe fálica com tamanho poder, onipotência e onipresença? Quão longe ela pode chegar de quem a concebeu, mas que se desespera com o crescimento e que ameaça a filha desde seu lugar e quanto a seu amor? Quão distante pode ir, quando a oferta de amor está vinculada à condição de sofrer, de penar, de pagar o amor da mãe com as próprias lágrimas, com o próprio sangue, com a própria vida? Com que condições ela pode independizar-se, desidentificar-se, crescer e renunciar a um amor mortífero? Como optaria pela vida, se essa opção equivale, para ela, à morte do "vínculo" com a mãe, que – ainda que de morte – é um vínculo ou, pelo menos, a ilusão de um? Se equivale à morte da certeza de ter uma mãe? Uma certeza delirante, mas que é o único fio onde ela se segura para ter a sensação de uma base, um amparo e uma segurança, mesmo que à custa da vida?

Essa filha é posta pela mãe fálica em um lugar e uma função bem definidos; ela sabe a que está destinada e, incapaz de sair, simplesmente fica e obedece. Se o investimento mortífero da mãe teve a força de fazer calar, de fazer cegar, de petrificar esta que viria marcar a passagem do tempo, o que ela pode fazer? Bastaria um outro tipo de vínculo que não se oferece para completar, já que, na realidade, não há vínculo que complete? Se há brechas e frestas, lugares por onde sair, essa criança sequestrada, mesmo adulta, não sabe como passar. Para encontrar essa passagem, muito caminho haverá de ser percorrido.

13. Difíceis, mas necessárias inconfidências

Eu não tinha nada mais para esperar.

Quando vagava me batendo pelas paredes da casa,

me sentia ligada ao corpo dela como um daqueles cachorros

que têm uma corda presa no pescoço

que os paralisa depois de alguns passos.

No meu caso não era uma corda, mas um cordão umbilical.

Aos poucos, eu não conseguia mais distinguir

entre o meu corpo e o dela.

E quando comia, não sabia de quem era a boca

por onde entrava comida nem o cu por onde saía

(BRUM, 2011, p. 55).

No estado de Eu Ideal e de perfeição narcísica em que vivem por algum tempo mãe e filha, esta não precisa falar, pois já está atendida, mas o desenvolvimento deve seguir. Então, do berço esplêndido que, um dia, foi o útero da mãe, e do trono majestoso que, um dia, foram os braços dela – onde ela usufruiu de todo o investimento materno –, é chegado o momento em que, para ganhar mundo, ela deve crescer e deixar o colo da genitora. E como se dá esse necessário processo de ir-se? Basta que ela aprenda a engatinhar, a caminhar, a correr e assim o faça, cada vez mais para longe do olhar atento e vigilante da mãe?

Ao sair ou ser retirada do útero, o primeiro grito foi expressão de vida; o primeiro choro anunciou um nascimento. Um bebê que chora nasceu vivo. Depois dos primeiros choros, ele resmunga, balbucia, ensaia palavras e fala, nessa ordem; por vezes, ao mesmo tempo; por vezes, um no lugar do outro; por vezes, nenhum deles. Então, basta que o bebê aprenda a apontar, a balbuciar, a falar e a pedir o que quer e deseja? Parece que não, que será preciso que a mãe permita. Hausen (2005) reconhece "[...] quão difícil é para as mães o partejar: nascer, porque já não é possível permanecer no ventre materno, e o nascer passa a representar o processo de separação e individuação, que, a partir daí, norteia a própria vida" (p. 88). O problema é que, às vezes, mesmo fora do receptivo ambiente intrauterino, os braços da mãe são lugar de silêncio, quando eles acolhem, mas também, quando mais tarde, não permitem que a criança vá para o mundo, separada deles.

Para Lebrun (2008), duas coisas essenciais ajudam uma filha a se separar da mãe: um outro, diferente desse objeto primordial, e o fato de que a mãe sabe de sua impossibilidade de dizer quem realmente o *infans* é.

> *Ela vai falar dele, deixá-lo crer que ela sabe quem ele é; isso é indispensável, porque, nesse movimento, ela fornece o material do Outro, ela diz as palavras onde ele terá de se dizer; mas, dizendo-lhe o que ele é, ela o supõe capaz de dizer um dia, por sua vez; as palavras que ela lhe*

fornece, dizendo quem ele é, portanto, já são preenchidas pela ausência de poder dizer quem ele é, ainda menos, quem ele será. Ela fala com ele, mas, ao fazê-lo, ela lhe traz também o dom desse vazio, sobre o qual ele poderá – e deverá – apoiar-se para dizer em sua vez (p. 27).

Dizendo de forma mais simples, a mãe diz pelo bebê aquilo que ele é e o que ele quer, mas ela sabe que não é dona deste saber sobre ele, ou seja, sabe que seu império é temporário. Então, ela transmite a ele as palavras que o nomeiam e que nomeiam suas sensações e necessidades, mas transmite também a verdade de que ela não sabe tudo e, por isso, não tem como providenciar tudo. Assim, ela o deixa saber que chegará o ponto em que ele terá de remeter a si mesmo suas questões e procurar em si mesmo as respostas.

De sua parte, a criança que cresce e chega à adolescência – em qualquer caso, mesmo nas melhores relações familiares – terá a difícil tarefa de contrapor os pais em seus ditames, testar sua força, afrontar suas ordens, questionar suas decisões, delatar suas imperfeições. Se tudo está relativamente bem, esses pais darão conta das denúncias e revelações que uma filha vai fazendo: "vocês não são *tudo isso*, vocês não sabem tudo, não podem tudo, vocês estão envelhecendo e estão mais perto da morte do que eu". Anúncios da castração, prenúncios da mortalidade, esta dura realidade, tão dura de ser aceita.

Uma filha é portadora desses anúncios em especial na adolescência, mas foram ações que ela naturalmente pôs em cena desde a fase anal, se lá lhe foi permitido: desafiar a autoridade suprema daquela que, até ali, foi tudo para o recém-nascido que vai deixando de ser um bebê e vai tornando-se uma criança, depois uma jovem, depois uma adulta. Depois que começa a falar, este já-não-mais-um-*infans* descobre que, além de dentes, pernas e voz, ele pode ter vontade própria e escolha, direitos e deveres, capacidades e saberes, autoria e autonomia.

Crescida, ela poderá sabê-lo e fazê-lo novamente se, antes disso, já tiver sido capacitada e liberada pelas figuras parentais. Se os pais suportam o parricídio simbólico que precisa ser executado, eles asseguram a sua descendência que ninguém será de fato morto neste processo de aquisição de uma existência separada. Se eles não se ressentem dos movimentos inconfidentes de uma filha que cresce e se podem se orgulhar dos avanços, ela saberá que pode partir do seio familiar para conquistar o mundo lá fora. Infelizmente, nem sempre é assim.

O guarda-roupas de Aline está lotado das roupas que a mãe escolheu, comprou e guardou em um móvel que era para ser de propriedade da filha, assim como seus gostos e suas escolhas. *Tanto ela faz, tanto ela me tonteia nas lojas, que, uma hora, eu desisto. Digo: 'Tá! Leva o que tu quiseres! Faz do jeito que quiseres!'. Não adiantaria eu seguir resistindo e tentando argumentar. Ela simplesmente não me ouve, não respeita meu gosto, não concorda com o que digo, não considera minha opinião... então, faz de uma vez! Pelo menos acaba com essa tortura, porque sei que, no final, de qualquer jeito, ela vai mesmo vencer, me vencer no cansaço!*

E assim cansada, Aline segue voltando para o roupeiro entulhado do gosto da mãe e das escolhas que ela fez e faz pela filha, ainda que essa já tenha seus 30 anos de idade. Além de seus 30 anos, ela parece não ter mais nada. A adultez comprovada por sua carteira de identidade não acompanha a sensação de que não há alternativa, de que ela não pode fazer frente à pressão que, de forma tão contundente, a mãe faz sobre ela, engolfando-a com perguntas que mais parecem um inquérito, opiniões que mais parecem mandatos, sugestões que mais parecem imperativos.

No apartamento onde mora com a mãe, Aline não sente ter um espaço privado, não sente seu quarto como seu e não investe, não arruma, não decora; sente-se *acampada* nele. Também não sente ter um espaço na vida: não gosta do curso no qual se formou, não consegue trabalhar, e seu sustento básico vem da pensão que a mãe recebe do avô de Aline que morreu há muito. Ela se incomoda, irrita-se, mas não sente que pode escolher outra atividade ou outro curso; já que não sabe do que gosta ou o que quer, parece não haver saída.

Aline não sabe o que quer, mas sabe o que *não* quer: não quer ver a mãe, nem falar com ela, nem dar bom dia e boa noite, nem passar as festas com a mãe. No entanto, quando as poucas amigas que tem programam uma viagem mais longa ao Exterior, há muito por ela desejada, pensa em como a mãe gostaria de conhecer aquele lugar. Então, leva a mãe junto com ela. E assim se repete, ainda hoje, essa relação tão grudada que elas tinham já na infância e, depois, na adolescência de Aline, quando estar sempre com a mãe ainda era tão bom. Afora a escola, elas faziam tudo juntas: passeavam, viam TV e iam ao *shopping*, onde a mãe enchia a filha de roupas que ela nem precisava, mas que, naquela época, ela adorava.

Este idílio amoroso, porém, com o passar dos anos, foi convertendo-se em fonte de incômodo e angústia. Aline já não queria, já não gostava, mas aí já pareceu tarde para mudar. Nem o único namoro, na adolescência da jovem, teve a força de fazer a mãe voltar seus mais intensos investimentos reservados com exclusividade à filha, para qualquer outra atividade, para seu marido ou outra pessoa. O namorado de Aline até que tentou, mas, frente à impossibilidade de saírem sozinhos, de viajarem juntos ou de dormirem no mesmo quarto, dois anos depois, ele desistiu.

Ao levantar questões sobre a continuidade psíquica na sequência das gerações e as mensagens confusas que são aí veiculadas, Freud (1913b) pergunta-se: "de quais meios e caminhos serve-se uma geração para transmitir à geração seguinte os seus estados psíquicos?" (p. 240), e ele mesmo responde: "nenhuma geração é capaz de esconder eventos psíquicos relevantes daquela que a sucede" (p. 241). A psicanálise atesta que cada descendente consegue interpretar, via inconsciente, os sentimentos submersos nas reações expressadas pelos pais, de modo a captar o sentido mais genuíno do que eles portam em seu psiquismo. "Por essa via de compreensão inconsciente de todos os costumes, cerimônias e estatutos deixados pela relação original com o pai primevo, também as gerações posteriores podem ter assumido essa herança afetiva" (p. 241).

Assim, se perguntar à mãe de Aline, ela certamente convencerá de suas melhores intenções e de suas maiores apostas na felicidade da filha. Contudo, em sua assertiva, Freud nos dá a pensar sobre como os conteúdos são transmitidos não tanto pelo que os pais dizem, mas pelo que passam de forma inconsciente a sua prole; tratar-se-iam de mensagens que eles próprios ignoram, mas que uma filha – aberta a receber tudo o que deles vem – capta de modo inconsciente. E é por essa inconsciência que Aline prende-se e é presa.

No Ano Novo – essa época que tem a magia de nos fazer acreditar em mudanças, promessa de viradas e diferenças de um dia para o outro –, Aline descobriu a possibilidade de vender roupas em brechós e levou algumas peças que tinham motivos infantis: bichinhos, coraçõezinhos, florezinhas e bordadinhos que ela detestava e que a mãe tanto adorava. Para sua surpresa, conseguiu vender bastante delas por um valor razoável. A sensação foi ótima: *Sobrou tanto espaço livre no roupeiro, que agora chega a dar eco!*

Ela fazia planos de vender umas tantas outras que estavam lá sem que ela quisesse e gostasse, mas a sensação de empolgação e de possibilidades durou apenas alguns dias.

Mesmo sendo evidente para ela que, além de se presentificar em seu guarda-roupas, a mãe trata de infantilizá-la de muitas maneiras, ela se sentiu traindo-a. *E quando ela chegar em casa e não ver as roupas? O que ela vai dizer? O que vai pensar? O que vai sentir?* A mãe, por certo, ficaria magoada. Seus fantasmas se confirmaram: ao contar animada sobre o que ela viveu como uma descoberta e uma conquista, ouviu o protesto da mãe – *Era só o que faltava! Virou mendiga agora, que tem que vender roupa em brechó?!* – e desistiu. Quando Aline se atreveu a querer algo diferente e vender as roupas que a mãe havia comprado *com tanto amor*, ela passou uma semana sem falar com a filha, castigando-a por ter se aventurado a tomar posse do que ela lhe havia dado.

Mas não é esta a tarefa de todos nós? "Aquilo que herdaste de teus pais apossa-te para fazê-lo teu", lembra a frase tomada de Goethe por Freud (1913b). Em algumas duplas, essa tarefa de apropriar-se de si, independizar-se e separar-se – natural a toda a espécie animal – é mais difícil e precisará, por isso, de uma força extra. Era para ser natural, não fosse o fato de que, diferentemente dos bichos, pais e mães portam inconscientes prenhes de questões em haver, que eles imprimem ou incutem na geração seguinte. Na espécie humana – a mais desamparada do reino –, o caminho que leva para fora do ninho, da casa de origem, é longe e de difícil acesso. Não se faz ver com facilidade e, por vezes, a cria é mantida dependente por um tempo ainda mais prolongado embaixo de apertadas asas, em um cativeiro onde mal se vê a luz do dia, que dirá uma possibilidade de voos, abertura e trânsito.

248   13. DIFÍCEIS, MAS NECESSÁRIAS INCONFIDÊNCIAS

Sobre esse trânsito, Zaltzman (1993) indaga:

> *Se é preciso caminhar e errar, será porque, excluídos da verdade, estamos condenados à exclusão que impede toda morada? Essa herança não mais significaria uma nova relação com o verdadeiro? Não seria também que este movimento nômade (onde se inscreve a ideia de divisão e separação) se afirma não como a eterna privação de uma estada, mas como uma maneira autêntica de residir, de uma residência que não nos prende à determinação de um lugar nem à fixação face a uma realidade desde sempre instituída, certa, permanente? (p. 34).*

Sim, seria tarefa de todos: apropriar-se do que lhe foi dado e buscar uma residência própria; seria uma conquista descobrir que essa exclusão assegura, na verdade, a liberdade de escolha; seria uma busca impetrada por cada filha que, ao crescer, iria tendo cada vez mais desejo de alcançar uma vida autônoma e ir explorando aquilo que está no mundo para ser desbravado. Para lograr essa condição, no entanto, ela terá que empregar uma força contrária a duas outras forças: uma que é dessa mãe que resistirá o máximo que puder; e outra que lhe é própria, seu desejo de seguir sob a tutela e proteção maternas, que se contrapõe ao desejo de movimento e crescimento. Vencidos esses contramovimentos, respondemos às indagações de Zaltzman: excluída mas livre, essa filha errante e caminhante fará a eleição de sua residência onde lhe fizer mais sentido. Paradoxalmente, será justamente por estar liberta de fixações, certezas e permanências, que ela poderá estabelecer-se onde bem escolher.

Nas histórias de captura, porém, tal possibilidade está ausente, e a filha é feita – em diferentes níveis e com intensidades diversas

– prisioneira dos enredos maternos, em uma etapa inaugural de sua vida, quando ainda carece de um aparato psíquico capaz de lançar mão de recursos para a constituição de uma vida própria, uma vida com liberdade, uma vida de desejos. Ainda que, objetivamente, tenha crescido e cumprido uma série de etapas da vida – em termos de estudo e profissão, por exemplo –, ela seguirá afetivamente presa à residência da mãe.

Nesta luta por liberdade, faz sentido a palavra *inconfidência*, com seu significado do dicionário: falta de lealdade ou de fidelidade para com um governante, com o Estado ou com um representante de uma soberania; revelação de segredo confiado; indiscrição; vazamento de informação que não deveria ser revelada; quebra de sigilo. Uma pessoa inconfidente – que esteja envolvida em uma ação ou um movimento de inconfidência – é considerada uma traidora, infiel e desleal, pois revela um segredo ou uma informação que lhe foram confiados (MICHAELIS, 2020).

Transpondo essa definição para nosso tema, pensemos: de que segredos ou informações se tratam? Que confidências aqui interessam? Feitas por quem? A quem? A que lealdade ou fidelidade nos referimos? De que traições falamos no delicado terreno da relação mãe e filha, com suas complexas intrincações? Sabemos: aquilo que a mãe impôs manter em segredo é sua castração; o sigilo que não pode ser quebrado é de sua mortalidade; a verdade que não pode aparecer é de sua incompletude; a lealdade é na defesa mantida a todo custo: a desmentida. Qualquer ato ao contrário, será ato insurgente, uma traição.

Logo, no grau de captura que observamos, será absolutamente fundamental que um movimento de inconfidência dessa terra mãe gentil se faça: desobediências, provocações, discordâncias, questionamentos, desacordos e quebra de pactos tão imperiosamente firmados há anos. Movimentos de inconfidência só são possíveis quando a filha for capaz de fazer frente à supremacia materna. Quando se trata dessas histórias, porém, não será com facilidade que ela tirará a mãe do lugar onde a própria mãe se colocou, onde foi mantida por um terceiro ausente e por uma prole enfraquecida.

McDougall (2000) detecta um duplo movimento e força; ela constata que, com a mesma energia com que a criança busca recriar a unidade corporal e mental com o seio-universo, ela lutará com todos os meios de que dispõe para poder ser ela mesma, para diferenciar seu corpo e seu Eu nascente, do corpo e do Eu de sua mãe, desfazendo-se dessas identificações e "para ter acesso à plena posse de si mesmo" (p. 36).

Quando narram a famosa cena do jogo do *fort-da*, tanto Freud como outros autores que a ela fazem referência dão destaque para a tentativa de recuperar o objeto perdido e de elaborar sua perda. Fazendo uma releitura dele, porém, não podemos ver igualmente um bebê que vai fazendo um ensaio ativo de afastar a mãe de si, de descolar a mãe de seu corpo e ver como ele mesmo pode ter ingerência sobre seu desejo de estar junto, mas também de estar separado?

Lebrun (2008) identifica essa possibilidade: para ele, o sujeito é inicialmente fabricado no material do Outro, mas ele deve operar um destacamento desse Outro, "uma separação necessária – que supõe um corte, a abertura de um vazio – a partir do qual apenas *ele* pode inventar o seu próprio trajeto" (p. 26, grifo meu). Se este árduo trabalho não foi feito na geração precedente, alerta o autor, a solução será o sujeito fazê-lo, mesmo que não tenha sido iniciado nem preparado para isso.

Olivia é filha única, tão sonhada e desejada de uma mãe que tinha poucas chances de engravidar, segundo os médicos. Em função disso, sempre foi super protegida pelos pais que faziam tudo por ela, *absolutamente tudo*, e assim continuam fazendo. Apesar de ela já não morar na cidade natal há cinco anos, os pais seguem responsáveis por ajudá-la em alguns gastos maiores quando ela se atrapalha com os ganhos financeiros mensais que já tem, produto de seu trabalho, e com o abastecimento de toda a alimentação da filha que já tem seus 27 anos. Se Olivia pensa em desejar algo, eles já entregaram. Sempre que vão à sua casa, nas três cidades onde já morou, de 15 em 15 dias, *porque morrem de saudades*, eles abastecem a geladeira, o *freezer* e todos os armários, de todos os alimentos que, porventura, a filha possa vir a querer ou precisar. Talvez não seja de admirar que Olivia sempre tenha tido sobrepeso.

A relação com a mãe foi de extrema proximidade desde que ela nasceu. Além do acentuado cuidado e zelo maternos, a mãe era professora no colégio em que Olivia estudou do primeiro ao último ano; por isso, sabia de tudo o que a filha fazia e não fazia nas aulas e no recreio, e direcionava seu comportamento e suas atitudes na escola. Cautelosa com o que e com quem falar, a mãe sempre transmitiu um clima de perigo, segredo, o risco de confiar nas pessoas e os cuidados que ela deveria ter: *Não pensa mais nisso. Isso é feio. Não conta para ninguém sobre as tuas conquistas. Não fala em dinheiro com as pessoas. Ajudar financeiramente quem precisa é ser passado para trás*: frases que falavam da necessidade de esconder ou camuflar os ganhos, os valores e as conquistas que ela tinha ou teria para as demais pessoas que não do núcleo familiar.

O grau de intensa proximidade da infância e adolescência de Olivia modificou-se apenas na forma quando ela ingressou na vida adulta: como está geograficamente cada vez mais longe – mudou-se primeiro para uma cidade do interior, onde cursou a faculdade, depois para Porto Alegre em seu primeiro emprego e, recentemente, para outro estado para uma melhor oportunidade de trabalho –, elas chegam a se falar 10 vezes por dia, por mensagem, para conversar e perguntar coisas simples, por exemplo, se a filha deve comer uma fatia de bolo ou não. A mãe, feliz e satisfeita, atende de pronto, sempre que ela precisa.

Olivia começou a análise há cinco anos, quando se mudou para Porto Alegre. Foi quando as questões da mãe e de sua relação com ela começaram a ser descobertas, trazidas à tona e examinadas. Quanto mais ela e a analista entravam neste lugar intocado onde a mãe se mantinha absolutamente idealizada, o sobrepeso de Olivia ia gradativamente evoluindo para o que chegou a uma obesidade mórbida. Ao mesmo tempo, um quadro de compulsão por compras foi também se agravando, o que fez com que ela precisasse concretamente dos pais e do seu auxílio. Ela foi visivelmente atacando e destruindo aquilo que a independizaria; como força contrária, ela foi ficando cada vez mais dependente. Assim foi com a mãe – única filha mulher dentre cinco filhos – e sua própria mãe, avó de Olivia: ela foi se grudando cada vez mais, na medida em que ela envelhecia; *a vó precisa, está velhinha.* Isso a faz ter por certo, sem questionar, a ideia de que a filha mulher está destinada aos cuidados de sua própria mãe e, ainda que tenha feito movimentos para longe, Olivia já tem em seus planos o retorno para a cidade natal quando for a sua hora de cuidar da mãe.

É capital que essa separação seja feita. Lindenmeyer (2018) é categórica ao afirmar: "a essa posição originária da menina que a mergulha em uma séria alienação à sua mãe deve suceder a ruptura, necessariamente brutal, que lhe permita cruzar o limiar do reino feminino. Caso contrário, a menina correrá o risco de experimentar um amor sem desejo, com devastações provocadas por esse vínculo, como ilustra significativamente a clínica" (s.p). Para a autora, esse tipo de ligação com a mãe subjuga violentamente a filha a uma decepção, perda e separação que lhe são insuportáveis por marcarem o risco de um mergulho vertiginoso no abismo de seu próprio colapso psíquico.

Por isso, nestes roteiros, a busca de liberdade deverá ganhar outro significado, que não a de uma traição a quem lhe deu a vida; as conquistas que a filha vai tendo serão sinal de um crescimento legítimo e não uma deslealdade a quem esteve até ali a seu lado; seus movimentos emancipatórios serão vistos com orgulho e não com uma reprovação que desautoriza o andar. Então, em um paradoxo, por seu movimento inconfidente, mais do que merecer punição e prisão, essa filha terá direito à absolvição. Feito *habeas corpus* por um crime que sequer foi cometido, ela ganhará mundo, um mundo de possibilidades, autonomia, independência e liberdade.

14. (Des)Enlaces entre investimentos e pulsões nas histórias de captura

> *Ainda que eu sangre com sangue, este ritual eu conheço.*
>
> *Ele faz de mim o pouco que tenho de mim.*
>
> *É uma constituição.*
>
> *Me constituo eu pelos cortes em mim*
>
> (BRUM, 2011, p. 16).

Como a dinâmica das histórias de captura, que remete ao vínculo de qualidade narcísica entre a mãe e seu bebê, entrelaça-se com a pulsão sexual e com a pulsão de morte de cada um dos personagens dessa trama? Como podemos compreender o investimento narcísico em contraponto com o investimento objetal? Como cruzamos os investimentos libidinais e os investimentos mortíferos com as pulsões? Podemos fazer um pareamento linear entre relação objetal, investimentos amorosos e pulsão sexual? E entre relação narcísica, investimentos mortíferos e pulsão de morte? Bem, cientes de que a psicanálise é várias coisas, menos "linear", é claro que não. Vejamos, então, que complexos pontos de encontro (ou de desencontro) temos, quando fazemos tramar estes elementos.

Comecemos com as pulsões. Quando estamos diante de dinâmicas tão graves e de funcionamentos tão regressivos, que classe de pulsões se apresenta? Parece que estamos lidando com a pulsão de morte em seu estado mais bruto e, portanto, mais desligado. Sim, em um certo sentido é isso, mas, olhando mais atentamente, ou melhor, escutando mais profundamente, precisaremos ampliar essa primeira e rápida resposta; sabemos bem que, no pensar psicanalítico, respostas rápidas e fáceis não dão conta de algo que tanto se nos escapa.

Então, seguimos, e outra questão se coloca: é só da pulsão de morte que se trata, ou temos, além dela, a pulsão sexual presente nas tão complexas dinâmicas dessas histórias de uma mãe fálica com uma filha que fica aprisionada? Teremos como base a proposta freudiana de que as pulsões apresentam-se amalgamadas: "No âmbito de ideias da psicanálise, podemos supor apenas que ocorre, entre as duas espécies de pulsões, uma extensa mescla e amálgama, variável em suas proporções, de maneira que não devemos contar com puras pulsões de morte e de vida, mas apenas com misturas delas em graus diversos" (FREUD, 1924a, p. 192).

Nesta extensa mescla e proporção, certamente encontraremos conjunções muito variadas. Assim, buscaremos pensar como se dá este amálgama na dinâmica que aqui nos ocupa, como ele está constituído, quanto há de pulsão de morte e de pulsão sexual, com que quantidades e com quais qualidades. Em termos de quantidade, no extremo dessas histórias, parece haver uma conjugação incomum entre excessos e precariedades, mas do que isso fala? O que exatamente sobra e o que falta? Em termos de qualidade, há uma mistura confusa entre o que é bom e o que é mau, o que é para o bem e o que é para o mal, o que é positivo e o que é negativo, o que é prazeroso e o que é desprazeroso, o que é libidinal e o que é mortífero, o que é por amor a si ou por amor ao outro.

Sabemos que há um mortífero presente na pulsão de morte, um impulso disruptivo, de desligamento, mas há também um mortífero presente na pulsão sexual – por estranho que possa parecer. Então, para ampliar nossa escuta de cada analisanda, podemos pensar no que há de mortífero em cada uma e no *encontro* desse par de pulsões na dupla mãe e filha, exatamente neste momento em que "duas" significa "uma", em que a mãe faz da filha seu duplo. Nos melhores casos, esse encontro entre uma mãe e uma filha, e entre as pulsões de cada uma, é criativo: pela função de ligação de Eros, liga-se o desligado e possibilita-se a construção de representações; e, pela função disruptiva de Thanatos, rompe-se com o estabelecido, para que algo novo seja criado: as funções próprias de cada pulsão capitalizadas da forma mais criadora de possibilidades.

Todavia, a clínica nos apresenta o triste e o dramático dos investimentos mortíferos, no encontro entre a pulsão de morte da mãe e da filha, em seus aspectos tanáticos, em uma insistência em buscar descarga, em uma repetição que carece de representação e simbolização; e com – por mais paradoxal que pareça – o tanático da pulsão sexual, que, quando excessivamente ligada, impossibilita uma existência individual, a autonomia, a separação e a diferença. Nas histórias de captura, ambas aprisionam a filha em uma condição de alienação, com a combinação entre essas duas classes de pulsão que não se fez na melhor medida e forma.

Enlaces das pulsões no bebê humano

Como chegam as pulsões no bebê humano? De onde vêm? Como se relacionam? Como se fazem ver? Para começar, olhemos com mais precisão uma e outra das duas classes de pulsão, à luz da leitura freudiana. De modo amplo, Freud (1905a, 1915a, 1920) conceitua a pulsão como o representante psíquico de uma fonte endossomática de estímulos que fluem de modo contínuo, para diferenciá-la dos estímulos que são produzidos por excitações isoladas vindas de fora. Tomando as palavras do poeta, Freud (1920) descreve que é uma força "sempre impelente, indomável, para a frente" (p. 210), permanentemente atuante e impulsora, que imprime um impacto constante no nascente humano. Ele a localiza na fronteira entre o psíquico e o somático, como representante psíquico dos estímulos que se originam dentro do corpo e alcançam o que virá a ser, depois de algum tempo e trabalho, o aparato psíquico que irá dando conta de, ao invés de fugir ou livrar-se dos estímulos, trabalhar para dominá-los. A pulsão é, pois, uma medida da exigência de trabalho feita a esse aparato, por sua ligação com o corpo.

No texto *Pulsões e seus Destinos*, Freud (1915a) especifica quatro elementos ligados à pulsão: a pressão, a fonte, sua meta e seu objeto. O primeiro elemento é comum à pulsão de vida e à pulsão de morte: sua pressão [*Drang*]. O caráter impulsivo é a essência de toda pulsão; é seu fator motor, a quantidade de força ou a medida da exigência de trabalho que ela representa. "Toda pulsão é uma porção de atividade" (p. 57).

Para descrever os outros três elementos, contudo, será preciso fazer uma discriminação que ele não fez, porque, naquele momento de sua teorização, ele ainda não havia conceituado a pulsão de morte[1] que vai compor, cinco anos depois, a nova dualidade pulsional. Tendo em mente que a pulsão de morte só surge em 1920, mas que *nós* já conhecemos essa outra classe de pulsão, faremos uma releitura do que, em 1915a, ele propõe.

---

1   Até 1920, Freud propunha que a dualidade pulsional se dava entre as pulsões do Eu (ou de autoconservação) e as pulsões sexuais. É em 1920 que ele une estas duas qualidades da pulsão sob a insígnia da pulsão de vida e define que a dualidade, então, é entre esta última e a pulsão de morte.

Freud (1905a, 1915a, 1920, 1940) define que a fonte [*Quelle*] da pulsão sexual é um processo somático ou excitatório que ocorre em um órgão ou em uma parte do corpo, sendo que a mais proeminente são as zonas erógenas. Porém, o próprio Freud (1905a) descreve a função da mãe de ensinar seu filho a amar, na medida em que, com suas expressões de ternura, *ela* desperta a pulsão sexual do bebê e prepara a intensidade posterior dessa. Nos cuidados com o corpo, ela o faz na proporção mais certa possível, nem de menos, nem demais. Logo, se ele mesmo afirmou que é a mãe quem abre as zonas erógenas de seu bebê, distinguiremos, com excertos de textos, que a fonte mais original da pulsão sexual é o objeto: "para a criança, o trato com a pessoa que dela cuida é uma fonte contínua de excitação sexual e satisfação das zonas erógenas, ainda mais porque essa – que geralmente é a mãe – dedica-lhe sentimentos que se originam de sua própria vida sexual" (FREUD, 1905a, p. 144).

Em outro texto, Freud (1940) aquilata da mesma forma: "o primeiro objeto erótico da criança é o seio nutridor, o amor surge apoiando-se na necessidade de nutrição satisfeita [...]. Cuidando do corpo da criança, ela [a mãe] se torna sua primeira sedutora" (p. 247-8). Isso nos dá subsídios para sustentar a ideia de que a pulsão sexual chega por meio do objeto, instala-se nas zonas erógenas e *encontra* a pulsão de morte, como ele afirma em 1924a, e que a fonte da pulsão de morte – que já estava lá desde sempre – é, esta sim, o corpo, fonte somática.

Em se tratando da finalidade, a meta [*Ziel*] da pulsão sexual é a satisfação completa, que só pode ser obtida pela supressão do estado de estimulação na fonte da pulsão, ou seja, o estímulo orgânico: se está com fome, o bebê tem de ser alimentado; junto da fome, se ele quer afeto, ele tem de ser acariciado, cuidado, aninhado. "A meta sexual da pulsão infantil consiste em gerar a satisfação por meio da estimulação apropriada da zona erógena escolhida de uma forma ou de outra" (FREUD, 1905a, p. 89). Tal satisfação, segue Freud (1905a), já foi vivenciada anteriormente e, por isso mesmo, deseja e busca ser repetida. Mais adiante, Freud (1940) especifica que o maior objetivo da libido passa a ser unir, juntar, ligar, ou seja, estabelecer unidades cada vez maiores e manter essa ligação.

Já a meta da pulsão de morte é a descarga da quantidade, dos estímulos (FREUD, 1920, 1940). Por consequência do esvaziamento, ela leva o que é vivo de volta a um estado anterior, ao inanimado que precedeu o vivo. Na busca da ausência de estímulos que quer conservar, seu objetivo será desfazer conexões (FREUD, 1933b, 1940). Um parêntese a ser feito é que uma outra qualidade de pulsão é discriminada, ainda que sem muita clareza, por Freud: a pulsão de destruição, por vezes tomada como sinônimo de pulsão de morte, por vezes como diferente. Defendemos que ela é resultante da ligação da pulsão de morte pela libido, o que a caracteriza por ter a pressão e o movimento de descarga da primeira e a intencionalidade da segunda. Por isso, a meta *desta* pulsão será a destruição do outro.

Por fim, o objeto [*Objekt*] da pulsão. O objeto da pulsão sexual "é aquele com o qual ou pelo qual a pulsão pode alcançar a sua meta" (FREUD, 1915a, p. 58). É o que mais varia na pulsão, que não está originalmente ligada a um objeto, mas que se liga a ele por identificar (em alguma medida e de alguma forma) que aquele objeto em especial será a fonte de sua satisfação. Já a pulsão de morte não tem nem busca um objeto: uma vez que só tende à descarga, a ela não importa dirigir-se especificamente a algo ou a alguém; ela só pulsa. Na esteira do adendo feito sobre a pulsão de destruição, diremos que ela sim toma como objeto um outro, a quem ou ao que dirige seus impulsos.

Como é raro que testemunhemos tanto uma como a outra em seu estado puro, no amálgama das pulsões, vemos que as duas classes de pulsão se fusionam, misturam e tramam uma com a outra. Nesta união, o sexual fará sucessivas e permanentes tentativas de *domar* a pulsão de morte, e o conseguirá em muitas medidas. Então, podemos dizer que, felizmente – ainda que esteja sempre lá, no interior do organismo –, a pulsão de morte apresenta-se sozinha somente no minuto inicial e no minuto derradeiro: nascimento e morte. Do instante em que encontra o olhar da mãe até o instante em que se vai o último sopro de vida, a pulsão de morte estará sempre se fazendo ver amalgamada à pulsão sexual, que a atenua em maior ou menor grau. A libido domestica, amansa, apazigua o caráter indomado da pulsão de morte em uma fusão ampla e de proporções bastante variáveis (FREUD, 1923b, 1924a, 1933b).

Pulsão sexual e pulsão de morte lutam dentro do Id. De uma ação conjunta ou contraditória de ambas, procedem os fenômenos da vida que chegam ao fim com a morte. De alguma forma, Freud (1920, 1940) explica que a pulsão sexual opera contra o propósito da pulsão de morte, na medida em que, pelo sistema muscular, a pulsão de morte pode ser neutralizada, quando, então, volta-se para fora como pulsão de destruição dirigida contra o mundo externo, por intervenção da libido (FREUD, 1923b, 1924a, 1933b, 1940).

> *Ela [a libido] tem a tarefa de tornar inócua essa pulsão destruidora, e a cumpre desviando-a, em boa parte – e logo com ajuda de um sistema orgânico particular, a musculatura – para fora, para os objetos do mundo exterior. Então, ela se chamaria pulsão de destruição, pulsão de apoderamento, vontade de poder. Uma parte dessa pulsão é colocada diretamente a serviço da função sexual, na qual tem um importante papel. É o sadismo propriamente dito. Uma outra parte não realiza*

essa transposição para fora, permanece no organismo e, com ajuda da mencionada excitação sexual concomitante, torna-se ligada libidinalmente; nela devemos reconhecer o masoquismo original, erógeno (FREUD, 1924a, p. 191).

Porém, também a pulsão de morte se opõe à tendência de ligação da pulsão sexual e busca dissolver as conexões promovidas por ela. A pulsão de morte quer fazer calar Eros, o *estraga sossegos*,[2] por instigação do princípio do prazer (FREUD, 1923b). Segundo Freud (1920), ela corre para a frente, ou seja, precipita-se para alcançar o objetivo final da vida o mais rapidamente possível, e é então – atingida uma determinada altura desse caminho – que a pulsão sexual "corre para trás, a fim de retomá-lo [o ritmo hesitante da via] de certo ponto e, assim, prolongar a jornada" (p. 208). É uma ideia curiosa, já que parece que tendemos a pensar o contrário.

Freud (1920, 1940) define que, embora as pulsões sejam a suprema causa de toda atividade, quando atinge um determinado estado, o organismo tem a tendência de restabelecer o estado abandonado; então, as pulsões buscam trazer de volta estados anteriores de substância viva. Por isso, ele defende que *ambas* as pulsões – e não só a pulsão de morte, como é mais comum pensarmos – são *conservadoras* no sentido mais estrito da palavra, pois ambas se esforçam para restaurar um estado de coisas que foi perturbado pelo surgimento da vida. O autor comenta, inclusive, que a pulsão sexual é ainda mais conservadora, por ser particularmente resistente às influências externas, na busca para conservar a própria vida por um longo período.

---

2 Na tradução de L. Hanns, encontramos a expressão "o irrequieto Eros".

Voltamos agora ao foco das histórias de captura, para comentar que, se entendemos que o bebê humano nasce pura pulsão de morte, ficará a cargo da mãe ir injetando, a partir do melhor (possível) atendimento das necessidades, a libido que marca a possibilidade de esperar e viver as experiências de satisfação, primeiro providenciadas pelo objeto e, depois, pela própria criança. Da mesma forma, ela irá compreendo que as experiências de dor e desprazer podem ser igualmente vivenciadas por um aparato psíquico que está em formação e solidificação. Assim, da fonte interna da pulsão de morte à fonte externa da pulsão sexual – o primeiro sedutor que abre as zonas erógenas do bebê –, elas vão se amalgamando de modo que uma capitaliza a melhor função da outra. Um roteiro diferente, entretanto, espera o bebê que nasceu de uma mãe fálica.

Desenlaces das pulsões nas histórias de captura

Como enlaçamos estes elementos atinentes ao bebê com as pulsões que chegam a partir do objeto materno? Quando demarca que a dualidade das pulsões se dá entre a pulsão sexual e a pulsão de morte, Freud (1940) descreve a pulsão de vida, sob a insígnia de Eros, como a pulsão que contém duas oposições: entre pulsão de autoconservação *versus* pulsão de conservação da espécie; e entre amor do Eu *versus* amor objetal. É esta última oposição que nos interessa sobremaneira.

Em 1905a, antes da conceituação da pulsão de morte, Freud concebe a libido investida com mobilidade em duas direções: no *objeto* ou no *Eu*. Quando a libido é objetal, ela por óbvio se concentra nos objetos, seja fixando-se em um deles, seja dirigida a outros; quando é retirada de um objeto e reconduzida ao Eu, torna-se libido narcísica. É a partir deste grande reservatório que são enviados e ao qual retornam os investimentos objetais: "o investimento narcísico do Eu, como o estado original, formado na primeira infância, [...] é apenas encoberto pelos envios posteriores de libido, mas no fundo permanece por trás delas" (p. 137).

Nas relações entre mãe e filha, a direção da pulsão determinará destinos, conforme ela for usada para banhar quem nasceu ou a si mesma. O investimento amoroso promove enlaçamentos e caminhos cada vez mais complexizados, a partir do bom entrelaçamento que vai se formando neste bebê. Nos melhores encontros, uma mãe investirá primeiro narcisicamente e, depois, objetalmente, ou seja, ela será capaz de uma aposta libidinal na filha por amor a ela, filha; nas histórias de captura, ela banhará a filha de um investimento que retorna para ela, mãe. Isso fará muita diferença, porque o investimento narcísico inicial constitui o Eu do bebê, mas será preciso a inclusão de um investimento objetal para constituir, além de um Eu, um aparato psíquico com recursos e a possibilidade de desejar. Ademais, sem essa inclusão, a permanência do investimento narcísico fala muito mais de um abastecimento da própria mãe do que deste que necessitaria crescer.

Já vimos como se dão os investimentos narcísicos maternos nos primeiros meses após o nascimento, bem como a evolução dessa qualidade de investimento para o investimento objetal. Depois que nasce, temos de reconhecer que houve, na analisanda que chega hoje a nós, o investimento de um *quantum* de libido do objeto que, por narcísico que tenha sido, impediu que ela fosse, naquela época, totalmente *tragada* pela força da pulsão de morte; sem um mínimo de cuidado, um bebê sequer sobreviveria, mas ele há de ter mais do que isso. Quando, para além do mínimo, ele não encontra objetos suficientemente cuidadores, bons agentes da ação específica, ele ficará à mercê de sua própria pulsão de morte insuficientemente ligada; se, além dela, seus pais têm as próprias questões narcísicas e edípicas não elaboradas, ele ainda fica à mercê de investimentos mais mortíferos do que amorosos, mais narcísicos do que objetais, e ainda sem um aparato capaz de fazer cargo a tudo isso.

Trata-se como sempre, como ponto de partida, de uma questão de quantidade e, depois, de qualidade, e das combinações, as mais diversas possíveis. É talvez impossível chegar a saber a porção de cada elemento, mas podemos afirmar que, quando um objeto encontra um bebê, quando uma mãe encontra uma filha, ela se apresenta já povoada de pulsões, investimentos, desejos, conflitos, proibições, defesas, angústias, a um ser recém-chegado com apenas uma ou duas bagagens de mão dentro dele. Sendo assim, o que for edificado a partir do primeiro dia de existência é muito resultado das amarrações de um ponto com outro ponto, que abrem para outras amarrações, e assim tantas vezes que dão origem a tramas muito particulares.

Esse encontro entre a pulsão de morte do bebê e o objeto com suas próprias pulsões já não é fácil. Se a mãe se constituiu – em seu próprio desenvolvimento – com um bom amálgama entre as *suas* pulsões, o encontro inaugural com sua filha poderá solidificar da melhor forma a constituição que vem a seguir. Se a mãe que oferta a pulsão sexual dá suficiente contorno ao que é da tendência ao Nirvana e desperta o recém-nascido, ela vai fornecendo as condições necessárias para que ali vá nascendo – além de um corpo, habilidades motoras e funções fisiológicas – também um psiquismo.

A mãe tem essa função de ingressar com a pulsão sexual e investimentos objetais para além dos narcísicos, mas o que sucede quando, diferente disso, ela entra com sua própria pulsão de morte precariamente ligada pela pulsão sexual, a pulsão de morte em seus aspectos mais destrutivos e mais trágicos, não em seus

266   14. (Des)Enlaces entre investimentos e pulsões nas...

aspectos mais estruturantes? Ou quando ela abafa a movimentada pulsão de morte com uma libido excessivamente unificadora? Ou quando ela sobrecarrega o infante com suas próprias demandas narcísicas, sem voltar sua atenção e investimento para aquele que cresce e vai se mostrando diferente do que a mãe projetou? Parece que, em quaisquer desses casos, com diferentes nuances, o bebê terá diminuídas as chances de ver estruturarem em si os melhores recursos psíquicos.

Se, em adição à pulsão de morte desse que nasce, temos as pulsões que vêm do objeto com uma carga mortífera, elas potencializam o desligado da pulsão de morte já residente nele, sem fornecer-lhe pulsão sexual suficiente para ligar o desligado do organismo humano. No entanto, também quando a pulsão sexual da mãe é vertida sobre a criança de forma absoluta, soterrando-a, ela se soma à parte da pulsão de morte do bebê que segue seu trabalho interno – porque já estava lá –, gerando uma amarração problemática. Assim, se a mãe injeta sobre ele uma pulsão sexual que liga em demasia aquilo que precisaria de espaço para circular, por uma necessidade sua – portanto narcísica –, ela oblitera as possibilidades de o bebê abrir suas perspectivas. Longe de nutrir o narcisismo primário deste, a libido excedente alimenta o narcisismo materno que se amplia à custa do encerramento do infante.

Nesta dinâmica, o objeto primário está presente em bloco com suas pulsões, para além da pulsão de morte que habitou e habita a analisanda que busca análise com seus sofrimentos e impossibilidades; ela está carregada das pulsões que lhe foram impressas desde fora: as pulsões e demandas de sua mãe. Aquilo que na mãe está inconsciente e é, portanto, desconhecido será, justamente por isso, *derramado* por sobre sua cria. Estão aí os investimentos de qualidades mortíferas: reconhecemos na mãe uma reprodução da qualidade mais destrutiva de seu narcisismo primário, que nunca pôde ser melhor processado. Está aí o ponto no qual o que seria investimento de libido adquire uma frágil amarração com a pulsão de morte, a ponto de converter-se em uma condenação, imposta pela mãe ao seu bebê. A presença da pulsão sexual da mãe teria aqui um caráter diverso do que estamos acostumados a pensar: diferentemente de sua função de ligar ou unir presente nas relações genuinamente amorosas; nas relações mortíferas, ela captura.

Se o investimento de pulsão sexual no bebê se faz na medida certa, a mãe vai libidinizando aquele que vem ao mundo despreparado; se, contudo, o faz excessivamente, temos de pensar se é pela filha, ou por si mesma. A resposta parece clara: nesse caso, ela injeta pulsão sexual para aprisionar a filha a si – por uma necessidade *sua*, não dela – e silenciá-la. Vemos, assim, que nessas histórias tão pesadas, também a pulsão sexual pode ser problemática, se ligar em demasia, ao ponto de só unificar um *dois em um* sem brechas por onde sair. É preciso uma presença e a ligação, mas sucedidas de certa distância e disjunção. É preciso o movimento de ambas as pulsões. É preciso um bom amálgama.

Freud (1915a) refere: "uma ligação particularmente estreita da pulsão ao objeto é qualificada de 'fixação' ao mesmo. Ela se efetua com frequência nos períodos iniciais do desenvolvimento pulsional e põe termo à mobilidade da pulsão, ao se opor firmemente à dissolução do laço" (p. 59). Marucco (1998) dirá que a pulsão sexual se apodera da pulsão de morte e, por um pacto de *imortalidade sem vida*, mãe e filha quedam imortais.

Nesses casos, Paim Filho (2014) alerta que, quando as pulsões sexuais e as pulsões de morte da mãe estão imbricadas de uma forma incerta, ao serem depositadas no bebê, elas amordaçarão suas possibilidades cambiantes. Teremos um bebê sob o jugo da presença imperativa do objeto, que mantém a pulsão de morte do *infans* "muda, encarcerada por um traumático que leva à estase psíquica" (p. 136). No jogo das pulsões, para o autor, é a pulsão sexual que dará um colorido vitalizante ou uma qualidade tanática à pulsão de morte, já que esta, por si só, não tem qualidade. Logo, se vitalizante, Eros tem sucesso em amansar Thanatos, ligando-o e dando-lhe uma direção útil. Se, diferente disso, é tanática, Eros doma excessivamente a pulsão de morte que acaba presa e, sem possibilidade de ganhar expressão, padecerá de uma mudez, de um silêncio sinistro e insidioso com toda a sua autoletalidade.

Paim Filho e Frizzo (2014) enfatizam o potencial criador da pulsão de morte que, quando instrumentalizada, expressa-se "como vontade de destruição, rompendo ligações, liberando energias que podem buscar novos caminhos" (p. 212). Nesse jogo, o criativo está na possibilidade de desligar a libido que estava fixamente aderida a uma determinada representação e, a partir de aberturas e fissuras, deixá-la livre para trilhar outros caminhos.

Esse jogo de relações encontra apoio no exame que Freud (1920) faz do caráter multicelular dos organismos para falar da pulsão sexual. Ele parte da consideração de que a união de várias células em um agregado é um meio de prolongar a vida. Na melhor relação, a conjugação e a adesão de dois organismos unicelulares possuem efeito preservador da vida e rejuvenescedor sobre ambos: "uma célula ajuda a conservar a vida das outras, e a comunidade das células pode continuar vivendo, mesmo quando células individuais têm de morrer" (p. 220).

É à luz das histórias de captura que podemos ler este paralelo que faz Freud (1920), pensando que sim, que ambas conservam a vida, porém, com uma diferença: a mãe tem a vida do corpo e da alma; o bebê, por enquanto, só a do corpo. Ao aplicar a teoria da libido a essa relação mútua das células, ele sugere que as pulsões sexuais ativas em cada uma tomam as outras células como seu objeto, que parcialmente neutralizam os processos estabelecidos pelas pulsões de morte nessas células, preservando assim sua vida; outras células fazem o mesmo para elas e outras ainda se sacrificam no desempenho dessa função libidinal.

> *As células germinais mesmo se comportariam de modo absolutamente "narcísico", segundo a designação que costumamos usar, na teoria das neuroses, quando um indivíduo conserva no Eu sua libido e não despende parte alguma dela em investimentos objetais. As células germinais requerem para si mesmas a sua libido, a atividade de suas pulsões de vida, como reserva para a sua posterior, grandiosa atividade construtiva (FREUD, 1920, p. 221).*

Como não enxergar aí a ação da mãe fálica que, por força de Eros, "mantém unido tudo o que vive" (FREUD, 1920, p. 221), mas à custa da vida da filha? É assim que veremos a diferença no que seria um investimento objetal, dirigido à filha que cresce e juvenesce, e o investimento narcísico pelo qual é a mãe que deseja permanecer viva e rejuvenescer.

Freud (1940) afirma que, enquanto age internamente, a pulsão de morte é silenciosa; contudo, não podemos afirmar que a pulsão sexual é silenciadora tanto quanto a pulsão de morte? Quando examinamos o silenciamento que a mãe inflige a sua descendência e os aspectos letais dessa relação de submetimento, a qualidade do investimento de pulsão sexual se faz ver. A intenção da mãe fálica é formar *um só* com a criança, para que esta a complete, e para que ela, mãe, seja um todo. A força unificadora de Eros tem ação no completar-se dessa mãe em si mesma.

Sem possibilidade de a criança ser concebida como separada, vista como individual, respeitada em suas diferenças, nas histórias de captura, sua pulsão de morte é silenciada pela pulsão sexual da mãe, excessivamente engatada e investida narcisicamente, que abafa de tal forma o movimento da pulsão de morte a ponto de calá-la, a ponto de matá-la. O que vemos nessas filhas é um aprisionamento e uma inatividade que podem se dar pela quietude tanto da pulsão de morte quanto da pulsão sexual. Qualquer uma sozinha provoca silêncio; a quietude é decorrente do não encontro, e somente o encontro provoca fala. A inquietude de Thanatos seria muito bem-vinda quando capitalizada pela pulsão sexual que lhe dá direção. Quando engatado pela força integradora, sintetizadora e ligante da pulsão sexual, ganha expressão, forma e ruído. Se defusionada, a pulsão de morte fica em seu estado anárquico, caótico e solto para dirigir-se ao lugar que mais a interessa: o Nirvana, com o mínimo possível de estímulo. Ao ser enlaçada e domesticada pela pulsão sexual, pode converter-se em destrutividade, na melhor das hipóteses e, como tal, voltar-se para fora.

Por seu turno, a pulsão sexual é bem-vinda até o ponto que liga o que estava solto e desligado. Em uma nota de rodapé, Freud (1920) define que é apenas à pulsão sexual "que podemos atribuir uma tendência interior ao progresso e ao maior desenvolvimento" (p. 207). Porém, a inquietude de Eros se dará quando decorrente do barulho produzido pelo embate com a pulsão de morte. Todavia, passado o ponto, a libido também pode ser mortífera. Logo, vemos que a destrutividade não é privilégio da pulsão de morte; ela é, mais, uma formação de compromisso entre a pulsão sexual e a pulsão de morte. Quando a pulsão sexual liga, ela *acalma* a pulsão de morte; porém, se em excesso, há o risco de ela matar a pulsão de morte em sua força desestabilizadora da calma da pulsão sexual, que também é mortífera, pois – calmo – nada acontece. Então, nessas histórias, teremos o traumático de um amálgama mal engendrado entre pulsão de morte e pulsão sexual, quando essas forças que se contraporem às rupturas do pacto narcísico entre mãe e filha.

O potencial da pulsão de morte no resgate de uma existência

Nas melhores relações, o amálgama entre as duas pulsões deve ser em uma proporção tal que permita que uma filha primeiro se ligue – sustentada pela pulsão sexual unificadora – e, depois, separe-se do objeto materno – munida de uma pulsão de morte disruptiva –, desbravando caminhos para explorar cada vez mais o mundo. No amálgama entre as pulsões, mesmo sem uma intencionalidade, Thanatos pressiona e dá trabalho à pulsão sexual que deverá *domá-la*, fazendo uso da força da pulsão de morte, mas dando uma direção útil. Esse bom enlaçamento das duas classes de pulsão dentro do aparato do bebê é possível quando ele vai tendo cada vez mais à sua disposição uma cota de libido internamente e que cumpre a função de ligação.

Já vimos que essa cota foi fornecida pelas repetidas experiências de ter sido bem atendido pela mãe em suas necessidades, que deixaram suficientes registros para a formação de uma malha representacional bem tecida nesse bebê. Isso assegura que haverá no psiquismo um trânsito possível – entre aberturas e fechamentos, entre separações e reuniões – de aproximação ao objeto e de distanciamento em relação a ele. Uma filha só conseguirá fazer isso, porém, por ter certeza do laço que a une às suas figuras primordiais, por saber que tem um porto seguro para onde voltar e de onde pode de novo partir, sempre que quiser e precisar.

Todavia, nas histórias de captura, tal como mata fechada, ninguém entra, ninguém sai e ninguém circula. Quando investida de forma excessiva e absoluta, a libido da mãe vai neutralizar, amortecer, sequestrar, engessar e inativar a pulsão de morte de uma filha que fica amordaçada pelo demasiado silenciamento que sofreu. Não haverá uma saída a ser *encontrada*; então, ela haverá de ser *criada*. E como isso se dá?

Existe, desde o corpo biológico, uma tendência ao crescimento, à evolução e à mudança; é assim com cada órgão, membro e parte do corpo. Então, tomamos essa disposição como protótipo do que – na tentativa de libertar o que esteve engessado – podemos contar também desde o psíquico: que haja, em paralelo à manutenção do pacto com a mãe, uma necessidade importante de separação, pela força disruptiva da pulsão de morte de quem busca análise, reconhecida como uma força diferenciadora que não cessa de pulsar.

Quando pensamos em promover a separação e a diferenciação, esse é um dos elementos a evocar: a força da pulsão de morte. Então, apesar de ser conhecida como a pulsão silenciosa, com sua tendência ao Nirvana, a pulsão de morte será uma aliada na saída que terá de ser catalisada e aberta. Somente depois de um movimento disruptivo, é que algo novo poderá ser construído com o direcionamento da pulsão sexual, de modo que o que estava tão firmemente cerrado – pelo emprego patológico da pulsão sexual de uma mãe que, para além de ligar, *solda* duas em uma – ganhe fissuras e seja desmanchado. Nesse sentido, a pulsão de morte fornece a impulsão, enquanto a libido garante uma direção.

Na melhor relação, a mãe resgata o bebê da ação da pulsão de morte, que poderia inundá-lo desde dentro; quando há um pacto narcísico, será a pulsão de morte da criança que a salvará de ser, mais do que inundada por sua própria pulsão, tragada pelos braços apertados *da mãe*, quando esta não puder deixá-la partir. No entanto, será uma pulsão de morte não mais em seu estado bruto, desligado, solto e caótico, mas instrumentalizada pela pulsão sexual, já capitalizada e convertida em pulsão de destruição que congrega a força de uma e a direção da outra.

Essa função da pulsão de morte está descrita também por Zaltzman (1993), a partir das duas abordagens mais habituais: como um fluxo de energia livre que realiza a supressão de toda tensão por descarga direta, e instaura, ao menos momentaneamente, uma suspensão de vida, como uma pulsão cega (que, como entendo, é a pulsão de morte propriamente dita); e sob a forma de energia ligada que realiza, por fluxos agressivos e autoagressivos, sua missão de destruição (que, como entendo, é a pulsão de destruição). Ela indica, porém, que é preciso reconhecer outras formas que se afastam dessas vias mais correntes e que contribuem com a vida psíquica: a pulsão de morte tem "um funcionamento de desprendimento, de liberação, de inclusão da mortalidade na vida, que também constituem condições necessárias à evolução possível, e não mais perigosamente congelada, de sua vida inconsciente" (p. 59).

Para a autora, a pulsão de morte tem uma história inconsciente e um modo de trabalho propriamente psíquico, que não se acompanha nem da agressividade, nem de destruição, nem de efeitos ou finalidades mortíferos. Ela trabalha contra as formas de vida estabelecidas e consegue, assim, renová-las. Então, tem evoluções e destinos que são, inclusive, muito úteis à vida, na medida em que é uma carga afetiva que induz ou acompanha o gosto pela mudança e pela marginalidade. A pulsão de morte trabalha com a introdução da desordem contra as unidades totalizantes e sintetizantes de Eros. Ela luta contra organizações de vida aprisionantes, e sua atividade disjuntora libera o que encarcera em uma *obrigação de amor*. Assim, Zaltzman (1993) chama a atenção para o perigo de uma domesticação tão vitoriosa que prive a pulsão de morte de suas próprias vias de elaboração. É como se Eros colocasse uma mordaça na pulsão de morte, como alerta a autora.

Entre *obrigações de amor* de uma mãe fálica exigente, e liberdades nem sempre fáceis de uma filha enfraquecida, esse é um jogo tramado entre uma malha e uma mordaça. Nas histórias de captura, é pela pulsão de morte que o pacto narcísico poderá ser rescindido. É com ela que se conta para revelar o que foi calado, para separar o que se manteve unido, para promover separações e provocar desuniões. Depois dessa primeira movimentação incitada por ela, aí pode fazer ganhar força a libido desaprisionada, liberada para seguir rumo ao desenvolvimento, a evoluções e conquistas.

Zaltzman (1993) denomina de *pulsão anarquista* essa categoria de pulsão de morte, cuja exigência destruidora arruína uma relação fixa, com o objetivo de abrir uma saída vital onde uma situação crítica fecha-se sobre alguém e o destina à morte. Para ela, todo laço libidinal, por mais respeitoso que seja, contém uma intenção de posse que anula a alteridade. "A intenção de Eros é de anexação, incluindo até o direito do outro de viver a seu modo" (p. 63), exatamente como fará a mãe fálica: se até o laço libidinal mais respeitoso – conforme as palavras da autora – intenta a posse, podemos imaginar o que se passa em uma relação patológica em que o investimento narcísico da mãe desconhece o respeito ao outro e o reconhecimento de alteridade de sua prole, e se acha no pleno direito a anular não só a alteridade, como os direitos individuais de uma filha.

Destarte, a capitalização da pulsão de morte é a possibilidade com a qual essa filha até então detida poderá contar, como combustível para fazer valer sua impulsão disruptiva construtivamente e para abrir um espaço que será ocupado pela libido, então potencializada em uma *ligação*, mas não em uma *ligadura* (ou uma ditadura). Liberando a pulsão sexual para ser investida em novas inscrições – que, até então, estavam impedidas de acontecer –, o que estava imobilizado pode se tornar representação. Podendo ser usada de forma mais criativa, ela reencaminha a força da pulsão de morte para melhores produções e realizações.

Para Zaltzman (1993), só a resistência nascida da própria pulsão de morte pode fazer frente à ameaça de perigo, que é mortal, no que ela nomeia de *experiência-limite*, ou seja, de alguém ser refém em uma fronteira entre a morte e a sobrevivência, que identificamos como a que é promovida pela mãe fálica, a mãe de captura. Para ela, a pulsão anarquista guarda uma condição fundamental na manutenção da vida: a manutenção da possibilidade de uma escolha, "mesmo quando a experiência-limite anula ou parece anular toda escolha possível" (p. 64).

Referindo-se às relações entre o individual e o social, Zaltzman (1993) afirma que é preciso uma revolta contra a ordem e a destruição de uma organização social que seja opressiva e injusta. Este necessário ímpeto libertário só pode ser promovido pela energia dissociativa da pulsão de morte, com sua atividade desobrigante e libertadora. A autora atribui à pulsão de morte uma atividade *antissocial*; porém, define que é justamente por isso que ela e somente ela "possui sempre a última força de resistência contra o domínio unificador, ilusoriamente idílico, dulcificante e nivelante do amor ideológico, do *um por todos, todos por um*" (p. 66). Nas histórias de captura, leia-se o grifo como *uma por duas, duas por uma*, mais ninguém; por isso, identificamos no nível micro – da relação mãe e filha – o que ela descreve em nível mais macro.

Lindenmeyer (2018) também dá destaque às polaridades da pulsão de morte: uma que logo a reduz à morbidez e outra que fala de um potencial. Ela lembra que, para Freud, a pulsão de morte serve igualmente de apoio para o desenvolvimento da vida, mostrando que o "negativo" e o desprazer também podem ser, em alguns casos, um meio de vida. Para a autora, depende da qualidade do encontro com o objeto, que as forças pulsionais vão impelir à criação ou levar à autodestruição.

Falando em autodestruição, o corpo frágil de Elisa está sempre assolado por inúmeras e sérias afecções respiratórias e na pele. Há muito tempo tenta compreender por que fica tão doente; procura diversos médicos, mas não encontra uma solução. Tem apenas algum alívio, mas suas dores não cessam com os inúmeros medicamentos indicados. Por isso, o médico que já tentou de tudo, um dia, sugere: *Já pensaste em fazer uma análise?* Elisa trabalha na loja da família em uma função administrativa e, à noite, uma vez por semana, faz um curso virtual de mandarim, uma língua que desperta seu interesse e curiosidade. Além disso, porém, seu contato com o mundo é quase inexistente: não sai de casa, não tem amigos e não mantém qualquer tipo de lazer, a não ser os ligados aos programas familiares. Em casa, em seu quarto, ela cria para si um mundo paralelo: lê muitos livros, escreve bastante, edita fotos, desenha com uma precisão artística e acompanha várias séries na televisão.

Uma série em especial lhe chama atenção: Bates Motel. Através dela, ao longo dos primeiros meses de sua análise, vai revelando o medo que tem da mãe, mulher com uma voz *doce*, mas uma figura imperativa. *Minha mãe não tem vida própria. Ela diz: "minha vida são vocês".* Após uma violenta briga – porque Elisa, pela primeira vez na vida, recusa-se a ir ao passeio dominical com a família –, a mãe profere: *Tu não entendes que o amor verdadeiro só pode vir de uma mãe!* A filha ainda tenta: *Por que tu não podes simplesmente dizer: "está tudo bem, semana que vem, tu vais", ao invés de ficar tão ofendida?* Elisa consegue não ir ao passeio com a família, mas também não vai a lugar nenhum: fecha-se no escuro de seu quarto e não pode viver outra coisa a não ser os mandatos da mãe.

Depois de outra briga com a mãe, Elisa vai para o seu quarto e, sem conseguir acalmar-se ou parar de chorar, sente uma dor horrível no estômago. Pega um cinto e amarra na barriga. *Coloquei tão apertado, tão apertado, que acho que estraguei o cinto, mas, pelo menos, consegui ir me acalmando. Passou e acabei dormindo daquele jeito.* Em mais uma briga, em que a *doce* mãe avançou para bater nela, a irmã mais velha interveio, segurando-a, e Elisa foi para o seu quarto. Angustiada, bateu tão forte no peito, que ficou com hematomas. *O que sentiste?*, pergunta a analista. *Aliviou o que eu estava sentindo. Depois, fui de novo para baixo do colchão; o peso dele em cima do meu peito doía, mas era bom ao mesmo tempo. Eu só queria ficar quietinha, como se fosse um buraco... Querias voltar para um lugar onde já estiveste?*, interroga a analista, e ela, ainda com dor, só confirma com a cabeça.

Em uma relação de captura, em que a qualidade do encontro com o objeto materno não foi das melhores, cada filha precisará fazer antes uma movimentação interna para, então, movimentar-se externamente. Nisso, como não podemos contar com o objeto – que não se movimenta e não deixa movimentar-se sua cria –, contamos com o movimento das pulsões. Freud (1923b) discrimina três direções da pulsão de morte: uma parte que é feita inofensiva pela fusão com componentes eróticos, outra parte que é desviada para fora sob a forma de agressividade e uma terceira e larga parte que continua livre e desimpedida seu trabalho interno. Nesses três destinos da pulsão do bebê, podemos pensar como esteve presente a mãe fálica: promovendo, propiciando ou impedindo o avanço.

Pela presença imperativa da mãe fálica nessas histórias, pela qualidade narcísica de seu investimento no bebê, ela não fornece suficientes componentes eróticos que promovam a fusão com Thanatos. Essa não fusão impede que o impulso destrutivo seja dirigido para fora, sob a forma de agressividade em direção ao objeto. Impossibilitada de atacar[3] o objeto, o terceiro caminho apontado por Freud – que sequer é um caminho; é mais um *ficar-se* – é o que resta: permanecer dentro e proliferar ali, no escuro dessa sombria dinâmica de estar enclausurado e, literalmente, sem saída.

Freud (1940) alerta que conter a agressividade é, em geral, nocivo e prejudicial, pois, voltada contra si mesmo, a autodestruição

---

3 *Atacar*, aqui, no sentido de promover a separação, a discriminação e a individualização.

permanece no interior "até que, finalmente, consegue matar o indivíduo" (p. 198). Para sua conservação, para proteger-se contra esse impulso, seria preciso destruir alguma outra coisa ou pessoa, via pulsão de destruição, para não se destruir (FREUD, 1933c, 1940). Mas, e quando destruir o objeto é equivalente, no psiquismo, a destruir a si mesma? É o que veremos acontecer na história de Pietra.

Depois da separação de um homem com quem, na verdade, parecia nunca ter sido casada, a mãe de Pietra a instruía a mentir para o pai, dizendo que estavam passando fome... *Ela mandava eu pedir mais dinheiro além da pensão, porque não tínhamos comida na geladeira. Outras vezes, ela mandava eu fingir que estava doente para o pai ficar preocupado, ou dizer para ele que eu queria me matar, para ele se sentir culpado por ter abandonado a mãe. Ela dizia que eu teria que fazê-lo voltar.* Confusa com o limite entre mentira e verdade, Pietra perguntava para a mãe se ela estava mesmo doente e se era real que estavam sem ter o que comer: *Um dia, eu abri a geladeira e mostrei para ela que tínhamos comida, mas ela ficou furiosa e disse que eu não estava vendo comida alguma! Eu chegava a duvidar do que eu estava vendo e sentindo!*

Dividida entre o que seus olhos viam, o que a percepção do seu corpo lhe indicava, e entre o que a voz-represália da mãe lhe impunha, ela sucumbia à ordem materna que parecia dizer: *Só vês o que eu permito, só sabes o que eu autorizo, só fazes o que eu ordeno.* Hoje, com 19 anos e sintomas graves de pânico quando sai à rua, Pietra vem a tratamento porque sua prima, que teve as mesmas manifestações que ela, "curou-se" na análise. Então, ela vem em busca disso: quer curar-se, porque não aguenta mais sentir que vai morrer quando se arrisca a, literalmente, dobrar a esquina de casa. Para Pietra, o circuito que levaria da necessidade à providência adequada para ela sofreu um curto, quando ela não pôde contar com alguém que tenha feito isso por ela, no tempo em que ela – ainda bebê – não podia fazê-lo por si.

Para haver um desprendimento interno na filha, será preciso destruir o desejo que aliena e que é alheio, o desejo da mãe fálica sobre sua cria. Também para Marucco (1998), é a pulsão de morte que possibilitará existir alguém dono de suas próprias pulsões e com desejo próprio. "Quando o sujeito se adona de sua pulsão de morte fusionada a Eros, não encontramos compulsão à repetição, senão agressão" (p. 51), uma agressão todavia bem-vinda e imprescindível para destruir o que Leclaire (1977) chama de *representação narcisista primária*:

> *Trata-se de reconhecer a força primordial, constante e absolutamente necessária da pulsão de morte; pois é ela que, no interior e através da figura do tirano a matar, do representante narcísico primário a destruir, determina o lugar dos representantes inconscientes, terra-natal e de exílio, paraíso perdido a reencontrar; é ela quem garante, em suma, a presença-ausência do Outro, sem o qual não existe um "eu" que fala e deseja (p. 56).*

Ricas metáforas desses vários territórios onde alguém pode andar ou ficar, buscar ou fugir, descobrir ou manter, aventurar-se ou esconder-se, arriscar-se ou refugiar-se. Leclaire (1977) aponta que "só há vida a esse preço, pela morte da imagem primeira, estranha, na qual se inscreve o nascimento de cada um. Morte irrealizável, mas necessária, pois não há vida possível, vida de desejo, de criação, se cessarmos de matar 'a criança maravilhosa' que renasce sempre" (p. 10). Será na medida em que puder ser morta tal idealização, que o *infans* poderá começar a falar, a desejar e a nascer verdadeiramente como pessoa:

> *Existe para cada um, sempre, uma criança a matar, um luto a cumprir e a refazer continuamente, de uma*

representação de plenitude, de gozo imóvel, uma luz que se ofusca para que ela possa brilhar e extinguir--se sobre o fundo da noite. Quem não cumpre e refaz continuamente, este luto da criança maravilhosa que poderia ter sido, permanece no limbo e na claridade leitosa de uma espera sem sombra e sem esperança; mas aquele que acredita ter, de uma vez por todas, ajustado as contas com a imagem do tirano afasta-se da fonte de sua genialidade, e julga-se um espírito forte frente ao reino do gozo (LECLAIRE, 1977, p. 11).

Ou seja, para ganhar vida e mundo, será crucial que a filha criança, jovem ou adulta afaste-se tanto da idealizada genialidade materna, quanto da ilusão de ser essa criança maravilhosa que, no fim das contas, ela não é nem nunca foi, aos olhos da mãe fálica. A força para essa dupla mudança que não é fácil só pode ser dada pela pulsão que pulsa e que não cessa: a pulsão de morte. Instrumentalizada pelas direções da libido, será ela que carregará aquela que precisa nascer para fora do imóvel e pleno estado de fusão com a mãe.

Romper o pacto estabelecido pela mãe nos começos permite que a pulsão sexual realize seu trabalho, que é dar qualidade aos potentes caminhos diferenciadores da pulsão de morte enlaçados pela meta determinada pela libido; é esta que dará um destino melhor ou pior para o movimento de desligamento da pulsão de morte. Então, além de ser um jogo de desligamento e religamento entre as duas classes de pulsões da própria filha, ele será um complexo jogo de desligamento que deverá se dar entre ela e a mãe interna e externamente.

Será preciso, indica Quinet (2015), ultrapassar os limites do desejo do Outro, naquilo que ele apresenta como uma imposição superegoica, o que corresponde a entrar no campo de um desejo próprio sem o Outro tão absolutamente presente. Significa estar menos assujeitado à "herança maldita" (p. 157) das figuras parentais. O autor identifica, na tragédia de Édipo Rei, uma determinação inconsciente daquilo que se depositou das gerações anteriores no herói, marcando e travando seus passos. Assumir essa história e ultrapassá-la é algo que cada um conquistará na análise. Após apurar o que é da lei familiar, cada analisanda poderá ir mais além, ultrapassando-a para sair do destino que lhe foi dado e, dessa forma, "experimentar um desejo novo, algo que ela possa criar para além das cadeias significantes da 'doença' da família. [...] Do imperativo do gozo 'herdado', o sujeito, em análise, deve poder transpor seu limite para viver um 'desejo puro' – purificado das aderências do outro" (p. 157). Quando não pôde fazê-lo, será o analista que poderá cumprir a função de catalisador dessa força.

Então, faremos valer nossa capacidade de transformar a letalidade de quem chega sem uma vida própria, sem energia viva, ligada e investida; faremos valer nossa capacidade de conter, em um estado de abstinência, a dor vivida, mas não sentida, de cada analisanda. Ofertaremos significado para o silêncio, narrativas para as não histórias, voz para a não fala e metáfora lá onde não há. Para isso, faremos uso de nossa pulsão de morte, em seu potencial disruptivo, para interromper o traumático da compulsão à repetição que deixa inerte e aprisionada essa que busca escuta; e da libido para criar ligações vitalizantes. Assim, no divã, um bebê natimorto – com este paradoxo que é "nascer morto" – poderá deixar esse estado-útero para ingressar em uma vida com pessoas e com palavras, palavras que podem ser ditas, que não são mais caladas.

Paim Filho e Leite (2012) sugerem que a atenção flutuante carrega um duplo vértice: o da *atenção*, que é tributária de Eros e, portanto, liga a percepção a um aspecto específico, põe o analista concentrado e atento a um ponto; e o da *flutuação*, que é tributária da pulsão de morte e convoca a desligar, a desconcentrar daquele único ponto e a deslizar por outros significados. É assim que ele pode se desligar, para conectar com o arcaico que ficou intocado, e ligar, para criar sentido onde ele falta. Ao emergir do encontro dos inconscientes, sua palavra inscreverá, transcreverá e retranscreverá marcas que viabilizem forjar uma narrativa para o mal--estar que habita a analisanda. O analista dará fala ao traumático, para restituir o sujeito falante de seu próprio texto. Ele propiciará o silêncio da privacidade e da individualidade, com toda a sua singularidade, no lugar do silêncio sepulcral de seguir como eterno duplo dos ancestrais.

Neste rompimento, a destrutividade pode ser um recurso. Paim Filho (2014) propõe que ela seja pensada em sua duplicidade: como destruição tanática, que impede a construção de novos significados; mas também como destruição vitalizante, que possibilita, com a desconstrução do estabelecido, a criação de condições para o advir de novas ligações. Retomando a ideia de Freud (1940), de que *o objetivo da pulsão de morte é desfazer conexões e, assim, destruir coisas*, Paim Filho (op.cit) sinaliza que esta é, justamente, uma das funções do analista. Assim, a pulsão de morte estaria implicada diretamente na construção do caminho da cura, na medida em que modifica o modo repetitivo de ser, rompendo conexões e criando novos nexos. Em termos pulsionais, significa instrumentalizar o potencial desorganizador da destruição com o potencial organizador da libido.

15. As aberturas possíveis da análise: projetos de autonomia

> *Por mais ameaçadora que a casa seja,*
> *eu sei o quanto minha mão pode me ferir.*
> *A Mão, não. Mãe.*
> *Se sabemos o que esperar,*
> *até mesmo a dor pode ser confortadora.*
> *E eu descubro que o pior caminho*
> *é melhor que o desconhecido*
> (BRUM, 2011, p. 75).

Como vimos, nas diversas intensidades e tenacidades, em uma linha espectral de configurações como essa, teremos em um ponto filhas que – com algum colorido erótico dado pela maior presença de pulsão sexual – ficam divididas entre o gozo de ser *tudo* para a mãe e a angústia gerada pelo aprisionamento à ela. Em algum momento da vida, elas percebem esta sinistra mistura entre investimentos mortíferos e sexuais e, mesmo ambivalentes, buscam análise. Teremos, porém, em outro extremo, filhas que não se sentem com direito ou possibilidade de seguir uma via diferente daquela onde se encontra, onipresente, a mãe. Nesses casos, é com dificuldade que elas buscarão análise, já que essa seria uma *outra* via, com um outro objeto que não deve existir na relação dual requerida pela mãe fálica.

Entre um ponto e outro, teremos uma multiplicidade de (im) possibilidades. Quando elas conseguem a muito custo chegar, vemos quão dramáticas são as histórias de captura engendradas em uma fase tão precoce da constituição das pessoas nelas envolvidas, e como sobram questões para pensarmos, a partir de nossa posição de analistas: como ajudá-las? Que convite é possível fazer e que teria a força de deslocá-las de um lugar de onde sempre foi tão difícil sair? Se, como analistas, somos estrangeiros à dupla mãe-filha que tão preteritamente se estabeleceu, como pensar que elas nos darão entrada? Se as portas dessa dupla estão tão fechadas, como penetrar nos recintos do inconsciente de quem se sente aprisionada há tanto tempo? Se a análise é um projeto de autonomia, como fazer essa proposta a quem chega justamente sem ter liberdade, nem imaginar a possibilidade de uma existência individual?

O difícil trajeto até ao tratamento

Podemos dizer que não é fácil para ninguém buscar uma análise. Sabemos por quanto tempo cada pessoa pensa, adia, resiste e protela, até chegar o ponto em que, dando-se conta do quanto perdeu até ali, decide procurar ajuda para mudar. Todavia, para quem está enredado na complexa teia dos investimentos mortíferos, pedir indicação para alguém, telefonar, marcar um horário, deslocar-se e chegar ao consultório é ainda mais difícil; haverá um longo caminho a ser percorrido.

Para quem vem desse lugar e desse enredo, todo movimento, outros encontros e as possibilidades que a psicanálise promove, é o que de mais ameaçador pode existir. Movimentar-se do lugar tão familiar e há tanto tempo habitado acarreta perdas para a dupla mãe e filha: perde a filha o lugar – único lugar, única condição, pensa ela – de ser objeto da mãe; perde a mãe que, pela saída da filha, tem de se haver com a verdade contra a qual ela luta desde sempre: a castração, sua mortalidade.

Logo, não é pequeno nem fácil o andamento que nessa altura da vida terá de ser feito; a impulsão que precisou ser executada deverá ser renovada dia após dia, semana após semana, pois não serão poucas as tentativas de fazer essa filha voltar atrás, voltar para trás: *O que tu estás inventando? Olha o que essa psicóloga está fazendo contigo! Ela está enchendo tua cabeça de coisas! Tu não eras assim! Não te reconheço mais! Desde que estás indo lá, só pioraste! É para isso que estás pagando?!* – sobrarão exclamações ditas em alto, bom e contrariado tom, por uma mãe que vê ameaçada a continuidade do que estava seguramente sedimentado até ali.

Era Lilian que escutava estes protestos ressentidos da mãe durante os dois primeiros anos de sua análise, até que ela se formou, pôde sair de casa e, dentre os outros gastos, assumir o pagamento de seu tratamento. Não foram poucas as vezes que ela quase desistiu, quase sucumbiu. A pressão da mãe fazia com que, em inúmeras oportunidades, ela questionasse se não estava mesmo piorando, se não estava mesmo sendo mal influenciada, se não estava mesmo deixando de ser ela mesma. Então, também não foram poucas as vezes em que a analista teve de lembrá-la que ela, Lilian, e não ela, analista, podia ser dona de seu próprio desejo, autora de sua própria história, a ponto de poder escolher, inclusive, se queria parar a análise. Lembrar-lhe de suas palavras quando ela narrava diversas cenas difíceis, sessão após sessão, funcionou como reconhecimento de que *ela mesma* estava percebendo que a forma como ela e a mãe tinham vivido até ali beirava ao absurdo.

Para um neurótico, dar conta do conflito entre as instâncias psíquicas já não é simples. Contudo, a filha que viveu sob o jugo de uma mãe fálica e que, em algum ponto de sua história, desconfiou de que poderia haver algo melhor do lado de lá da porta e arriscou pôr um pé para fora de casa, terá de fazer frente às forças resistenciais de seu próprio inconsciente e mais às forças resistenciais que essa mãe não deixará de apresentar: ela não vai apoiar, nem concordar, nem ajudar a pagar, nem incentivar, muito antes pelo contrário; todo o movimento centrípeto que ela puder exercer, ela vai. Então, a filha terá este duplo encargo: vencer os próprios contramovimentos e ambíguas escolhas, arcando com a dor disso, e ainda sustentar sua vontade ante uma mãe que só faz lembrar-lhe do crime ou pecado que ela está cometendo, quando pensa em sair.

Julien (2000) entende que a verdadeira filiação implica ter recebido dos pais a possibilidade de abandoná-los, na medida em que todos entendem que, quando os filhos crescem, há um casal que seguirá existindo. "Os pais que, graças a sua conjugalidade, permanecem em sua própria geração, não fazem recair sobre os filhos tornados adultos, o peso de uma dívida de reciprocidade. O filho não tem de dar em troca aos pais *tanto* amor quanto deles recebeu. Não, o amor desce de geração em geração, mas não remonta, caso proceda da lei do desejo" (p. 46, grifo do autor). Este seria o melhor desfecho, o que, nas histórias de captura, não é o caso. Nestas, praticamente ao contrário do que afirma o autor, a filha é feita receptáculo de uma dívida impagável e que, por isso, condena-a a estar ali para sempre, devolvendo nota por nota do tanto que recebeu.

Se pensarmos que o processo de análise é um processo de *tornar-se adulto*, entendemos que a mãe fálica – para quem não há conjugalidade, não há um par, não há um casal; há somente *um* –

não admite que a filha tenha buscado esse outro lugar e não a autoriza a avançar, a investigar, a descobrir, a renunciar ao que for preciso. Então, que longos caminhos a jovem ou mulher terá que percorrer para conseguir ir mais longe, um passo por vez, suportando não olhar para trás e perguntar: "mamãe, posso ir?"; a mãe nunca vai permitir. Não importa o tamanho dos passos, qualquer um será tomado como uma afronta contra ela.

Então, *não, não pode!*: é o que exclama sem qualquer sombra de dúvida a mãe de Marcela. É longa a lista de lugares e coisas que a filha *não, não pode*: jantar na casa do pai que casou novamente, viajar para a praia com as colegas de faculdade, ir à festa dos 100 dias da formatura que se anuncia, mandar currículo para outra cidade que não seja a natal, fazer uma tatuagem – que é coisa de vagabundo –, cortar o cabelo comprido que a mãe acha tão lindo, aceitar a bolsa de mestrado ofertada por uma professora que vê o potencial que Marcela tem, aceitar sair com um vizinho que segue tentando passar a porta que só bate na sua cara. A mãe especializou-se em usar argumentos difíceis de contrariar. Quando ela diz *Eu quase morri no teu parto!*, é com essa sentença materna que a jovem encerra suas tentativas de colocar-se no mundo. Culpada e sentindo-se em dívida – essa dívida impagável –, depois de um ano de análise, ela encerra também seu encontro com a analista, esta que poderia realizar o parto-partida que ela não consegue fazer sozinha.

Figura suprema, o ponto de origem de cada um, uma mãe que retém em si sua prole não fará força nenhuma para que um segundo parto aconteça. Ela não pretende que a filha nasça enquanto sujeito, nem cresça, nem mude. Essa mãe não suportaria vê-la independente, executando seus próprios movimentos, indo em outra direção, tomando outro rumo na via oposta. Ela deseja mais vê-la sempre na direção que a traz de volta, olhando para a genitora e certificando-a de sua completude e imortalidade; por que ela facilitaria?

A proposta da análise – de abertura, autonomia e protagonismo – vai contra tudo aquilo que a filha aprendeu por anos, até chegar ali: que não existe vida para além do útero, do colo, dos braços da mãe; que a fala não é habilidade bem-vinda; que começar a questionar é uma piora, resultado *disso que este analista está colocando na tua cabeça*; que qualquer movimento para fora, para longe e para avante é recebido como uma ofensa, um insulto ou uma traição.

Roberta vem a tratamento, aos 17 anos, por indicação do colégio, porque, com notas baixas, está correndo o risco de "rodar" no último ano. Apesar de o motivo de busca parecer simples, aos poucos, a relação com a mãe vai, literalmente, ganhando espaço em sua análise: durante um ano e meio, a mãe foi com ela ao consultório e a aguardou na sala de espera durante suas sessões, o que – não seria preciso dizer – era bastante desconfortável para a dupla analítica, pois, mesmo com o som do rádio, era possível escutar a tosse da mãe quase que o tempo todo. Ela conseguia se introduzir dentro da sala, dentro da intimidade da filha, dentro da privacidade que lhe seria de direito, mesmo com uma porta fechada no meio das duas. Pelo visto, portas fechadas não são suficientes para separar uma mãe de uma filha.

Roberta nunca namorou e confessa à analista que é BV (boca virgem). Em casa, sua cama está quebrada há anos, e esta é a justificativa que elas precisam para a jovem dormir na cama com a mãe. O pai que trabalha até tarde da noite, para não incomodar e não fazer barulho, acaba acomodando-se no sofá da sala. Ele é responsabilizado por tudo que acontece de errado na casa e na família. Roberta descreve: *A mãe só não se separa por minha causa, mas passa reclamando dele*. Também da análise a mãe reclama bastante;

ela não poupa reclamações e acusações: manda dizer pela filha, de forma mais indireta ou mais evidente – depende do nível em que está sua irritação, pelo que ela julga uma *intromissão* na vida delas – ou manda mensagens para a própria analista, queixando-se de que o tratamento não estava ajudando, pelo contrário, que a filha ainda estava piorando, ficando impaciente com ela, *como nunca havia sido.*

Apesar de Roberta se incomodar cada vez mais, ainda é muito difícil para ela dar qualquer limite para a mãe: assim, quando andam na rua, é *de braço dado* – nas palavras dela –, engatadas uma na outra, que elas vem e vão: sempre juntas, sempre grudadas; ou, quando a mãe briga com pai e vai para o seu quarto, é para lá, atrás dela, que a filha vai para consolar a mãe; ou quando a mãe se inclui em tudo o que ela planeja com as colegas de aula: saídas, programas, trabalho em grupo. A mãe sempre convence o grupo da vantagem de tê-la junto: carona, lanche, conhecimento, dinheiro, qualquer promessa acena uma oferta difícil de recusar. E assim, elas ainda seguem: sem um pai, uma porta ou uma analista que conseguem separar a dupla, elas vêm e vão, *de braço dado*, pelo tempo que precisarem, ou melhor dizendo, pelo tempo que Roberta precisar, porque a mãe, esta talvez vá precisar para sempre.

Então, será a filha que terá de, necessariamente, travar uma luta, que não é simples nem será facilitada. Quando, porém, ela consegue, mesmo que com dificuldade, chegar nesse ponto do caminho, um importante passo foi dado, o primeiro. Quando ela imagina que, em um outro lugar, em um recinto alheio, em um espaço desconhecido, existe uma pessoa que pode recebê-la, um terceiro para escutá-la, isso já sinaliza uma possibilidade, já abre uma brecha, já deixa uma fresta, já destranca o trinco de segurança desta porta fechada que, de tanto tempo, quase já não abria. Será a partir do encontro com esse outro, o analista, que ela ganhará força para um movimento revolucionário de romper o que parecia absolutamente concretado.

Esta é a oferta a quem esteve aprisionado: o analista como agente expatriador da pátria mãe gentil, demarcando fronteiras. No entanto, não é função que ele cumpra sozinho: a Psicanálise não arranca alguém de onde ainda não pode sair, nem obriga a um parto prematuro, compelindo a uma separação forçada, que ainda não pode acontecer. Para esse parto ou, como descreve Zygouris (1995), para explorar esse território já-não-familiar, a analisanda ousa pedir e esperar o que nunca pôde pedir ou esperar de seus familiares, ajuda para essa tarefa nada fácil. "Separar-se Dela[1] é a primeira tentativa de sobreviver, mas viver colada nela pareceu, até aquele momento, a única forma possível. [...] Nesse empreendimento, a criança encontrará ou não um cúmplice, para se expatriar Dela sem sucumbir à perda do Dois primordial que formaram um dia" (p. 19).

Podemos ser cúmplices, descobrindo logo adiante que, no entanto, crime algum está sendo cometido; que a reivindicação de espaço e o desejo de separação são legítimos; que o além-fronteira é solo permitido de transitar. Permitido sim, ainda que não seja como sente a analisanda. Para ela, seja por apego, seja por aprisionamento a este velho conhecido território – que é tanto gratificante quanto ameaçador, tanto estimulante quanto amedrontador – haverá, no decorrer da análise, momentos de extrema delicadeza e um necessário cuidado.

É o que avalia Zygouris (1995): o difícil desse processo, afirma a autora, é que o estrangeiro tanto fascina quanto atrai e dá medo. Então, vamos aos poucos identificando as forças contrárias em

---

1 Zygouris usa a inicial maiúscula quando se refere à figura materna, o que dá ainda mais fortemente a ideia do lugar que essa mãe ocupa: de Deus.

jogo na pessoa que busca análise: uma vai no sentido de libertar-se do que ela identifica como uma relação patológica, e outra vai no sentido exatamente oposto: de aferrar-se com tanta gana quanto deseja sair – justamente pelo desejo de sair. É essa ambivalência de sentimentos e movimentos que se faz ver quando alguém tenta tirar um bebê do colo da mãe, e ele aperta ainda mais os braços em torno do pescoço dela; ou na conhecida fase dos 8 meses, de "estranhar": este desconhecido, que tenta dar outro colo ou oferecer outro corpo, *não é a mamãe*.

Assim, não será sem um considerável grau de resistência que o processo analítico será empreendido. Tal resistência, contudo, é diferente da resistência do neurótico: quando escutamos na clínica alguém que teme perder mais do que um pedaço de si – alguém que teme perder a si por completo –, nossa escuta deve identificar não a ressonância dos dramas edípicos, mas os ecos de algo que, escondido, mais ao longe, quase como um murmúrio, roga por ser ouvido.

Quem ascendeu à conflitiva edípica tem uma malha representacional melhor tramada; ele tem a seu dispor recursos para erigir defesas quando pressente que não vai suportar, para resistir quando o material inconsciente está prestes a ser descoberto, para discordar ou negar quando avança em demasia, contrariar ou silenciar quando ele vê em risco seu *equilíbrio*. Freud (1917b) descreve a resistência que o neurótico oferece contra os esforços analíticos: "o doente, que sofre tanto com seus sintomas e tanto faz sofrer com eles as pessoas próximas; que se dispõe a tantos sacrifícios para se libertar deles, dispendendo tempo, dinheiro, esforço e autossuperação, esse doente, no interesse de sua condição enferma, se oporia àquele que o ajuda" (p. 382), mesmo que isso pareça estranho.

Com frequência, a não fala na sessão é relacionada aos movimentos resistenciais mais da neurose, e podem ter, por isso, seu significado *traduzido*, a partir da descoberta do que está sendo velado. Este é o silêncio do recalque, que tem um sentido, guarda revelações, retém informações, encobre fantasias, oculta segredos e que contém uma riqueza a ser desvelada. Há um desejo de *não* dizer, uma força que, ativamente, impede a expressão do que habita o inconsciente do sujeito que, então, cala-se.

A resistência nesses casos funciona, certifica Freud (1926), como guardiã dos impulsos recalcados que estão constantemente pressionando por expressão. No neurótico, o recalcamento tem a finalidade de manter tais impulsos submersos lá onde não ameaçam, e a resistência vem proteger este processo, via contrainvestimento. O autor reconhece como é difícil para o Eu dirigir sua atenção para percepções e ideias que, até ali, ele achou por bem evitar; ou aceitar como pertencendo a si, impulsos conscientemente reprováveis que são o oposto daqueles que ele reconheceria de bom grado como próprios.

Essa força que se defende de todas as maneiras contra a melhora e que se apega à doença e ao sofrimento, Freud (1937a) identifica no sentimento de culpa e na necessidade de punição, localizadas na relação do Eu com o Supereu; entretanto, esta é apenas a parte que está psiquicamente presa pelo Supereu e, assim, torna-se reconhecível. Há outra parte da mesma força que não é governada pelo desejo de prazer e que aponta para a existência da pulsão de destruição que deriva da original pulsão de morte. Ele conclui com a ideia do amálgama: "somente a cooperação e a oposição das duas pulsões primordiais – Eros e pulsão de morte – explicam a rica variedade dos fenômenos da vida; jamais uma delas apenas" (p. 312). As raízes mais profundas das resistências ao tratamento analítico encontram-se nesse comportamento das pulsões, sua distribuição, mescla e defusão, que será diferente na neurose e na não neurose. Então, como se dá essa cooperação na dinâmica das histórias de captura?

Na *Conferência XIX: Resistência e Repressão*, Freud (1917b) fala de um paciente que manteve silêncio durante semanas, por ocasião do término de um caso amoroso. Solicitado a dar as razões de haver rompido a regra estabelecida, defendeu-se com o argumento de que essa história constituía assunto particular seu, mas Freud foi contundente: "o tratamento psicanalítico por certo não reconhece tal direito de asilo" (p. 384). Mas, e se o asilo é justamente a questão, se foi exatamente onde a pessoa que nos chega foi mantida: sob cárcere materno?

É muito ruim me dar conta das coisas e perder a ilusão, mas é o jeito... Às vezes, ainda tenho esperança de ter uma mãe normal, que converse comigo, me respeite e me veja como uma pessoa que pode pensar diferente dela. Ela tem qualidades, mas quando surta...! Tenho raiva de ter perdido a ilusão que eu tinha sobre a minha mãe. É inacreditável, mas eu queria minha mãe de volta! Por que tenho que ver minha mãe desse jeito? Às vezes, penso que eu era mais feliz antes, quando eu achava que aquele mundo em que eu vivia era perfeito. Depois de cinco anos em análise, Silvia já tinha clareza das graves questões emocionais da mãe e de como ela havia sido seriamente atingida por elas. E, mesmo assim, entre querer saber e não querer saber, com muita angústia, cada vez que essa analisanda e sua analista embrenhavam-se mais no fundo de sua história, ela ainda oscilava entre ter uma mãe e ter uma vida.

Freud (1937a) identifica um grupo de pessoas que têm uma especial viscosidade da libido, que torna os processos colocados em marcha na análise muito mais lentos do que em outras. Ele explica: "elas não conseguem se decidir a desprender investimentos libidinais de um objeto e deslocá-los para outro, embora não se achem razões para essa fidelidade no investimento" (p. 309); aí está o neurótico. Em um outro grupo, o autor identifica um esgotamento da plasticidade, da capacidade de modificação e de desenvolvimento. Nelas, há um grau de inércia psíquica, uma espécie de entropia psíquica que torna imutáveis, fixos e rígidos todos os processos mentais, relacionamentos e distribuições de força; aí estão as filhas das histórias de captura.

Quando se depara com essa fixação e viscosidade, Freud (1905b) afere: o que, para o analista, parece um pequeno sacrifício ao qual o analisando poderia renunciar para seu próprio benefício, para ele significa um grande sacrifício, dada a força que criou e mantém os fenômenos patológicos. "O mesmo doente que se resigna com perfeita docilidade em qualquer situação onírica que lhe seja sugerida, desde que não seja francamente escandalosa, pode ficar completamente rebelde a uma sugestão que o prive, digamos, de sua paralisia imaginária" (p. 189).

É essa *rebeldia* que enfrentaremos quando chegarmos mais perto dos questionamentos nunca antes feitos sobre a mãe fálica e sobre o tipo de relação que elas mantêm; tal rebeldia, porém, é menos uma atitude ativa e mais uma reação temerária de quem é submisso desde sempre e receia as consequências do que pode fazer. Por isso, nessas análises, trabalharemos como um escultor que talha a pedra dura. Seguindo a analogia freudiana, diríamos que, tal como o artista, vamos esculpir lasca a lasca, chegando muito aos poucos em um formato diverso. O próprio Freud (1914a) afirma:

> *É preciso dar tempo ao analisando para que ele se enfronhe na resistência agora conhecida, para que a elabore, para que a supere, prosseguindo o trabalho apesar dela, conforme a regra fundamental da análise. Somente no auge da resistência, podemos, em trabalho comum com o analisando, descobrir os impulsos instintuais que a estão nutrindo, de cuja existência e poder o doente é convencido mediante essa vivência. O médico nada tem a fazer senão esperar e deixar as*

coisas seguirem um curso que não pode ser evitado, e tampouco ser sempre acelerado (p. 209).

Nos investimentos mortíferos, este ritmo é ainda mais fundamental: a precariedade de recursos psíquicos deixa a analisanda sem ter para onde correr, caso ela sinta que o que a análise tira dela é maior ou mais importante do que aquilo que lhe oferta. Ela não tem um registro confiável de que, frente à falta, abre-se um espaço para a criação; ou de que, pela ausência, ganha-se a capacidade de invenção; ou de que será precisamente no que sente como perda que ela estará conquistando sua autonomia. Logo, faremos isso na medida em que for possível para o tanto de fragilidade do que, psiquicamente, ela pôde estruturar. Dosando, teremos uma medida *certa* entre a capacidade de esperar o ponto em que ela possa abandonar velhas relações – mas que parecem *tudo* para ela – e a atividade de investigação de seu mundo interno e a mudança.

Por compreender bem a resistência contra a proposta analítica, Freud (1917b) compara: "todo aquele que, sofrendo de uma dor de dente insuportável, vai ao dentista, terá querido segurar o braço que aproxima o alicate do dente doente" (p. 382). Então, interpretar a resistência como algo que a analisanda pode abrir mão, caso queira, é um equívoco. Não podemos esquecer que a resistência é inconsciente e que tem uma utilidade na economia intrapsíquica. Ela não está ali para dificultar nosso trabalho; ela está ali para proteger uma estrutura que essa filha não imagina poder proteger de forma melhor, com outros modos de funcionar que lhe custem menos. Ela *não pode* renunciar à resistência naquele momento; se pudesse, o faria; quando puder, já será por efeito da análise. Então, um cuidado redobrado na análise é avançar o tanto que permite a analisanda, nem mais nem menos, tendo em mente que – ainda mais do que com outros tipos de dinâmica – quando examinamos, indagamos ou pontuamos alguma coisa, será em uma área de muita sensibilidade que tocamos. Assim, não nos precipitaremos e nem ficaremos imobilizados pela imobilidade da analisanda; senão, nada acontece.

De ponto em ponto, a resistência é tão forte porque essa filha está convencida de que a mudança só pode ser-lhe desfavorável. Ela não tem consciência de que aquilo que luta por manter – a relação com a mãe – ela, de fato, nunca teve. Não sabe que é justamente por isso que não pôde desfazer este tipo de "vínculo". Capturada, ela vive a ilusão de ter uma mãe, alimenta a esperança de que, um dia – quem sabe um dia –, a mãe vai olhar, vai elogiar, vai reconhecer, vai agradecer. Levará bastante tempo para saber que não, que isso não vai acontecer, e para *saber* mais do que racionalmente. Por um bom tempo, por mais alto que seja o preço que paga, a ela parecerá que aquilo que a aguarda no caminho da cura não é melhor, ou mais saudável, ou mais rico, como parece que é, olhando desde fora; ela, olhando desde dentro, sente que o melhor é o conhecido, por pior que ele seja, pois é uma certeza.

Quando uma analisanda não consegue mudar-se da casa da mãe, mesmo que racionalmente queira; não consegue namorar, mesmo que deseje; não consegue sair de uma relação, mesmo que essa seja visivelmente perturbada; não consegue trabalhar, mesmo tendo potencial para isso; ou não consegue estudar, mesmo tendo o vestibular pela frente, talvez seja porque – ainda que tudo isso *pareça* produto de uma resistência neurótica – essas aquisições signifiquem, em sua fantasia, ver-se órfã. Um problema adicional é que, nesses casos, no encontro com a mãe fálica, para além da sensação ou imaginação da filha, "aqui, a fantasia toca o chão da realidade" (FREUD, 1933b, p. 274), e tal condição de orfandade descerá *de fato* sobre ela, pela ameaça mais velada ou mais explícita da mãe, pelo risco de morte que ela sente existir. Se a filha não consegue discriminar e vive essa fantasia como realidade, claro que permanecer imóvel em um estado de limitação é melhor do que não se sentir em lugar nenhum.

Foi o que aconteceu com Luíza, que busca análise, aos 25 anos, por crises de pânico, um vazio muito grande, solidão e tristeza, que ela associa à situação com a mãe: o contato entre elas se resume a um telefonema uma ou duas vezes por ano. Em uma troca fria, a mãe sempre pergunta se a filha já se deu conta do que está fazendo com sua vida e diz que estará disponível para quando a jovem decidir voltar para a religião que resolveu abandonar. Sem conseguir desligar-se da mãe, ocasionalmente, Luíza lhe manda mensagens. Em algumas, a contesta, dizendo que a mãe é desumana e cruel, por não se importar se a filha está morta ou viva. Em outras, em tom de súplica, pede que ela a aceite, que tenha piedade, pois sente falta dela e de suas conversas. A mãe repete a mesma resposta de sempre: que nada pode fazer enquanto a filha continuar levando a vida que leva; diz que sente falta da filha que tinha: confidente, companheira, devota. Hoje, não a reconhece: ela não é a mesma filha que ela criou.

Quando a mãe simplesmente não responde, triste e inconformada, Luíza confessa à analista: *Eu vou te dizer uma coisa horrível: quando ela faz isso, quando me ignora, eu penso que era melhor que ela estivesse morta. Queria que ela morresse, porque, se ela estivesse morta, ela não me responderia porque não teria opção. E eu sei que, viva, ela escolhe não me responder.* A relação com a mãe sempre foi de muita proximidade: era uma relação perfeita: *Nós éramos muito amigas, tínhamos gostos iguais para tudo, roupa, música, tudo! Nós fazíamos tudo juntas! Passávamos os finais de semana inteiros juntas, fazendo compras. Era muito bom.*

Foi na adolescência, que ela começou a desobedecer às rígidas regras da mãe e de sua crença: ela tinha amizade e ficava com meninos de fora da religião, ia a festas escondida e consumia bebida alcoólica, até que, na faculdade, apaixonou-se por seu supervisor no estágio e passou a viver com ele um romance escondido. A relação logo foi descoberta por sua mãe, que proibiu o relacionamento, dando início ao que Luíza descreve como um *inferno*. Para a mãe e toda a família materna, ela era uma vagabunda, uma prostituta e estava *possuída pelo demônio*. Durante um ano, passou a maior parte do tempo no quarto, praticamente isolada, com pouco contato com a mãe que dizia, decepcionada, não reconhecer a filha. *Ela só me disse que, a partir daquele momento, ela não tinha mais filha e que, se um dia, eu me arrependesse do que havia feito, ela me aceitaria de volta.*

Fanática como a avó de Luíza, sua mãe leva à risca a principal restrição de sua crença: o convívio com *pessoas do mundo*. O envolvimento amoroso com pessoas de fora da religião é terminantemente proibido, assim como são vistas com restrição as amizades e demais relacionamentos com pessoas externas à congregação – inclusive psicólogos ou psiquiatras. Aqueles que violam esses princípios são submetidos a um julgamento público e podem ser expulsos da organização. É o que Luíza virou, uma *expulsa*, não só da religião, mas do seio familiar, do seio materno.

Em sua análise, ela passou pelo que Faimberg (2001) descreve como um *tempo de resistência narcisista*, ou seja, um aspecto específico em analisandas que foram particularmente submetidas ao narcisismo parental. "As resistências narcisistas têm elas próprias uma história, e é precisamente o reconhecimento dessa história, tal como ela se reconstrói na transferência, que permite vencer essas resistências" (p. 69). A história a ser reconhecida e reconstruída é a identificação com os pais internos que, se tiverem um funcionamento narcisista, condenam a filha de uma maneira repetitiva e muda de seguir fixada. O registro narcisista ficará inaudível, se não puder ser escutado pelo analista e historizado junto à analisanda.

A importância de falar em voz alta está em que essa parte da história não diz respeito ao que é próprio dela, mas pertence a seus pais e foi inoculado por eles, em especial pela mãe, com seus interesses e necessidades narcísicos. É através do trabalho na análise que surge o que lhe foi inconscientemente instilado a partir do discurso narcisista materno. É quando esse discurso é veiculado via transferência-contratransferência, que pode ganhar expressão aquilo que não poderia vir pelo discurso via palavra.

Para avançar na escuta e na fala do que é seu e do que é do objeto, essa filha terá que se perguntar sobre o *seu* desejo, mas, muitas vezes, ela sequer constituiu um desejo próprio. Se lembrarmos que essa pessoa que chega *crescida* em nossa sala de análise sofre não do sofrimento de agora, mas de uma dor de quando era um bebê ou uma criança, compreendemos porque não lhe parece possível estudar, ou trabalhar, ou sustentar-se, ou viajar, ou namorar, ou se cuidar. O desejo abriria espaços e possibilidades, mas também marcaria uma distância e a separação; distância e separação, para uma jovem ou uma adulta, são conquistas; para um bebê, é a morte.

Conforme o grau com que essa dinâmica foi engendrada, será em diferentes pontos do processo que veremos erigirem-se, ante nós, muros de uma defesa radical, levantados por uma filha fiel, obediente e cativa de mandatos que parecem impossíveis de serem questionados e vencidos. O que está atrás do muro? A mãe fálica com seu cetro e com suas fortes ameaças de morte, de matar ou de morrer; e a analisanda que, independentemente da idade, sente que não há vida viável longe do reinado materno.

Então, que difíceis obstáculos ela tem que vencer, dentro de si e fora de si. Quão insuportável é a sensação de orfandade quando, na sessão, uma analisanda chega à conclusão de que nunca terá isso que ela insiste e resiste em desistir: o investimento objetal da mãe; que duro golpe perceber que, na verdade, ela nunca o teve; que lástima descobrir que o *amor* materno é absolutamente condicionado; que solidão quando percebe que a fala da mãe se dirige a ela, somente quando *ela* se dirige à mãe; que desolação quando ela se dá conta de não ter uma existência individual se não for colada na mãe; que penoso deparar-se com o fato de que o que ela recebe está na dependência daquilo que ela dá à mãe: seu corpo e sua alma.

Essa consciência se dá muito aos poucos. Às vezes, essas analisandas vêm apenas com um *leve* desconforto com sua situação; outras vezes, sequer isso, e será ao longo do processo que as situações dramáticas que viveram e vivem tomarão corpo e possibilidade de serem percebidas. Quando tal dinâmica se faz ver neste nível, com uma intensidade e apresentações mais severas, elas têm maior dificuldade de dar-se conta do tipo de relação que está estabelecida e menos clareza sobre os sentimentos presentes tanto da sua parte, como da parte da mãe.

Temos ideia do que significa para alguém que viveu enclausurada e ameaçada estar em uma análise, manter-se nela e aproveitar tudo o que pode ser falado na sessão. Por isso, buscar uma escuta já foi um ato de coragem (às vezes, de desespero). Lebrun (2008) alerta que falar supõe um vazio e um recuo, implica não mais estar ligado às coisas e aos objetos, poder estabelecer uma distância em relação a elas, poder *não estar*. "Falar exige uma renúncia, um desiderato; falar obriga a um desvio forçado, à perda do imediato..." (p. 16). Na mesma linha, vai Zalcberg (2003): ter de pedir o que deseja através de uma demanda endereçada ao outro confronta a criança à ordem da perda; perda, aliás, extremamente útil. "Se não fosse por essa perda, o mundo pararia nesse ponto, em uma ilusória autossuficiência da relação mãe-criança, em uma circularidade de demandas sem nada para ser desejado" (p. 57).

Por isso, elas só poderão chegar assim: resistentes, reticentes. Não podem chegar e já expor feridas abertas à luz do dia, pois sentem que isto faria doer ainda mais. *Nós*, como analistas, sabemos que não, que essa dor é pior do que a dor da realidade, e que o prêmio de um enfrentamento seria uma vida livre e autônoma; *elas* não sabem, e isso vai levar tempo. Então, teremos que estar lá, respeitando o tempo necessário, entendendo pelo que passa cada analisanda e compartilhando seu sofrimento, sem *evitar* tocar nas feridas – fazê-lo com a delicadeza de quem sabe como é difícil –, mas sem *apressar* uma "cura" que só se faz de dentro para fora. Ferreira (2009) alerta para o cuidado de não nos adiantarmos no que entendemos como nossa função, nem oferecermos um cuidado excessivo, nem tentarmos demonstrar conhecimento, nem cairmos na armadilha das perguntas concretas. Equilíbrio difícil, mas necessário.

Uma analisanda que sofreu a ascendência mortífera de um outro-mãe que se apropria dela e de sua vida, vê-se assolada por descargas que, para ela, são improcessáveis. Haverá algo lá, que faltou, que ela não tem, de que seu aparato carece, mas não haverá o barulho que o sintoma sempre faz, que faz visível e audível algo que se esgueira por detrás das ricas transformações da neurose e que pode, então, ser descortinado pela fala na análise. Nesses casos, haverá um silêncio mortífero que paira sobre um psiquismo que, sem ter podido vir ao mundo, ou por ter crescido enfraquecido, fica submetido aos desígnios de um objeto que não pôde dar-lhe existência, investimento e potência.

Fliess (2010) fala de um silêncio que substitui uma verbalização, que dá a impressão de que o analisando ausentou-se fisicamente. Não há sinal de luta ou conflito, pelo contrário: ele repousa tranquilamente e parece interminável. O autor explica que a falta completa de afeto e de motivação que acompanha esse silêncio torna-o compreensível, mas, às vezes, intrigante para a dupla. O analista é incorporado; ele deixa de existir como objeto externo, e sua influência sugestiva fica momentaneamente suspensa. "O paciente substitui *temporariamente* a situação analítica por uma experiência intrauterina" (p. 69, grifo meu).

Tal substituição pode significar a vivência de um útero que alimenta, para que cresça um bebê, que o abastece de tudo o que ele necessita para ser dado à luz, e o convite pode ser para viver na análise algo que não foi vivido no tempo inicial do desenvolvimento. Se, no entanto, esse intraútero não for temporário, como indica o autor, ou se não garantir este sentido, de guardar para deixar ir, corremos o risco de repetir a morte neste interior que é estar dentro do outro e estar sem vida ali, sem a *sua* vida.

Um movimento essas filhas já foram capazes de fazer para fora do colo da mãe: vieram buscar análise. Quando chega, cada analisanda já passou muito tempo inerte; outras vezes, vagou por algumas tentativas tímidas, ambivalentes e confusas de dar conta do que a impedia de viver mais verdadeiramente: já conversou com algum amigo, um familiar, um padre; já adoeceu seu corpo, já chegou ao limite, bebeu, comeu, fumou, cheirou; já procurou um cardiologista, já buscou um psiquiatra, já protelou o que deu. Muitas vezes, chegará a nossa sala de análise sem saber exatamente por que está ali; foi aconselhada, enviada, insistida. Como não oferece muita resistência, de qualquer forma, ela vai; aceitou as indicações de um outro caminho e pôde, nem que minimamente, identificar que algo *dentro dela* fazia doer e poderia ser compartilhado. Em algum lugar dentro de si, por algum motivo, depois de algum ponto, suspeitou existir um terceiro, um outro espaço, em que pode, então, começar uma outra história, a *sua* história.

Então, um dia, essa pessoa que não sentia ter o que falar chega adulta à análise. Na análise, lugar de fala, segue sem falar. Se a separação da figura materna não pôde acontecer, teremos um bebê – depois uma criança, uma jovem e uma mulher – habitado pela voz da mãe e, se assim for, o que há para dizer? Se a análise se dá pela fala, o que significa a não fala, ou uma fala sem autoria, uma fala de quem não se sabe, na sessão? Entre os silêncios e as palavras da analisanda, seus ditos e não ditos, há muito o que pensarmos para além do silêncio da resistência neurótica. Nos enredos de captura, encontramos um silenciamento que esconde não o que é da ordem do desejo edípico. Não parece haver uma intenção de suprimir, omitir ou disfarçar; trata-se mais de não ter desejo algum, pelo menos não o próprio. Há uma carência do que dizer, neste cheio de mãe e vazio de si, falta a palavra, a fala, a vida e um sujeito que se pergunte se tem algo a dizer. Uma apatia delata a ausência deste que está tomado pelo objeto que se impõe com sua própria fala, ditos e imperativos.

Se o que sustenta Freud (1917a) é que a Psicanálise é a cura pela fala, o que faremos quando a dificuldade da analisanda de falar por si mesma torna-se evidente? O que faremos com a falta de associação livre, a fala desafetada e o vazio, em uma análise que é um lugar de falar, um lugar de questionar-se e de pôr questionamento onde não há, de propor interrogações onde sobram certezas? Como escutamos alguém que pouco fala, que mal fala ou que não fala, ou se sua fala tão pouco diz de si? Como interpretamos, se não há mensagens latentes, prontas para serem reveladas por sua descoberta? Como investigamos os desejos, se o que chega é justamente a ausência de um desejo próprio constituído? O que faremos – se nossa maior tarefa é escutar *o sujeito* – quando o que ouvimos é relato sobre os desejos, as escolhas e as preferências *da mãe*?

Nos 11 meses que durou a análise de Betina, era isso que havia: a mãe não vinha às sessões de corpo, mas ela estava onipresente de alma, em cada frase dita pela filha que invariavelmente começava com "a mãe..."; antes de cada verbo, o sujeito era a mãe: *A mãe me falou, a mãe acha, a mãe me pediu, a mãe escolheu, a mãe me levou...* marcavam a impossibilidade dessa filha de 29 anos pensar por si ou encontrar na sua fala aquilo que *ela* falaria, acharia, pediria ou escolheria. *E tu?*, perguntava a analista na esperança de que ela se colocasse na primeira pessoa. *Eu...?*, estranhava Betina, como se escutasse uma palavra estrangeira, de outro idioma que não fazia nenhum sentido para ela, e não conseguia responder. Para ela, não havia o que ser dito: ela não sabia; e não sabia mesmo. Então, calava-se.

Eram-lhe *grego* as perguntas a ela remetidas sobre o que queria, esperava, desejava, pensava, ou sentia. Questões como o que precisava, do que gostava, quais seus sonhos, seus projetos e seus planos não encontravam resposta dentro dela. Quando uma analisanda faz um silêncio de tal ordem, perguntaremos: é por obediência a quem? A um Supereu exigente e punitivo – fruto da internalização das figuras parentais, herança do complexo de Édipo –, que proíbe a fala como expressão de desejos que não podem ser revelados? Ou falamos aqui de algo anterior, de uma mãe que está tão posta dentro do Eu – ali instalada como um Eu Ideal – que obstrui a possibilidade de um desejo individual dessa pessoa que hoje está em nosso divã sem poder falar, como se fora ainda um bebê? Se o Supereu da neurose proíbe a expressão de temas conflitivos, o que é proibido nesses casos?

No que denomina a *clínica da repetição*, Marucco (2007) propõe que existe *algo* que não se pode recordar, que resiste à recordação, à palavra, em suma, à representação. Para o autor, são significantes pré-linguísticos, algo que, segundo Freud (1937b), foi experimentado na infância – algo que a criança viu e ouviu em uma época em que ainda não sabia falar. Falamos do primitivo, de um tempo anterior à aquisição da linguagem e que não pôde ser registrado como lembrança; em função disso, não pôde ganhar representação e, agora, não pode ser recuperado nem elaborado.

É essa pessoa que receberemos em nossas salas de análise, falando daquilo que não pôde ser feito sintoma, que sequer tem uma história, e com uma narrativa que precisará ser construída na relação transferencial. É ali que uma riqueza de significados será edificada e uma capacidade maior de processamento será engendrada. Até este ponto, acompanharemos a analisanda naquilo que ela precisar e puder tolerar da difícil trajetória sobre si mesma e sobre a história com seus objetos. Se a descarga bruta foi a única técnica de sobrevivência da qual ela pôde lançar mão, estaremos ali para colocar mais vida onde pouco há, mais pulsão de vida onde jorra pulsão de morte e mais sujeito onde sobra objeto.

Marucco (2013) aponta que o campo analítico inclui histórias de significantes e histórias de traumas; por isso, estaremos atentos à maneira como se expressam os desejos e também o sofrimento do sujeito. Da mesma forma, o psiquismo aloja o desejo e o trauma, mas há um ponto em que os caminhos se bifurcam: teremos a repetição do que foi vivido na conflitiva edípica e que deu origem ao inconsciente recalcado; e a repetição do traumático, do que foi sofrido no tempo primordial e que é produto de uma inscrição sem palavras. Esse traumático se faz ver na clínica com uma repetição monótona e invariável que é, ao mesmo tempo, uma re-petição e um pedido de ajuda.

Para evidenciar este arcaico que segue ativo internamente em cada um, Marucco (2007) segue a mesma linha descrita por Freud (1937b): "tudo de essencial está preservado; até mesmo o que parece inteiramente esquecido se acha presente em algum lugar e de algum modo, apenas soterrado, tornado indisponível para a pessoa" (p. 331). E acrescenta: "é apenas uma questão de técnica analítica se vamos conseguir trazer o que está oculto inteiramente à luz" (p. 332). Segundo Marucco (2007), esse arcaico que se repete é menos resultado de uma pressão regressiva para um estado anterior, e mais produto da força intrusiva de um objeto que imprimiu a marca destrutiva do desligamento ali onde se deveriam abrir os caminhos para a possibilidade de representação. "Estamos longe do inconsciente reprimido e, por outro lado, muito próximos do caldeirão do

Id, [...] essa zona psíquica em que se expressa a repetição em ato, [...] que oculta zelosamente o soterrado mais 'recôndito'" (p. 126).

Não é qualquer palavra que esses dois autores usam: diferente de sepultado, que já implicaria um morto, eles usam *soterrado* para algo ou alguém que, por estar lá, retorna e grita de desespero: um morto-vivo, podemos pensar? Um vivo mantido morto psiquicamente que tenta um grito mudo embaixo da mãe-terra e que, se não for escutado, poderá ser letal, sete palmos distante da possibilidade de seguir vendo a luz do dia ou vindo à luz no dia do seu nascimento. Na experiência em um intraútero por demais acolhedor e por demais alimentador, uma filha que não pode nascer estará condenada, aprisionada, sentenciada a ali ficar, como se cumprisse pena de prisão perpétua.

Nessa linha, Moulin (2010) fala de algo que identificamos na mãe fálica: "o silêncio guardião do Nada se faz garantia do ao-menos Um: e assim é um lugar inexpugnável para Outro não castrado, não mortal" (p. 169). Ele apresenta o caso de um analisando que evoca o silêncio de luto, ou como o autor propõe, um silêncio de *não luto*, do olhar que o silêncio encerra e conserva como uma tumba. É o silêncio inconsciente do luto ignorado de uma perda, às vezes, anterior ao nascimento do sujeito, luto de uma perda não verbalizada – silêncio inconsciente do luto forcluído de um dos pais, luto que o sujeito não pôde fazer, luto impossível de uma perda não simbolizável, durante toda sua primeira infância. Um buraco da memória, luto mantido em ignorância. Não é difícil imaginar Betina assim, nessa mistura de vida e de morte, velando o luto que a mãe não faz, de sua castração.

Frente a essas impossibilidades, o divã será um não útero, onde analisandas vêm dividir seus dramas e suas dores. Quando elas podem reconhecer que a renúncia a esse lugar da mãe com suas promessas misteriosas – e, na verdade, fatais – lhes trará, como prêmio, o ganhar mundo, sair do útero começa a parecer mais possível. E o que pode encontrar lá, na sala de análise, vejamos.

16. Análise: da função materna para terras estrangeiras

> *Não quer nenhuma surpresa*
> *quando entra no apartamento da mãe.*
> *Ainda se lembra da mãe*
> *lhe entregando a chave para uma emergência*
> *ou para o caso de precisar passar uns dias por lá.*
> *E ela dizendo que não quer aquela chave,*
> *Que não quer nenhuma chave que a leve para dentro da mãe*
> (BRUM, 2011, p. 11).

Nas relações precoces, para lograr um movimento em dois tempos – de primeiro conter e depois liberar sua filha –, a mãe deve ter tido, ela mesma, a vivência da castração. E o que significa dizer isso? Que, em seu próprio desenvolvimento, quando ela mesma passou da condição de bebê para criança, ela tenha podido ascender ao reconhecimento do objeto e da possibilidade de relacionar-se com ele como um ser separado. Assim, mais tarde – desde o lugar de mãe –, ela permitirá que, no movimento natural de conter no ventre, no seio, no colo e nos braços, uma função *outra* se interponha e permita à sua filha correr, quando ela tiver pernas para isso.

Essa função a conhecemos como função paterna,[1] um *outro* que desviará o olhar materno da única e exclusiva fonte de seu interesse naquele momento – o bebê – e lembrará à mãe-mulher que ela tem outras fontes de gratificação para além da relação dual fechada com sua cria.

Não foi, porém, a vivência que teve a mãe fálica e sua filha. A função materna exercida por ela se detém no primeiro tempo descrito: no conter, no segurar, no falar pela filha que, literalmente, "não tem voz para nada" e que, em sua condição de desamparo, presta-se, como nenhum outro objeto da vida da mãe, a ser segurada por ela: fará qualquer coisa, corresponderá a qualquer expectativa, atenderá a qualquer desejo materno, seguirá no lugar de *infans* e não falará. Se, contudo, pensamos que o objetivo de uma análise é justamente que o sujeito fale, e fale cada vez mais a *sua* própria língua, não poderá ser *esse* tipo de função materna – a *função mãe fálica*, como denomina Marucco (1998) – que exerceremos.

Alguns autores consideram que o analista cumpre, no tratamento, a função materna que foi falha na vivência com os objetos primitivos. Se entendermos a função materna exercida por alguém atravessado pela castração, está bem. Se entendermos a função materna do objeto que nomeia aquilo que, por algum tempo, o *infans* não sabe nomear e, depois, o deixa falar, está bem. Se for este o objeto que sustenta quando o bebê ainda não se sustenta por si mesmo e, depois, coloca-o no chão, está bem. Se for aquele que dá contornos à sensação de despedaçamento deste que recém veio ao mundo e, na medida em que vai se sentindo integrado em si, permite que ele explore esse mundo, está bem. Mas este que ocupa o lugar de escuta deve lembrar que as

---

1 Tomaremos, para efeito da escrita, que ela será exercida pelo pai, mas é importante deixar claro que ela será exercida por um terceiro, seja ele quem for: pode ser um homem, pode ser outra mulher, ou uma infinidade de *outros*.

analisandas – por regressivas que sejam – não são mais um bebê; então, é importante estarmos atentos a nós mesmos e nossas funções, como analistas.

Hausen *et al.* (2016) sugerem que o analista cumpre, como a mãe, uma ação específica junto ao analisando. Podemos, contudo, notar que a proposta das autoras é de uma escuta atravessada pela castração, logo, pela função paterna:

> *É por essa escuta abstinente, psicanalítica, que o analista assegura a seu analisando seu direito de livre associação, expor seu imaginário. Assegura-lhe que alguém lhe escuta, tal qual a ação específica que funda a erogeneidade no corpo da cria humana. À demanda de escuta, outro lhe escuta. Temos aí o princípio da transferência. Retorna um tempo originário em que a pulsão invocante e a pulsão escópica interligam-se, caminham em uníssono. O escutar que olha, a possibilidade de interpretar o sentido do som, de fazer ligar som e sentido. A condição de demandar vida pelo olhar do outro (p. 167).*

Marucco (1998) é um dos autores que dá destaque à função paterna do analista. Ele explica que o resultado adequado do complexo de Édipo é um reforço da identificação com o pai, no sentido do Ideal do Eu e da identificação secundária. Quando isso não pôde ser estabelecido no desenvolvimento, será tarefa do analista propiciar a identificação com a figura paterna, e isso "desde a função paterna do analista, cuja denúncia da própria identificação com a mãe fálica é um requisito imprescindível para que o analisando possa denunciá-la em si mesmo" (p. 209) e que promove o ingresso na conflitiva edípica que não foi feita lá atrás.

A presença do analista cumprindo essa função está em consonância ao que alerta Savietto (2011), que se ocupa das estruturas mais regressivas e reflete sobre as funções materna e paterna. No relato de um caso, a autora faz uso, por um lado, de uma função de contenção e de mediação da pulsão não ligada, o que é próprio da função materna; no caso em questão, ela ofereceu-se como filtro – com sua função de para-excitação – à toxicidade intrínseca das experiências subjetivas arcaicas que foram perpetuadas na captura narcísica. Porém, por outro lado, ela também ilustra: ante uma afirmação desistente dessa analisanda – "Não adianta, isso não tem solução, eu não consigo virar as costas para ela [a mãe], não posso abandoná-la. O que vai ser dela se eu fizer isso?" –, a analista interroga: "O que vai ser *de você*?" (p. 63, grifo da autora). Então, ao mesmo tempo em que vai chamando sua analisanda à vida, ela reclama sua presença viva e interativa, e intima a dimensão emocional e pulsional de sua vivência, o que é próprio da função paterna.

Não será com facilidade que uma mãe fálica aceitará a análise de quem, até ali, não havia se mexido do lugar. Ela precisa que sua filha não questione, que não deixe de cumprir com seus desejos, que desminta sua incompletude. Ameaçada em sua desmentida, essa mãe exige que ela siga no lugar do bebê tão ansiado do tempo primordial; assim, evita que ela descubra que o bebê mítico, narcisista, foi só uma ilusão a serviço dos anseios maternos. Ela cria uma versão falsa da realidade e obriga sua prole a repeti-la. Marucco (1998), então, propõe uma inversão no mito de Narciso, afirmando que *a fonte* necessitava imprescindivelmente de Narciso, tal como essa mãe. Em alguns casos mais dramáticos, segue o autor, ela não impetra a morte somente a Édipo, que, por questionar, deve ser calado; quando isso não é suficiente, ela providencia, ao mesmo tempo, a morte de Narciso.

Pelo risco de que a filha capturada pela demanda materna ouse, por algum instante, olhar para além da fonte, pelo risco de que ela se atreva a escutar a voz que vem de longe e que a chama para fora daquele encantamento fatal que a seduziu, a mãe irá tragá-la e mantê-la em seu derradeiro destino. A mãe fálica não prepara a filha para sair; ao contrário, ela a segura e detém seu desenvolvimento. Mantida como um bebê, na posição horizontal, em seu campo de visão, ela só tem a mãe em seu horizonte. A mãe cala as perguntas nascentes, fecha os olhos e tapa os ouvidos do bebê que vai crescendo e, quando o momento da partida chega, ele é interceptado pela mãe fálica. A condição imposta é que a criança não perceba, não pense, não questione, não se interrogue e não interrogue a mãe sobre o que ela tem e o que ela não tem.

Savietto (2011) compara o material situado aquém do plano representacional a ondas revoltas que transbordam sobre o aparato psíquico e invadem o espaço da análise, sob o testemunho atento do analista. Logo, diferente do objeto do aprisionamento materno à captura narcísica que aliena e mortifica a subjetividade, a atenção no sentido da função paterna deve ser redobrada. A autora identifica uma tendência que, nessa dinâmica, a filha tem: de preencher o narcisismo alheio, o que precisa ser questionado. Só assim é que poderá surgir, a partir do tratamento, o que ela denomina como uma *abertura ressuscitadora*, oposta à abertura mortífera para um outro alienante e intoxicante. É essa abertura que permitirá que a analisanda venha-a-ser alguém e que seus sonhos venham à tona, impulsionando-a a caminhar livremente e a desbravar novos horizontes, os *seus* horizontes.

A aposta de Savietto (2011) é na abertura libertadora e ressuscitadora à diferença com um analista confiável que, além de não ser onipotente (como a mãe fálica), pode ser, inclusive, reconhecido em suas falhas. Tal possibilidade inexiste no plano do Eu Ideal, do ganho narcísico, mas está presente no plano da relação de objeto, quando o dual já foi interpelado por um outro, um terceiro que fará o ingresso no Ideal do Eu. Então, ela propõe um tipo de relação que é de interdependência, que não se caracterize nem por uma autossuficiência onipotente, nem por dependência absoluta.

Nesse mesmo sentido, vão Paim Filho e Leite (2012), quando reforçam o lugar da função paterna na constituição da função analítica: "a função paterna cumpre a meta de ser interditora do prazer narcísico. Assim sendo, é imprescindível que o analista, em sua análise pessoal, tenha desenvolvido a potencialidade de curvar-se diante da lei que a alteridade institui, fazendo com que o seu desejo seja menos estrangeiro e mais cidadão do Eu" (p. 46). Para eles, é de importância capital que esse processo se dê no analista, que ele possa renunciar à posição narcísica. Para empreender essa tarefa, de renunciar ao prazer endogâmico que seu analisando lhe oferece com tanta paixão – tarefa que é muito mais trabalhosa e solitária do que a do analisando –, ele só pode contar com o que construiu em sua própria análise: "só deste modo terá os recursos necessários para sustentar as leis do enquadre analítico, do qual é o representante e o guardião" (p. 46). Os autores advogam a função paterna que assegura o lugar da alteridade como o vetor príncipes da função analítica. Sem ela – alertam eles –, corre-se o risco de sucumbir ao mundo narcísico, ficando e mantendo a analisanda refém de um desejo alienante, que a recolocaria na relação dual de onde está justamente tentando apartar-se.

Na falta trágica do terceiro como agente de corte e de ruptura de um pacto incestuoso, dos inícios da vida de um bebê, caberá a nós, como analistas, no processo de análise anos mais tarde, criar um *setting* capaz de viabilizar a construção de uma vida psíquica com autonomia, não mais com desamparo e dependência. Então, se antes o objeto primário não pôde abdicar da posição narcísica, teremos o compromisso ético de não só não repetir o desejo de construir alguém *a nossa imagem e semelhança* – como a mãe fálica o fez – como ainda sermos o agente que põe em questão exatamente essa amarração: função paterna presente.

Zygouris (2002) entende que a análise contém essa promessa: de separação, que significa que "o analista se comprometa a permitir que seu paciente 'se mande', trabalhando a transferência de modo que essa possa se fundamentar sobre um 'eu te prometo que, um dia, você poderá me deixar'" (p. 20). Seu alerta é fundamental, tendo em vista que, como ela mesma ratifica, tal promessa se opõe à promessa de amor que se baseia em um "eu jamais te abandonarei".

Essa garantia de um *jamais* pode, à primeira vista, soar como tudo aquilo que qualquer um aspiraria, mas, se olharmos mais de perto, ela é assustadora, pois é uma condenação, uma condenação à morte. Eis o confuso paradoxo do reinado do narcisismo primário: ali, o sujeito goza da promessa cumprida de um eterno vínculo que não se desfaz, um permanente atendimento a todas as necessidades, o mundo se dobrando aos pés de sua majestade, o bebê, a constante presença do objeto que *jamais* se ausenta. Mas não é precisamente isso que é assustador? Que o objeto esteja sempre lá? Todo lá?

As consequências nefastas desta onipresença do objeto estão atestadas por Tesone (2006): é justamente o exílio e a separação que marcam uma diferença e possibilitam um *habitat* e uma língua próprios. "Não existem línguas próprias de origem; existe língua própria à chegada, após o percurso que desaliena do desejo do outro" (p. 124). A passagem da língua da mãe para a língua materna supõe um corte com o corpo a corpo da fusão inicial e o abandono dessa língua de compreensão perfeita. Logo, tem de haver um *deixar ir*, deixar espaço, deixar faltar para, paradoxalmente, poder ter.

Para promover tal passagem, esse corte precisa ser executado por quem chega de fora, de fora da dupla, apresentando outras terras e trazendo notícias do mundo de lá. Então, chegando como estrangeiro, exerceremos mais a função paterna; estaremos mais no lugar do terceiro que não garante, não promete, não completa, não é absoluto, não detém tudo, que não fecha; pelo contrário, há muito o que abrir. Neste novo território da análise, é essencial que advenha a voz e a fala de cada analisanda; que a análise seja ponto de apoio para um salto para frente; que os contornos ofertados incluam o corpo e o psiquismo da analisanda, diferentemente do que foi o contorno dado pelo corpo e pelo psiquismo da mãe fálica, que – tal como no período gestacional – abrigava a voz, o corpo e toda a filha, em suas cavidades internas.

De uma posição alienante de ser objeto de uma mãe mortífera-mortificada, passada a fronteira do ambiente incestuoso, da gestação que contém, dos braços que seguram, da amarração endogâmica onde a filha ficou fixada, na descrição de Tesone (2006), outra língua terá de ser aprendida. Para comunicar-se, esta que já não é mais bebê deve falar com um terceiro que não fala a mesma língua da mãe, a única possível até ali. Para o autor, uma língua adquirida secundariamente permite o desenrolar de uma cura que não seria elaborável com o recurso exclusivo da língua materna. Por outro lado, afirma ele, se esse terceiro não se introduzir na relação fechada e encapsulada, a dor da separação da mãe será vivida como a morte de ambos; nessa lógica, se abandonar a posição de ser o falo da mãe e deixar o vínculo fusional, essa filha fica impedida simbolicamente de nascer, crescer e viver. "Para conservar a vida, mas sobretudo a relação de completude com a mãe, o ovo permanecerá muito tempo intacto" (p. 130).

Fechadas no ovo, chocadas eternamente sem nascer psiquicamente, essas analisandas chegam. Tesone (2006) relaciona a língua materna com ondas avassaladoras, enquanto a língua estrangeira seriam ondas tranquilizadoras; então, fica evidente que esta mudança de posição tem de ocorrer. Para ele, tal mudança deverá operar-se também na transferência: o primeiro movimento transferencial de caráter fálico materno – pelo qual a analisanda espera que sustentemos a "proteção" garantida por esse fechamento

– terá de ceder lugar a um segundo movimento transferencial, de caráter paterno, pelo qual uma outra língua pode intervir, como suporte de uma terceiridade e de uma identificação possível com uma imago paterna valorizada e que promove abertura.

Em solo estrangeiro, lugar de outras falas

Nos primeiros momentos do desenvolvimento, o bebê viveu em um círculo fechado com a mãe, em uma relação dual que tudo supria; ali, ele não precisava pedir, saber ou buscar. O *todo* de que era formado o estado narcísico que caracteriza o dual pressupunha que não havia o que perguntar. No entanto, já vimos que, em algum momento, o bebê nota uma diferença, sente uma ausência, percebe uma falta e, a partir daí, ele começa a perguntar. Naturalmente, na medida em que cresce e que novos acontecimentos comecem a ocorrer, a criança irá cada vez mais pensar e se pôr a explorar o mundo: a pulsão epistemofílica ganhando espaço e permissão para avançar.

Na luta para separar-se da mãe, para não precisar ir jantar com ela e com a tia – *que é uma louca* –, Júlia vai dizer que tem que estudar para uma semana de provas difíceis. Para não passar mais que dois dias na praia com a mãe que ela sente sufocá-la, vai mentir que tem que trabalhar e não conseguiu folga. Para não precisar ir ao aniversário no sítio do avô, onde a família vai passar o dia, Júlia vai falar que tem um plantão. *Mas tu não podes trocar o plantão com algum colega? Não, mãe, não consegui ninguém...* Conseguiria, se quisesse, mas ela não quer. Quer, pelo menos de vez em quando, ter a casa toda para si, sem a mãe para querer por ela o que ela mesma deveria ter autonomia para decidir: o que comer, quando guardar suas roupas, como cortar seu cabelo, quando e com quem sair, que horas voltar. Mas por que ela precisa criar tantos artifícios?

Freud (1905a) observa o início da atividade da pulsão de saber entre os três e os cinco anos, quando a vida sexual da criança chega a seu primeiro florescimento. Ela é tanto despertada como atraída, bastante precoce e intensamente, pelos problemas sexuais. Um desses *problemas* é a chegada de um novo bebê, na sua ou em famílias próximas. Afirma o autor que, quando a criança sente que perdeu, ou quando teme perder o carinho dos pais e pressente que terá de compartilhar suas coisas com o recém-chegado, os sentimentos aí despertados aguçam sua capacidade de pensar. Sob a instigação dessas preocupações, ela começa a refletir e pergunta a si mesma: *De onde vêm os bebês?*

As perguntas, a pesquisa, o olhar, as hesitações e dúvidas desta fase tornam-se o protótipo de todo o trabalho de pensamento posterior aplicado à solução de problemas, o que representa, para Freud (1905a), um "primeiro passo para a orientação independente no mundo e estabelece um considerável distanciamento da criança em relação às pessoas do seu ambiente, que antes gozavam de sua plena confiança" (p. 107). Isso significa dizer que a atividade de pensamento é tanto um passo necessário para separar-se, como consequência do ter se separado, na medida em que sabemos que é a separação que demanda a pesquisa: é preciso saber onde se pisa. Ou seja, é a capacidade de pensar que dá uma garantia – mínima que seja – de que, não tendo a presença real do objeto naquele instante, a criança possa contar com uma companhia interna: o pensamento recria o objeto, mas também revela que o objeto não está mais ali o tempo todo. Felizmente, porque aí, com um espaço vazio, o pensamento tem que, necessariamente, ser desenvolvido.

A capacidade de pensar se desenvolverá naturalmente se a criança não for demasiadamente intimidada pelos pais, que representam para ela a fonte de todo o conhecimento. Freud (1905a) menciona que tal investigação é feita na solidão, do que subentendemos que é condição que à criança seja permitido este espaço de privacidade, separada destes que "*antes* gozavam de sua *plena* confiança" (p. 107), grifos meus para indicar que, como sabemos da precisão com que Freud usava as palavras, há um *antes*, pressupondo que um *depois* precisa acontecer; além disso, o adjetivo *plena* dá ideia da qualidade do tanto de absoluto que caracteriza esta relação anterior. É essencial que essa orientação na direção do mundo, que essa independência e esse distanciamento aconteçam.

A pulsão epistemofílica ganha uma marca ainda mais forte no desenvolvimento individual normal, quando vemos repetir-se a evolução do *humano*, antes bicho: quando aprende a andar, o bebê passa da postura horizontal, onde enxergava somente aquilo que lhe era apresentado pela mãe, para a postura vertical, a partir da qual pode olhar o mundo todo, o lado que quiser. Com pleno domínio muscular entre tronco, pescoço e cabeça, vira-se para onde bem entender, vira-se sozinho, vira-se para entender: para entender o mundo, para mexer nas coisas, para pegar tudo, para experimentar. Morde, lambe, mastiga, engole, pega, aperta, arranha, segura. Verbos cada vez mais ativos compõem o repertório deste pequeno curioso que explora o mundo! Esta criança quererá conhecer o pai, os irmãos, os avós, a babá, a professora, os colegas, os vizinhos e por aí afora, cada vez mais!

A função paterna do analista será sempre dar voz, mas, nesses casos, será dar, de forma *inaugural*, a voz e a fala que foram proibidas, interditadas pela mãe que abocanhou as primeiras palavras que a criança dirigiria a um outro. Para McDougall (2000), a relação analítica será um lugar seguro e protegido para que as fantasias primitivas e os roteiros arcaicos ganhem expressão sem tantos riscos ou perigos. Ali, uma história será recriada por duas pessoas; serão recriadas e até criadas as palavras e as ligações que faltam. Nestas brechas, serão as histórias não ditas do inconsciente que ganharão possibilidade de se fazerem ouvir. Dando voz ao traumático, ela restitui o sujeito de sua própria fala e logra, segundo as palavras da autora, que analisandas desafetadas e desiludidas tenham, um dia, "a coragem de deixar sua estreita margem de sobrevivência e começar a viver realmente" (p. 131). Sua metáfora é mais do que apropriada para essa dinâmica que, justamente, deixa um mínimo trecho possível de terra onde essa filha apenas sobrevive apertada pela contenção materna e apartada de sua própria existência, até que dali possa sair, escapar ou evadir-se, descobrindo o tanto que há para explorar e dizer.

Será o tempo da analisanda começar a estranhar o que até ali parecia normal, duvidar do que até ali parecia tão certo, desafiar o que até ali estava posto, contestar o que até ali era absoluto e ousar perguntar-nos, ousar perguntar-se. Será na análise que, não tendo sido feita antes, far-se-á possível a passagem do estado de natureza para o estado de cultura, da tribo para a vizinhança, da mãe para o pai, do incestuoso ao exogâmico, da ausência de desejo à separação que garante a alteridade, do útero para o mundo. Far-se-á possível explorar outros territórios, conquistar o direito de abandonar identificações alienantes e lograr uma existência independente. Quando chegar a nós, essa que foi coadjuvante de sua própria história até ali terá uma chance de abrir caminhos alternativos e ganhar protagonismo.

Neste ponto da análise, as perguntas que eram feitas sob a condição de dependência e captura de um bebê – *o que quer ela de mim? O que sou eu para ela?* – devem ceder lugar a questões em que o próprio sujeito é sujeito da frase: *Que quero eu de mim e da minha vida? Que escolhas tenho eu? Que caminhos quero eu seguir?* Isso aconteceria, se não estivéssemos com uma analisanda cuja pulsão epistemofílica foi interceptada em sua nascente, em que a curiosidade foi desestimulada, quando não foi permitido criar *sebo nas canelas*, nem crescer firme e forte. Nesses casos, a mãe fálica manteve fechadas as fronteiras e impedidas as explorações. Nós, analistas, somos perguntadores do inconsciente e exploradores de outras instâncias.

Perguntas semelhantes faz Faimberg (2001): *Quem eu era para meus pais? O que queriam eles de mim?* A autora alerta que, quando a resposta a estas questões for *queriam o que necessitavam que eu fosse*, a analisanda precisará descobrir quais foram as expectativas inconscientes dos pais, e que hoje regulam o seu narcisismo. Essa descoberta permitirá formular implicitamente, na transferência, uma nova e essencial questão: "nessa maneira repetitiva e nova de ser 'eu', posso esperar que você, o analista, aceite-me em termos diferentes do que eu acredito que foram as expectativas inconscientes fundamentais de meus pais?" (p. 143). Aqui, a transferência não é somente repetição, mas transformação.

Como pronuncia Leclaire (1977), "a história só começa na primeira pessoa" (p. 69). Para ele, é a análise que conduzirá o sujeito a poder dizer "eu", permitindo-o nascer e renascer a partir de uma desintrincação e uma travessia, um desbravar a terra. Será imprescindível uma palavra para destruir o domínio do que o autor nomeia de *a fera monstruosa*. "Sem fôlego, sem voz, sem espaço": é assim que descreve uma pessoa que o busca na clínica, Justin, que estava preso em uma história com extrema densidade e que bloqueava todo o movimento possível: ele "se sentia petrificado numa figura aforística imóvel de sua história, da qual não podia escapar" (LECLAIRE, op.cit, p. 60). A análise, então, buscará desmontar o encadeamento fantasmático que contém sua imagem e sua história, dando palavra ao inconsciente e fazendo com que outra história se faça ouvir, uma história singular ao sujeito.

No continente primeiro, sempre desconhecido e sem acesso imediato, Leclaire (1977) identifica que o objeto reina soberano. O sujeito precisa atacar a representação totalitária e esmagadora, na qual se encontra capturado pelo outro, enredado em uma trama cerrada, sem ar e sem luz, que o paralisa e sufoca. A função da análise será, para o autor, iluminar essa trama, devolvê-la às espessas malhas primitivas, tão prontas a encerrar, quanto abertas a todas as travessias: depende do que seja possível fazer no presente.

Essa malha tornar-se-á uma armadilha ou uma sustentação, dependendo de quem se encontra detido, que se verá frente a duas alternativas: caso mantenha a crença na ilusão totalizadora do Eu, a filha seguirá cativa; Leclaire (1977) compara com um batalhão que, interpretando na literalidade sua qualificação de *unidade*, ao manobrar em uma praça, manterá suas fileiras absolutamente unidas, por acreditar correr o risco de ser sitiado, caso permita aberturas. Se, ao contrário, essa filha reconhecer que tal unidade é fictícia e que só há corpos separados, ao invés de haver uma volta, a análise desempenhará o papel de *passa-muralhas*, que produz o surgimento do sujeito, empenho da psicanálise.

Dufourmantelle (2013) bem descreve essa função: "ser psicanalista é também lembrar-se que somos passadores entre duas mortes, entre duas línguas, primitivos no fim das contas, assombrados por uma infância que não cessa de não ser esquecida" (p. 53), e acrescenta: "trata-se sempre de não apenas receber, passar e transmitir, mas também, de cara e sem hesitação alguma, promover a hospitalidade. Pertencer tanto ao passado quanto ao mais radical presente" (p. 53).

E, para além da hospitalidade ofertada na sala de análise – este lugar que recebe e põe para dentro um sujeito antes excessivamente acompanhado de objetos que o mantinham cativo –, promoveremos a ida a outras terras, na medida em que não pensarmos a análise como lugar de ficar. A análise não pode ser lugar de quedar-se; ela é, antes e acima de tudo, um lugar de passagem, lugar de envio do sujeito, primeiro para dentro de si, para encontrar *ali* – e não na nossa fala – o que é da ordem do *seu* desejo; depois, envio para outros objetos, ainda mais estrangeiros, ainda mais longe.

Quando vem pisar o solo analítico, nossa presença e nossa fala serão parturientes da língua própria de cada analisanda que busca a clínica. Será neste momento que, do imperativo das primeiras inscrições e dos inaugurais mandatos maternos, far-se-ão escolhas. Será a partir deste encontro na transferência que, das escolhas há muito feitas, far-se-ão renúncias. Será deste ponto em diante, que de tais renúncias far-se-á possível uma vida; uma vida possível de ser vivida no mundo. Então, será neste lado de fora que a vida poderá seguir para frente, por terras estrangeiras, alheias à mãe, próprias ao sujeito.

17. (Re)Construções de caminhos: por quais terrenos andamos?

> *E ela sente que nunca mais o grito cessará,*
> *aquele grito é para sempre,*
> *é um grito para toda a vida e para além da vida [...]*
> *Gritos são coisas que não viram palavras,*
> *palavras que não podem ser ditas.*
> *Não há como escapar da carne da mãe.*
> *O útero é para sempre*
> (BRUM, 2011, p. 14).

Liane é *magrinha desde que nasceu*. Nunca pegou o peito e nunca gostou de comer. A mãe teve que levá-la ao pediatra, dar suplemento, abridor de apetite, vitamina, fórmulas, simpatias e benzeduras, e sempre foi abaixo de briga que ela conseguia que a menina aceitasse um mínimo de alimento. A versão de que ela foi um bebê e uma criança que não se interessava por comida lhe era tranquilamente convincente, e Liane não pode imaginar outro motivo. *É difícil imaginar um bebê que nasce sem precisar ser alimentado, sem querer comida ou sem gostar de comer*, disse-lhe a analista. *É, mas eu nasci sem esse gosto...*, respondeu ela, sem parecer tocada com a observação da analista. Levou tempos para que ela estranhasse sua teoria sobre a dificuldade até hoje de engordar. Foi preciso que sua sobrinha nascesse para que, vendo de perto, ela percebesse que bebês vão, naturalmente – e se nada atrapalhar – chorar de fome, procurar o seio, abrir a boca e sugar com vontade!

A mãe havia perdido três bebês durante gestações anteriores à dela. A segunda metade da gravidez que daria luz à Liane foi na cama, em repouso quase absoluto, então, era com apreensão que essa mãe esperava o nascimento (ou a nova morte?) de sua primogênita. Quando nasceu, a bebê que era *magrinha desde que nasceu*, cresceu sob os olhos vigilantes de uma mãe que não suportaria outra morte, outra perda. A preocupação com a comida estendeu-se a tudo: com a sua saúde, e por isso não podia estar com pouca roupa nem mesmo no verão; com a limpeza, que a impedia de sentar no chão seja de casa, seja da pracinha; com a segurança, que definia que ela só saía de casa acompanhada. *Eu vivia em uma redoma. Minha mãe tinha medo até de um mosquito me picar; então, eu tinha medo também...*

Diferentemente da neurose, nas histórias de captura, para além das pulsões da própria filha e do trânsito entre as *suas* instâncias psíquicas, estão em jogo também as pulsões de, no mínimo, mais dois personagens que foram reais e que, muitas vezes, definiram o destino de quem busca análise com um sofrimento ou com um estranhamento sobre sua situação atual. Nesses casos, os conteúdos com os quais nos ocuparemos estão longe dos conflitos edípicos, daquilo que virá por uma fala reveladora do latente, por sonhos prenhes de significado, por atos falhos cheios de sentido, por uma comunicação simbólica. Essas são aquisições sofisticadas de um aparato psíquico com bons recursos, o que, aqui, não é o caso.

Em consonância com o pensar de Borges e Paim Filho (2017b), o que encontraremos é de outra ordem: "o vazio que abordamos aponta para áreas do aparelho que não foram ainda esboçadas nem construídas, que clamam no silêncio, na ausência de uma cadeia associativa, aprisionando o sujeito em uma história sem nome, tornando as sessões pesadas, silenciosas, mortais... Onde nos encontramos com as ressonâncias do traumático" (p. 117). Esses autores apoiam-se na proposta de *zonas psíquicas* de Marucco, para sublinhar que o indicador psicopatológico revela-se na forma de um vazio que expressa e denuncia a existência de um trauma das origens que ficou impossibilitado de ser metabolizado ou metamorfizado em representação. Neste terreno, eles questionam: o que fazer diante do vazio de representações, vazio de desejo, vazio na técnica?

A partir do caso de uma pessoa com uma empobrecida capacidade simbólica, Hausen *et al.* (2016) refletem sobre as dinâmicas mais regressivas, habitadas por um vazio, uma apatia, uma falta de sentido, um não saber, de um pulsional desligado, algo que permanece sem reeditar-se na ordem do retorno do recalcado, como vemos na neurose. Nesses casos, há algo que "se escancara, se apresenta, não como algo que vem representar, mas sim desta apresentação de uma impossibilidade de saber de si, dessa impossibilidade de significar" (p. 165). As autoras identificam, na história que ilustram, uma vivência com o objeto que não se deu, ou que aconteceu de modo tão precário, que o registro fez-se de modo igualmente precário. Por isso, definem: "mais do que o conhecermos através de uma história vivida, é através da falta dessa mesma história que o conhecemos" (p. 166), e a função do analista será buscar fazer com que aquilo que se apresenta como pura intensidade possa fazer-se registro.

Para Faimberg (2001), a descoberta da identificação inconsciente com uma mãe fálica em um contexto histórico permite determinar a posição da filha no que diz respeito a sua própria realidade psíquica e a suas verdades históricas. Quando, em sua tentativa inconsciente de resolver esse enigma, ela é levada a contar algo sobre sua história ou sobre a história dos pais, seu relato pode ser considerado como uma versão que se aproxima da veracidade da verdade histórica. Por isso, diferentemente do que acontece na neurose, aqui, é possível considerar o progenitor como real, e não somente o produto de uma projeção dos desejos parricidas do filho. Assim, reconstruindo na transferência a história feito palavra – um progenitor narcisista que não permite à filha ter seu próprio espaço psíquico –, analisaremos a imago dos pais (tal como foram vividas pela analisanda), mas também a representação desses objetos originais (tal como foram) para saber como intervieram, possibilitando ou dificultando o desenvolvimento na direção edípica.

Ao lidar com o vazio, com o traumático, com a carência de palavras dessas filhas, diante do que se expressam diretamente no ato ou no corpo, será de outros recursos que teremos de lançar mão. Nestes casos, iremos nos deparar com a verdade material, na mesma medida e, às vezes, ainda mais do que a verdade psíquica do sujeito que sofre não apenas por *seus* conflitos intrapsíquicos (o que, vejam bem, já não é pouco nem fácil!), mas que sofre também por aquilo que foi posto nele desde os objetos que têm um lugar privilegiado – para o bem e para o mal – na constituição de seu psiquismo, pai e mãe, os reais.

Em uma relação dialética entre pulsão e objeto, entre recalcamento e desmentida na fundação e na estruturação do psiquismo, Borges e Paim Filho (2017b) ressaltam que "não estamos diante da esfera do esquecido e sim do que foi vivido passivamente pelo sujeito, diante da força pulsional do objeto, reforçado pelo desamparo que instaura as marcas primevas do trauma" (p. 118). Por isso, para trabalhar no mais aquém do recalcado e transformar esse trauma das origens, eles propõem "uma construção alicerçada na verdade material, construída no vínculo analítico, que permita conversar com o que não tem palavras, com o inefável, com o irrepresentável, com o sinistro" (p. 118).

Para esses autores, a análise da transferência é um instrumento fundamental, pois é na transferência que ficará marcada uma repetição sinistra, a repetição do mesmo, do que nunca foi prazeroso para o sujeito. Caberá a nós que este vazio – com tudo o que nos evoca: a dor do desamparo e da ausência de palavras – seja escutado, primeiro em nós, depois na analisanda; a partir disso, que busquemos as palavras que forem necessárias para abrir a possibilidade de ela construir o seu próprio desejo, fazendo a passagem da condição de imortalidade narcísica para a temporalidade edípica (BORGES; PAIM FILHO, 2017b).

Zaltzman (1993) alerta para um risco a que devemos estar atentos: nas experiências-limite – em que, como vimos, há entrecruzamentos entre Eros e Thanatos –, é vital não escorregarmos pelos caminhos mais familiares de Eros e, com isso, camuflar com libido as representações (ou apresentações, diremos) da esfera de Thanatos. "Onde impera a pulsão de morte, onde ela [a análise] luta para que o paciente viva e possa se desfazer das obrigações de amor que o destroem, a análise deveria poder sustentar este trabalho de liberação, ao invés de dissimulá-lo em novas associações" (p. 74). A autora sugere a reconstituição dos fatores indutores de estados mais regressivos como uma fase importante da análise, tanto quanto a reconstrução histórica e o levante dos fantasmas inconscientes. Permitiremos desse modo a manifestação das forças antagônicas condensadas em uma apreensão imóvel, organizada e sustentada pela analisanda que, para se defender de um perigo vital, corre o risco de morrer.

Logo, a técnica psicanalítica que pautará a escuta dessa dinâmica não será aquela a que estamos mais familiarizados. No campo das neuroses, aquilo que escutamos *está* no inconsciente recalcado; no solo do simbólico, o que mais importa, o desejo infantil – ainda que disfarçado, deslocado, condensado, recalcado, sublimado – está lá e se faz ver. Com mais ricos recursos, o Eu do sujeito neurótico deu conta, ainda que com considerável gasto de energia psíquica, de produzir variadas formações de compromisso para um tanto satisfazer, outro tanto manter intocado, outro tanto atender, outro tanto represar.

Freud (1937b) recomenda que, na análise da neurose, levemos o analisando a recordar certas experiências e os impulsos que precisou esquecer, convidando-o a substituir o recalque por reações psiquicamente mais maduras. No caminho da recuperação de lembranças perdidas, ele sugere tomarmos todo tipo de produção psíquica que faça alusão ao material inconsciente, às vivências e aos impulsos recalcados que permitem o retorno de valiosas conexões emocionais. Como formações substitutivas, os sintomas, os sonhos, os atos falhos, as inibições, os devaneios, a associação livre e a própria transferência darão notícias do olvidado. "Dessa matéria-prima, devemos extrair o que buscamos" (p. 329).

Nossa tarefa como analistas, dirá Freud (1937b), será "adivinhar, ou melhor, construir o que foi esquecido, com base nos indícios deixados. As ferramentas para trabalhar com essa matéria-prima, como, quando e com quais explicações ele [o analista] transmite suas construções ao analisando, estabelece a ligação entre as duas partes do trabalho analítico, entre a sua participação e a do analisando" (p. 330). O autor completa com uma de suas famosas metáforas para nossa função: somos arqueólogos do psiquismo e, em um trabalho de *construção* – Freud corrige: "ou, *se preferirem*, de reconstrução" (p. 330, grifo meu) –, escavaremos em busca do que não está ali.

Na aproximação entre os dois ofícios – do analista e do arqueólogo –, Freud (1937b) destaca que "o arqueólogo ergue as divisões da construção sobre os restos dos muros, determina o número e a posição das colunas a partir das cavidades no terreno e reconstitui os ornamentos e pinturas das paredes com base nos restos encontrados nos escombros" (p. 330). O analista, da mesma forma, extrairá suas conclusões dos restos de lembranças, das associações e do comportamento do analisando, pois, no inconsciente, todos os elementos essenciais estão preservados; mesmo coisas que parecem inteiramente esquecidas estão presentes, de alguma maneira e em algum lugar, e simplesmente foram soterradas e tornadas inacessíveis para a pessoa. "Como se sabe, é lícito duvidar que alguma formação psíquica sofra realmente uma destruição total" (p. 332).

Por certo que sim, mas, na dinâmica dos investimentos mortíferos, talvez haja muito mais daquilo que não pôde sequer ser construído: não se trata apenas de algo ter existido e ter sido, depois, destruído, mas mais de algo que – no tempo antigo – sequer encontrou as condições mínimas para uma edificação psíquica, vivências que não galgaram o *status* de representação e que estão só minimamente registradas como inscrições, traços e representações-coisa em um psiquismo precariamente constituído. Quando nosso terreno é outro, não serão antigas moradas ou edificações que, derrubadas, desfeitas ou desmontadas, nos aguardarão. Então, corrigimos a correção de Freud e, na ordem inversa, diremos:... *de reconstrução, ou se preferirem, de construção*. Sim, preferimos: construir é o que faremos.

Para ilustrar o que entende por *construção*, Freud (1937b) dá um exemplo: "Até o seu *n* ano de vida, você se considerou o possuidor único e irrestrito de sua mãe, mas então apareceu outro filho e, com ele, uma grave decepção. Sua mãe o abandonou por um tempo e, depois, não se dedicou mais exclusivamente a você. Seus sentimentos para com ela se tornaram ambivalentes, seu pai adquiriu um novo significado para você, e assim por diante" (p. 333).

O exemplo que ele dá do que seria uma construção parece ser, mais precisamente, de uma reconstrução, pois ele já marca a presença de um terceiro e de conteúdos edípicos que foram submetidos ao recalque. Freud (1937b) associa a construção com fragmentos da história primitiva que foram esquecidos, ou seja, o que esteve lá, mas está submerso, enterrado. Outros autores, contudo, parecem avançar na definição mais exata de uma e outra intervenção, indicando que a reconstrução é, sim, daquilo que resta indicado por pedaços e pistas a seguir, mas que a construção se dará quase *do zero*, ou seja, daquilo que não chegou nem a ser registrado enquanto representação-palavra no aparato psíquico.

Freud (1937b) distingue em um ponto o escavador e o analista: este "trabalha em condições mais favoráveis do que o arqueólogo, porque dispõe de material que não tem contrapartida nas escavações, como as repetições de reações oriundas dos primeiros anos de vida e tudo o que é indicado pela transferência no tocante a essas repetições" (p. 331). E segue: "o arqueólogo lida com objetos destruídos, dos quais se perderam fragmentos grandes e importantes, por violenta mecânica, fogo ou pilhagem. Por maior que seja o empenho, não há como encontrá-los e uni-los aos restos preservados. A única via é a reconstrução que, por isso mesmo, muitas vezes não pode ir além de certa verossimilhança" (p. 331).

No entanto, o que para ele é uma distinção entre os dois ofícios, para nós é o que os aproxima. Nas relações entre mães e filhas de que falamos, no lugar de forças acidentais que devastaram o que seria construído, teremos o narcisismo materno causando um largo estrago no organismo nascente.

No campo devastado que nos interessa – das histórias de captura –, estamos talvez em pé de igualdade com o escavador, na insuficiência de condições de trabalho, pois os restos, as impressões e os traços deixados são ínfimos e de difícil acesso. Então, neste ponto, mais uma vez é importante discriminar a análise da neurose e da análise de estados mais regressivos. Bem, como é próprio do pai da Psicanálise, Freud (1937b) mesmo segue e reconhece: em alguns casos, "nosso conhecimento não está suficientemente preparado para o que devemos encontrar, pois a estrutura íntima deste [objeto psíquico] ainda esconde muita coisa misteriosa" (p. 332). Estaria ele pensando nessas inscrições em substratos inferiores ou conteúdos anteriores que ele ainda previa descobrir, se lhe fosse dado tempo? Talvez sim.

Marucco (2007, 2013) propõe a ideia de três zonas de funcionamento psíquico que se fazem ver em diferentes momentos de uma análise, em todas as análises. Elas coexistem em diferentes graus de predomínio e, por vezes, sobrepõem-se, ainda que cada uma guarde características singulares em termos de modos de inconscientização e modos de a angústia aparecer. Cada zona remete a uma configuração particular na dinâmica da relação pulsão-objeto e, na clínica, remete a uma demanda específica da posição do analista como objeto, como "o outro" na situação analítica, bem como as próprias condições do campo analítico.

Uma delas é a zona do *inconsciente recalcado*, do sexual, do significante, a zona do sonhar. Nela, há uma repetição dos fragmentos do complexo de Édipo, e a tarefa da análise será desvelar o desejo, através de uma cadeia associativa, dos sonhos e dos sintomas que serão traduzidos e compreendidos, em especial, via interpretação. Outra é a zona do *inconsciente narcisista*, isto é, da relação do Eu com o Ideal, o que coloca em destaque a importância do objeto na constituição do psiquismo. Nela, há uma repetição do narcisismo ferido, que está além do princípio do prazer. O objetivo será aprofundar a análise da idealização; o analista será colocado no lugar de objeto idealizado e, a partir dele, poderá desmontar "o poderio da idealização, recuperando como representação histórica o que se transformou em estrutura psíquica"

(MARUCCO, 2013, p. 128), por meio de interpretações e também de construções.

Na terceira zona psíquica, a zona da repetição de vivências de um tempo primordial e da pulsão de morte – onde localizamos, com base na proposta de Marucco (2013), as histórias de captura –, é onde nossa posição como analistas é requerida de uma maneira muito particular quando, "perdendo o batalhão de Eros, a luta pela vida" (p. 128), a ação de uma pulsão de morte desligada se expressa em termos de um inconsciente caracterizado pela repetição. "Assim, quando o campo analítico se aventura nesse território do inconsciente, é necessário afinar a 'escuta' da repetição e do silêncio" (p. 128).

Marucco (2007) entende que, na clínica, pressionada por uma compulsão demoníaca, a repetição em ato reclama uma ligação que será construída sobre a estrutura de um tecido psíquico feito de marcas coaguladas na ausência de um sentido. O analista tentará deter essa repetição circular na qual o sujeito pode perder-se de si mesmo. "A recuperação da temporalidade perdida constituirá, assim, a possibilidade de um verdadeiro porvir do sujeito. Nisso, a posição do analista será fundamental: tudo dependerá da aposta pulsional que ele possa pôr em jogo" (p. 131). Para ter acesso ao material mais primitivo, ao que o autor chama de *marcas mnêmicas ingovernáveis*, será preciso colocar em palavras aquilo que, até ali, foi inaudível, inobservável, irrecuperável, que poderemos intervir no pacto imposto pela mãe à filha e levantar os efeitos paralisantes do vínculo com esse objeto. A tarefa psicanalítica por excelência com relação a essas marcas será a formação de representações, e faremos isso, em especial, via construção, que é a ferramenta que melhor pode denunciar o que estava preservado.

Será o campo da construção de uma história de aproximações, de afastamentos, de distâncias. Então, para Marucco (2013), nessas histórias traumáticas, além de transitar *per via di levare* e interpretar, transitaremos *per via di porre*, dando significado a traumas que se repetem com uma insistência demoníaca. Ele faz referência às técnicas que Leonardo da Vinci resume, com relação às artes, nessas fórmulas: a pintura trabalha *per via di porre*, pois deposita sobre a tela incolor partículas coloridas que antes não estavam ali; já a escultura funciona *per via di levare*, pois retira da pedra tudo o que encobre a superfície da estátua nela contida.

Tomando essa distinção, Freud (1910a) faz um paralelo entre a técnica da sugestão e a análise: a primeira operaria *per via di porre* e, sem se importar com a origem, a força e o sentido dos sintomas, introduz uma ideia do analista no analisando; a segunda operaria *per via di levare*, na medida em que tira, que traz algo para fora e, por isso, preocupa-se com a investigação da origem dos sintomas e com a trama psíquica; avançando assim no conhecimento, pode eliminar a ideia patogênica.

Ainda que Freud tenha relacionado o *per via di porre* com a sugestão, podemos desassociar e associá-lo mais estritamente à construção, quando se trata de casos mais regressivos. Essa clínica mostra que, mais do que explicitar o essencial, depois de tirar o excesso como o escultor, iremos construir marcas psíquicas, imprimir significado, dar cor a um psiquismo incipiente, contar uma história ainda incontada, ou seja, *per via di porre* como o pintor.

Para McDougall (2000), diferentemente dos mecanismos próprios das camadas da neurose, quando se trata de *outra* coisa, de outra ordem, de algo muito mais primitivo, a análise vai primeiro demarcar territórios nunca antes imaginados, para depois explorá-los ou povoá-los. Para acessar a história dessas analisandas, observaremos os acontecimentos da vida cotidiana atual, o modo de pensar (ou o modo de "não pensar" ou do "impensável"), com a ideia de que a versão da criança que viveu na pele lá permanece sendo a mesma do adulto que hoje diz o que viveu, seja com palavras ou de formas diversas. Há que ter escuta para tal.

Ao avaliar que a dor psíquica e o conflito mental não são reconhecidos ao nível do pensamento verbal, que ficam inacessíveis e produzem dramas somáticos, McDougall (2000) indaga: "como ouvir esses sinais? Como decodificá-los, a fim de torná-los simbólicos? E como, no final das contas, esperamos poder torná-los simbólicos e, daí, passíveis de comunicação através da linguagem?" (p. 46). Ela aponta para a necessidade de *pegar o fio da meada*, um último fio que guarda uma mínima ligação com o significado da compulsão à repetição que desemboca no corpo, sem um processamento psíquico mais complexo.

Outra forma é indicada por Baranger, Goldstein e Goldstein (1994). Estudando as identificações traumáticas mais arcaicas, que se acham rodeadas de um vazio histórico e de uma ausência de representação que condenaria nosso esforço historicizador à incerteza da fantasia, eles lembram que teremos à disposição a repetição transferencial e ·a percepção contratransferencial das identificações patológicas. Nesses casos, os autores indicam: em face a poucas lembranças disponíveis e alcançáveis através do levantamento do recalque – análise dos sonhos, atos falhos, associações, lembranças encobridoras –, vamos complementá-las com a análise das histórias contadas pelos parentes, dos mitos e das novelas familiares. Logo, eles definem que, além de passar pela *reconstrução* das situações, o trabalho analítico passará, necessariamente, pela *construção* das histórias que produziram o que eles denominam de identificações alienantes.

É assim que, para os autores, a repetição transferencial do vínculo inicial dentro da relação analítica, a historicização progressiva, o reconhecimento dos mecanismos em jogo e a discriminação de suas consequências patológicas permitirão o paulatino *desgaste* da situação traumática e o abandono dessas identificações alienantes. Conforme Baranger, Goldstein e Goldstein (1994), restituiremos as situações arcaicas ao contexto histórico onde se deram ou tiveram início, vinculando-as com situações mais recentes e menos extremas, nas quais o trauma e seu resultado identificatório apareceram, em contextos diferentes e acessíveis à memória do sujeito. Se essa vinculação for precisa, a analisanda terá uma convicção acerca das situações originais da história que permanecem inacessíveis à lembrança em forma de representação.

No entanto, até que possamos colocar em palavras a situação de uma analisanda que nos busca sem uma história vivida por ela mesma e que, por isso, não foi registrada nem como lembrança nem como representação, uma questão se coloca: como saber que não estaremos imprimindo um conhecimento teórico, ou falando algo que é uma criação a partir de *nós* e não dela, ou pela *nossa* necessidade de entender e dar significado ao que não existe como representação-palavra, memória ou narrativa até então?

Com esta preocupação, Freud (1937b) pondera que "o perigo de desencaminhar o analisando pela sugestão, ao 'persuadi-lo' de coisas em que nós mesmos acreditamos, mas que ele não deveria aceitar, tem sido enormemente exagerado, sem dúvida. O analista teria de proceder muito incorretamente para que tal infortúnio lhe acontecesse; teria de se repreender, sobretudo, por não haver deixado o analisando se exprimir" (p. 334). Ele parece otimista, mas, infelizmente, não nos faltam exemplos de exageros, excessos e absurdos atravessamentos.

Ele mesmo parece se corrigir quando indaga: "que garantias temos, durante o trabalho com as construções, de não nos enganarmos e arriscarmos o sucesso do tratamento ao defender uma construção errada?" (FREUD, 1937b, p. 333). Ao questionar o uso da hipnose, nos inícios da Psicanálise, Freud (1905b) identifica situações em que as palavras proferidas por alguém adquirem um poder *mágico* de influenciar outra pessoa. "As palavras são um bom meio de provocar modificações anímicas naquele a quem são dirigidas, e por isso já não soa enigmático afirmar que a magia das palavras pode eliminar os sintomas patológicos, sobretudo aqueles que se baseiam justamente nos estados psíquicos" (p. 276).

Então, o autor alerta sobre aquilo que viremos a saber sobre nossa ética ante o risco de sugestão: a melhor garantia seria sabermos que o que se nos surgiu é produto da transferência, do que nos sobreveio ou que irrompeu em nossa mente a partir do analisando e não de nossa própria necessidade, desejo ou demanda. Freud (1937b) aponta para formas indiretas de confirmação que são confiáveis. Uma delas é a expressão *nunca tinha pensado nisso*; ou quando o analisando responde com uma associação que contém algo semelhante ao conteúdo da construção. Como parâmetro, ele sugere: "obtemos, se a análise foi corretamente conduzida, uma firme convicção da verdade da construção, que tem o mesmo resultado terapêutico que uma lembrança reconquistada" (p. 340).

A mesma dúvida é compartilhada por Marucco (2013). Frente ao risco de um abuso que, como objeto, podemos exercer, ele define: a melhor precaução de que as palavras que a mente do analista introduz não são produto de alguma problemática própria deste, é sua análise e sua autoanálise, imprescindíveis como resguardo de uma escuta do analisando. Sua orientação pode soar repetitiva, mas sempre será necessário lembrar: a análise do analista é a maior garantia de estarmos suficientemente livres das tentações narcísicas e das fixações edípicas. Dirigindo-nos constantemente para fora deste núcleo para onde é sempre tentador voltar, podemos manter em mente a triangulação, a diferença, a alteridade, a liberdade do outro.

18. Uma ou duas respostas para seguirmos vivos

Ela arranha a porta com suas linhas curvas.
Eu tentei cortar as unhas dela ainda no hospital,
mas foi impossível. A tesoura quebrou,
e as unhas continuaram lá.
Amareladas. Eternas. Eu sei o que ela quer.
Como sempre adivinha tudo,
minha mãe sabe que eu escrevo.
Que eu encontrei um jeito de arrancá-la de mim
sem sangrar.
Ela me teme um pouco agora.
E eu gosto da sensação do meu pequeno poder.
Sou eu que conto a história, quero gritar
(BRUM, 2011, p. 37).

De muitos fios somos feitos, todos nós. Dos primeiros fios alinhavados, tramados, costurados, pespontados, trespassados, temos uma infinidade de enlaçamentos possíveis: de tessituras a amarrações, serão muitas as histórias de cada um. A diferença é com que mãos fomos inicialmente tecidos, com que força, intensidade e qualidade. Quem apertou, quem afrouxou, quem cortou. Quem nos enlaçou, que amarras sofremos, quem deu o ponto final que encerra. Quem abriu novo parágrafo, ofertou uma página em branco, um novo capítulo, uma outra história.

A partir daí, desse início, mais instrumentalizados, ou menos, alguns ganharam mais possibilidades, outros muito poucas, alguns quase nada. Sobre elas, a Psicanálise tece a partir dos fios existentes, às vezes os mínimos ali soltos e desligados, alheios ou próprios; às vezes, a nova tramação se dará a partir quase do zero. Sobre o destino que nos foi sonhado ou imposto em nossa origem, pouco temos a fazer: ele foi sonhado ou imposto por outra pessoa; mas com o caminho e a saída disso que, de início, nos foi projetado ou inoculado, estes a Psicanálise oferece muitas possibilidades. Não ela sozinha, porque analista é parteiro, análise é partida, mas a chegada até ela, temos de fazer com nossos próprios pés. Cada analisanda terá de fazê-lo quando puder, e o fará em muitos casos.

Há casos, porém, em que uma pessoa que mal para de pé sozinha, pois carece de uma sustentação interna própria, precisará ser trazida ou apresentada; ou terá de chegar por outro motivo e só depois de algum tempo ter a coragem de nos dizer em que parte mesmo dói a pior dor; ou sentirá medo e, por desconfiança, manterá um pé atrás e o olho bem aberto, pelo susto de estar acordando depois de tanto tempo; ou irá espiar por uma fresta que se abriu em sua precária economia psíquica e, logo, recolherá o nariz que, antes determinada, arriscou colocar para fora de casa.

Quando essa pessoa que assim vem, vem saída, às vezes, fugida, tentando como pode, encontrar a chave ou ser resgatada de uma história que a capturou em sua chegada ao mundo, percebemos que é de outra coisa que se trata. Com o olhar dirigido à analisanda que busca o espaço da análise e a atenção livre para o que *ela* diz, nossa escuta precisará estar ali ainda mais viva e ainda mais ligada ao que, por vezes, nessas histórias, não chama a atenção e que não se faz notar pela presença de sintomas ricos de significados e produções prenhes de sentido simbólico. Atentos e presentes, caberá a nós fazer nota, oferecer significados, emprestar palavras, ofertar metáforas onde elas inexistem e demandar a presença de quem se desacostumou ou nunca pôde remeter questões a si mesmo. Precisaremos ser ainda mais sensíveis ao ritmo de cada analisanda até ali tão invadida e aprisionada, atentos a quanto ela pode ouvir, ver, sentir e perceber, sem recuarmos por temor de que ela não seja capaz de lidar com a verdade, mas também sem sermos demasiados.

Para fazer frente a um tipo de relação determinado pela pessoa mais importante de suas vidas até ali, a mãe, será preciso, nessa difícil, mas tomara possível luta, estarmos no lugar de estrangeiro que oferece parceria e faz ganhar força o impulso que esteve inibido por tanto tempo, assim como os desejos que, muitas vezes, sequer existiam. A análise será o tempo de separação, de reconhecimento por parte da analisanda de seu próprio desejo, de fazer valer sua voz e seu direito a uma identidade. Será pano de fundo que lhe permitirá não mais assistir a um enredo definido por outro, mas tomar o lugar de protagonista, sujeito da própria vida.

Assim, uma fala denunciadora dos pactos narcísicos alienantes firmados lá e mantidos até aqui encontrará ressonância. A escuta de desejos próprios será cada vez mais ampliada, movimentando essa filha em busca de algo, de além. Quando uma analisanda, assim descoberta, puder sair do claustro do objeto materno, de seu silêncio ela fará voz e, de sua voz se fará ouvir, a partir do encontro com um analista que fala *com* ela e não mais *por* ela, construindo, na relação transferencial, aquilo que ela nunca pensou ser possível ter: sua fala e o que dizer.

Na clínica, serão muitas as histórias conosco compartilhadas, vivências narradas, experiências vividas, dores sentidas, portas abertas, outras cerradas, fala, silêncio, sonhos, lembranças, transferência, resistência, demandas, decisões, dúvidas, certezas. Casos mais sérios, outros nem tanto, é com dor, com sofrimento, com angústia que muitas pessoas vêm. Às vezes, porém, será em carne viva, com feridas abertas, no último respiro, quando sente que não vai mais aguentar, que não é possível seguir sozinha, quando não faz mais sentido, será neste sensível extremo que alguém consegue finalmente chegar. E, quando não for com estas expressões que encontramos uma analisanda, podemos pensar se o que está por trás de um estado de apatia, de indiferença, de ausência, de vazio, de desistência, de anestesia ou de torpor, não é algo terrível, ainda mais terrível do que aqueles que expressam de maneira viva a dor que sentem.

De todo modo, penso que será sempre com delicadeza que temos de receber quem se dispõe a, em algum momento, confiar em nós, confidenciar seus nunca antes revelados segredos, suas fantasias nunca antes assumidas ou sequer identificadas, seus desejos nunca antes pronunciados ou a ausência deles, os maiores medos e os mais extensos sentimentos, aquilo que nunca ousaram falar, pronunciar em voz alta, confessar para um outro, dividir com alguém e, às vezes, nem para si mesma.

Agora, além de nos encontrarmos com esta que nos chega e busca nossa escuta, estamos nós mesmos ali, tendo que dar conta de nossas próprias dores. A análise, composta por dois sujeitos, não é apenas do inconsciente de quem chega que se trata. Como analistas, estaremos nós ali com nossas próprias angústias, conflitos, dúvidas, aquilo que já resolvemos, o que já elaboramos, o que já compreendemos de nós mesmos e – talvez inevitavelmente – com aquilo que não chegamos nem perto, dentro de nós. O fundamental é que estejamos, no mínimo, buscando: que não paremos de deitar nosso inconsciente no divã, para que, quando sentados na poltrona analítica, possamos escutar cada vez mais profundamente as questões do outro.

Nossa clínica não se faz – a clínica das histórias de captura menos ainda – de fatos, do atual, de problemas, de superfícies, de beiradas ou do que está à mostra. Não fazemos voos, fazemos mergulhos; vamos em profundidade, descemos aos porões e claustros, às masmorras e prisões, aos cativeiros e calabouços, lá onde habitam mães, seus reféns e suas presas. É lá que a Psicanálise oferece escuta e olhar para as mais terroríficas porções da vida de alguém. Entraremos em contato e, muitas vezes, viveremos com nossas analisandas o que houver para ser vivido, dentro ou fora dessa mãe tão mortiferamente presente, ainda que tão afetivamente ausente.

"Uma/Duas" acompanhou-nos neste Livro e foi ponto de apoio desde meu primeiro escrito sobre o tema, no Terceiro Ano da Formação Analítica; também foi ponto de desapoio, de abalo, de corte, de desamparo, pois descortinou uma outra área do psiquismo, um outro nível de relações, uma outra configuração, uma dinâmica diferente, uma qualidade diversa de investimento tão distante da neurose que nos é tão mais familiar.

Os trechos recortados do livro de Eliane Brum, que serviram de epígrafe para meu Livro, poderiam ser a fala de muitas das analisandas que chegam até nós em busca de tanto, que descobriremos no andar... e no parar também, porque elas vão precisar recuperar o fôlego para seguir. E essas epígrafes poderiam também ser a nossa fala, no divã que nos recebe, na poltrona de nossos supervisores, nas cadeiras de nossos seminários, pois, se não com a mesma intensidade ou densidade, a história com nossa mãe e nosso pai é a história de todos nós; nós, de nossa mãe, a mãe de nossa mãe e nossas filhas; e ainda de nosso pai, o pai dele e nossos filhos, de uma outra forma. Por isso, mobiliza tanto, porque nos lança para o mais fundo de nós, para mais dentro de nossa história, nossa infância, nossas relações, nossos fios, primeiros fios.

Então, é sempre com o inconsciente perto e o pensamento em aberto que, idealmente, chegaremos para cada sessão, para que, quando nos deparemos com o que está para além ou para aquém da neurose, possamos escutar a que as analisandas enredadas em histórias de captura convocam: a ser um terceiro que as resgate feito herói do cativeiro materno, de um colo em que um bebê pode dormir, dormir para sempre...? Ou esperam de nós a permissão para seguir? Convidam-nos a estar no seu lugar e a sentir na pele, no corpo e na alma o que é estar paralisada, imobilizada, desvitalizada por um outro? Ou provocam em nós a raiva que elas não podem sentir, uma raiva a serviço de Eros, que as libertaria e as separaria? Ou nos seduzem a responder o que elas devem fazer, escolher ou decidir? Será para compor um novo pacto narcísico, que é sempre um pacto de morte? Ou para ceder à pressão deste repuxo para um estado de fechamento, em que se encerram as individualidades e se mantém uma unidade? Ou para atender à demanda de atuarmos em seus fantasmas, repetindo com elas a destruição de seu direito à existência e expressão? Habitadas por movimentos, sentimentos e moções diferentes, os convites inconscientes serão de toda ordem: para ficar e para avançar com elas.

Marucco (2013) lembra que Freud fez uma clara advertência ética sobre o risco de aceitarmos os convites que vão direto ao nosso narcisismo: deveremos nos abster de ocupar esse lugar de profeta ou redentor; deveremos dar ao analisando a liberdade de eleger, inclusive, sua doença. Sobre isso, Marucco (op.cit) comenta: ainda que, em determinadas situações, tenhamos que inicialmente colocar as máscaras ilusórias de salvadores, profetas ou redentores, será imperioso que logo ali nos desmascaremos, liberando o sujeito para decidir sua vida guiado por suas próprias pulsões, e não compelido pelo domínio de um objeto idealizado.

Quando a Psicanálise incorpora a definição que Anna O. (FREUD, 1895b) dá ao método – a *cura pela fala* –, isso diz mais do que a forma pela qual o analisando trará, nas sessões, o conteúdo de seus sonhos, associações livres, atos falhos, acontecimentos, suas histórias, suas hipóteses sobre o que aconteceu consigo. Podemos estender tal expressão e pensar que, além de um meio, é também o objetivo da análise: que essa que nos chega sem voz e sem desejos próprios conquiste uma fala, que é aquilo que ela mesma produz: falar a partir de si mesma e não mais a partir do outro: é essa a *cura*. Isso significará ter abandonado a condição de *infans* e ter ascendido à condição de sujeito. Para mais ainda, o *fique quieto – não diga nada – não me toque!* de outra analisanda de Freud (1895c), Emmy Von N., invoca que o outro, seu analista, tome a posição de escuta e renuncie a ser portador da voz que ela queria sua: que a demanda, a expectativa e o desejo do outro ceda lugar para o sujeito que se põe em cena.

Por isso, ainda mais na análise dessas filhas que já foram impedidas de decidir sobre sua doença e sobre todas as demais coisas de sua vida, vamos resistir aos inúmeros convites-armadilhas que a transferência vai fazendo: de salvar das garras da mãe, de assumir o lugar de quem sabe o que é melhor, de ocupar a posição fálica, de repetir o funcionamento de dois que são *um*. Tais convites inconscientes são o canto da sereia do qual, um dia, essas analisandas foram vítimas: o brilho narcísico de um outro que ofusca o brilho que *elas* deveriam poder ter a partir de si mesmas.

Marucco (1998) aponta a importância de seguirmos interrogando e vem nos relembrar: "não temos a chave; temos a eterna

344   18. UMA OU DUAS RESPOSTAS PARA SEGUIRMOS VIVOS

busca da chave" (p. 212). Se não estamos atentos, sem perceber, vamos calando perguntas, fechando interrogantes e abrindo um grande silêncio que força respostas obrigadas e submetidas, em um processo de emudecimento que essas analisandas já sofreram. O autor destaca a orientação de Jocasta a Édipo: "não pergunte mais, não averigue mais" (p. 207). A nós, então, caberá perguntar mais, averiguar mais, dar voz, falar em voz alta, des-cobrir o até ali encoberto.

Para Leclaire (1977), é imprescindível que executemos, dia após dia e para sempre, a morte da criança maravilhosa que cada um foi, tarefa que nos cabe igualmente, enquanto analistas. "É preciso que o psicanalista não cesse de perpetrar a morte da criança, de reconhecer que ele não pode realizá-la, de contar com a onipotência do *infans*" (p. 10). O autor alerta para a necessidade de estarmos atentos: "instalar-se na poltrona à escuta dos analisandos é pôr em jogo e à prova sua própria relação com essa representação narcísica primária" (p. 13). E segue: "É arriscar-se, sem tirar nenhum partido disso, a perder a representação estranhamente familiar de que somos feitos, o *infans* em nós; é pôr à prova a constância da força de morte que nos mantém abertos ao discurso do desejo" (p. 13). Ele conclui:

> *Produz-se, assim, o "advento do sujeito" em que se empenha psicanálise: em decorrência de um trabalho necessariamente lento sobre as formações fantasmáticas secundárias, desvelam-se, por fragmentos, os temas inconscientes originários: neles se encontra, despojada da dramaticidade loquaz da numerosa família de derivados, o jogo do sujeito enredado com o perfeito poder de sombra de nosso duplo, corpo real e sem nome, de nossos demônios pulsionais. Neste pandemônio de objetos pulsionais, reina, fora da série e testemunha da ordem, o deus falo: ele retira seu poder de um grânulo*

de luz, transparência e aspereza, cujos significantes bri-
lham assim como luas, e em cuja sombra permanecem,
obscuros, os objetos (LECLAIRE, 1977, p. 72).

Então, como destacam os autores, é essencial reconhecermos que, se ocupamos nos primeiros tempos de uma análise o tão confortável lugar de idealização, todos os dias teremos de descer dele para, no lugar errante de ser analistas, lembrar que seguiremos na busca. Se temos deitada no divã a filha de alguém que nunca transitou e nunca errou, nossa posição de abertura é ainda mais vital. É ali talvez o primeiro lugar em que, ao lançar seu olhar para o outro, à espera de indicações para onde ir e o que fazer e como fazer e o que escolher, ao invés de conceder-lhe uma resposta, compartilharemos a pergunta e a busca com ela.

Nesse tão delicado quanto complexo processo, a cada vez que abrirmos a porta de nossa sala e nossa escuta, devemos cuidar para que a poltrona analítica seja lugar de questões em aberto e a se abrirem, e não o trono onde – difícil resistir – confortavelmente se recostaria nosso narcisismo insuficientemente visto. Para isso, haveremos de estar atravessados por Édipo, que se pergunta e que pergunta ao outro. Desde Narciso, olhamos mais para nós mesmos, pois estamos certos, absolutos e encantados, não com o outro, com o inconsciente ou com a Psicanálise, mas com o saber que, supomos, nós detemos!

Diferentemente de um neurótico, alguém que viveu nessa configuração nos impõe ainda mais, o tempo todo, a verdade de que não sabemos, que não podemos, que não damos conta, que não somos *tudo isso*. A *Sua Majestade, o Analista*, é colocada em seu lugar de insuficiência, em especial se ficar fixado na técnica própria para a neurose ou, pior que isso, cerrado em suas teorias. Leclaire (1977) define que o analista só subsiste na medida em que escuta por uma brecha que não se fecha nunca ao nascimento e renascimento da fala, e através da qual surge o espaço do desejo:

> *É somente nesse lugar que a voz sincopada do sujeito pode fazer-se ouvir, e no qual se manifesta a singularidade da cena primitiva do analisando: sua "origem", isto é, as modalidades particulares de seu aprisionamento na ordem das palavras, o encadeamento singular de sua relação com os silêncios dos objetos primeiros. Ser psicanalista é permanecer nessa brecha para mantê-la aberta; conservar, efetivamente vivo, como um desejo, o interesse que nos faz "entrar em análise": como Isso fala? Como Isso deseja? (LECLAIRE, 1977, p. 78).*

Deslizando de Narciso com suas certezas até Édipo com suas perguntas, encerro este Livro com essas e tantas perguntas; tenho muitas. Por sorte, porque perguntas abrem: abrem a possibilidade de pensar, de buscar, questionar, questionar-se, por mais que angustiem. Já vimos como respostas, certezas, seguranças, estabilidade e completude são alienantes. São calmantes, mas alienantes. Bem, estudar e escrever sobre este tema não foi nem tem sido calmante; a cada texto lido, cada filme e cada livro, a cada fala de uma analisanda que fale desta dinâmica, a cada exemplo que vem do relato de colegas, o impacto se renova e a experiência de se aproximar da temática segue densa.

A Psicanálise dá à luz o que estava pouco iluminado, o que era sombra, o que se espreitava. Propomos a nossas analisandas que deem ouvidos e voz para o que estava, até então, mudo; e, para além do que nos trazem na fala, escutaremos aquilo que nos dizem no que não nos dizem. Nessas histórias, na correnteza na qual nos deixamos ser levados, sem boias, sem portos e sem âncoras, nos lançamos nas profundezas do inconsciente, e encontramos muito além do que poderíamos imaginar ou prever. É desta mesma qualidade que é feita esta temática, que está tão presente na clínica, quanto ainda discreta, por vezes silenciada, às vezes invisível, ainda impercebida.

Em contato com este tema dos investimentos mortíferos, da escrita do primeiro trabalho – que já teve, em 2012, a função de ser mais uma ferramenta para dar conta da escuta de conteúdos tão pesados, desenhar contornos em uma força destrutiva imperiosa, dar sustentação a um Eu que desmoronava na minha frente –, só pude seguir lendo, estudando, trocando, pensando junto e escrevendo para retomar o prumo, o rumo, o norte, a morte, a vida que está sempre aberta e é sempre surpreendente.

Psicanalistas, escrevemos para que tudo aquilo que foi excessivamente sentido na pele, na carne e nos ossos ganhe uma possibilidade de registro, processamento e elaboração. Tarefa compartilhada com a Psicanálise: propiciar que nossas analisandas transformem em registro *seu* o que era alheio, que se libertem do que insiste no tempo e no psiquismo, do que as escraviza e do que as condena a uma inexistência; e, ao se libertarem, que possam elaborar e se fazerem narradoras do que, um dia, não podia ser dito, autoras de sua própria história, não mais daqui para trás, mas a história de agora e a daqui para frente.

Nos caminhos cada vez mais abertos pela análise, quando puder partir – e somente quando puder ter partido –, essa filha poderá voltar quando quiser não para a casa da mãe, porque ela já terá uma que é dela, mas por desejo, com desejo. Somente aí, poderemos ter vínculo e não amarras, ter laços e não nós. Com sorte, em algumas duplas, por fálica que seja, a mãe conseguirá – não por iniciativa própria, mas conseguirá – movimentar-se de sua majestosa estrutura narcísica, da desmentida, colocar à prova tão duro mecanismo, a partir do movimento que a filha conseguiu fazer.

Saindo do lugar complementar neste sinistro jogo de inexistir para existir uma mãe – proposta do pacto narcísico –, a filha ganhará ela mesma uma existência de verdade, de fato e de direito e, curiosamente, em alguns casos, poderá dar à mãe a chance de uma nova relação, uma outra forma de ligação.

Em outros casos, porém, não haverá nem sorte, nem chance, nem possibilidade. O melhor que se conseguirá – o que não é pouco – é uma forma de proteger-se da mãe ou de afastar-se dela: luto a ser feito, dolorido, difícil, não sem dor, não sem resistência, não sem regressão, não sem titubear, mas necessário, libertador, liberador. O quanto será viável, com que forças e contraforças contaremos, quanto se avançará, até onde será possível, aí já são uma ou duas perguntas para seguirmos pensando e, pensando, seguirmos vivos.

Referências

ANTONIAZZI, Samanta; WEINMANN, Amadeo. *O filicídio na teoria psicanalítica e seus (des)enlaces na cultura brasileira.* Porto Alegre: Criação Humana, 2018.

BARANGER, Willy; GOLDSTEIN, Néstor; ZAK GOLDSTEIN, Raquel. Acerca da desidentificação. In: _____. *Artesanias psicoanaliticas.* Buenos Aires: Kargieman, 1994.

BORGES, Giovana; PAIM FILHO, Ignácio A. Sobre o filicídio uma introdução. In: _____. *Sobre o filicídio: uma introdução.* Porto Alegre: Sulina, 2017a.

_____. O traumático hoje: o mais além da construção freudiana. In: _____. *Sobre o filicídio: uma introdução.* Porto Alegre: Sulina, 2017b.

BRAUNSTEIN, Néstor. O pai primitivo e o pai digitalizado: do *Urvater* ao Big Brother. In: FUKS, Betty B.; BASUALDO, Carina; BRAUNSTEIN, Néstor A. *100 anos de Totem e Tabu.* Rio de Janeiro: Contra Capa, 2013.

350 REFERÊNCIAS

BRUM, Eliane. *Uma/Duas*. São Paulo: Leya, 2011.

_____. *Meus desacontecimentos: a história da minha vida com as palavras*. São Paulo: Leya, 2014.

CROMBERG, Renata U. *Cena incestuosa: abuso e violência sexual*. 2. ed. São Paulo: Casa do Psicólogo, 2001.

DUFOURMANTELLE, Anne. Totem e Tabu: Freud, Wittgenstein e o arcaico. In: FUKS, Betty B.; BASUALDO, Carina; BRAUNSTEIN, Néstor A. *100 anos de Totem e Tabu*. Rio de Janeiro: Contra Capa, 2013.

DICIONÁRIO MICHAELIS. *Inconfidência*, 2020. Disponível em: https://michaelis.uol.com.br/moderno-portugues/busca/portugues-brasileiro/inconfid%C3%AAncia/. Acesso em: 20 jul. 2021.

FAIMBERG, Haydee. *Gerações: mal-entendido e verdades históricas*. Porto Alegre: SPRGS/Criação Humana, 2001.

FERREIRA, João Batista. Palavras do silêncio. *Cadernos de Psicanálise* (CPRJ), Rio de Janeiro, ano 31, n. 22, p. 13-36, 2009.

FLIESS, Robert. Silêncio e verbalização: um suplemento à teoria da "regra analítica". In: NASIO, Juan-David (Org.). *O silêncio na psicanálise*. Rio de Janeiro: Zahar, 2010.

FREUD, Sigmund. (1895a/1950). Projeto para uma psicologia científica – Parte I. In: GABBI JR., Osmyr. *Notas a projeto de uma psicologia*: as origens utilitaristas da psicanálise. Rio de Janeiro: Imago, 2003.

_____. (1895b). Estudos sobre a histeria. Srta. Anna O. (Breuer). In: SOUZA, P. C. (Trad.), *Sigmund Freud: obras completas*. São Paulo: Companhia das Letras. (Obras completas, 2), 2016.

_____. (1895c). Estudos sobre a histeria. Srta. Emmy Von N..., 40 anos, da Livônia (Freud). In: SOUZA, P. C. (Trad.), *Sigmund*

Freud: obras completas. São Paulo: Companhia das Letras. (Obras completas, 2), 2016.

_____. (1900). A interpretação dos sonhos – Sonhos típicos: os sonhos com morte de pessoas queridas. In: SOUZA, P. C. (Trad.), *A interpretação dos sonhos*. São Paulo: Companhia das Letras. (Obras completas, 4), 2019.

_____. (1905a). Três ensaios sobre a teoria da sexualidade. In: SOUZA, P. C. (Trad.), *Sigmund Freud: obras completas*. São Paulo: Companhia das Letras. (Obras completas, 6), 2016.

_____. (1905b). Tratamento psíquico (ou anímico). In: STRACHEY, James (Trad.), *Edição standard das obras completas de S. Freud*. Rio de Janeiro: Imago, 1976.

_____. (1908). Sobre as teorias sexuais das crianças. In: SOUZA, P. C. (Trad.), *Sigmund Freud: obras completas*. São Paulo: Companhia das Letras. (Obras completas, 8), 2015.

_____. (1909). O romance familiar dos neuróticos. In: SOUZA, P. C. (Trad.), *Sigmund Freud: obras completas*. São Paulo: Companhia das Letras. (Obras completas, 8), 2015.

_____. (1910a). Uma recordação de infância de Leonardo da Vinci. In: SOUZA, P. C. (Trad.), *Sigmund Freud: obras completas*. São Paulo: Companhia das Letras. (Obras completas, 9), 2013.

_____. (1910b). Um tipo especial de escolha de objeto feita pelo homem. In: SOUZA, P. C. (Trad.), *Sigmund Freud: obras completas*. São Paulo: Companhia das Letras. (Obras completas, 9), 2013.

_____. (1913a). O tema da escolha do cofrinho. In: SOUZA, P. C. (Trad.), *Sigmund Freud: obras completas*. São Paulo: Companhia das Letras. (Obras completas, 10), 2010.

_____. (1913b). Totem e tabu. In: SOUZA, P. C. (Trad.), *Sigmund Freud: obras completas*. São Paulo: Companhia das Letras. (Obras completas, 11), 2012.

_____. (1914a). Recordar, repetir e elaborar. In: SOUZA, P. C. (Trad.), *Sigmund Freud: Obras completas*. São Paulo: Companhia das Letras. (Obras completas, 10), 2010.

_____. (1914b). Introdução ao narcisismo. In: SOUZA, P. C. (Trad.), *Sigmund Freud: obras completas*. São Paulo: Companhia das Letras. (Obras completas, 12), 2010.

_____. (1915a). Pulsões e seus destinos. In: SOUZA, P. C. (Trad.), *Sigmund Freud: obras completas*. São Paulo: Companhia das Letras. (Obras completas, 12), 2010.

_____. (1915b). Comunicação de um caso de paranoia que contradiz a teoria psicanalítica. In: SOUZA, P. C. (Trad.), *Sigmund Freud: obras completas*. São Paulo: Companhia das Letras. (Obras completas, 12), 2010.

_____. (1916). Alguns tipos de caráter encontrados na prática psicanalítica: as exceções. In: SOUZA, P. C. (Trad.), *Sigmund Freud: obras completas*. São Paulo: Companhia das Letras. (Obras completas, 12), 2010.

_____. (1917a). Conferência 17: o sentido dos sintomas. In: SOUZA, P. C. (Trad.), *Sigmund Freud: obras completas*. São Paulo: Companhia das Letras. (Obras completas, 13), 2014.

_____. (1917b). Conferência 19: resistência e repressão. In: SOUZA, P. C. (Trad.), *Sigmund Freud: obras completas*. São Paulo: Companhia das Letras. (Obras completas, 13), 2014.

_____. (1917c). Conferência 25: a angústia. In: SOUZA, P. C. (Trad.), *Sigmund Freud: obras completas*. São Paulo: Companhia das Letras. (Obras completas, 13), 2014.

_____. (1918). História de uma neurose infantil. In: SOUZA, P. C. (Trad.), *Sigmund Freud: obras completas*. São Paulo: Companhia das Letras. (Obras completas, 14), 2010.

_____. (1919). O inquietante. In: SOUZA, P. C. (Trad.), *Sigmund Freud: obras completas*. São Paulo: Companhia das Letras. (Obras completas, 14), 2010.

_____. (1920). Mais além do princípio do prazer. In: SOUZA, P. C. (Trad.), *Sigmund Freud: obras completas*. São Paulo: Companhia das Letras. (Obras completas, 14), 2010.

_____. (1921). Psicologia das massas e análise do Eu. In: SOUZA, P. C. (Trad.), *Sigmund Freud: obras completas*. São Paulo: Companhia das Letras. (Obras completas, 15), 2011.

_____. (1922/1940). Prefácios e textos breves: a cabeça da Medusa. In: SOUZA, P. C. (Trad.), *Sigmund Freud: obras completas*. São Paulo: Companhia das Letras. (Obras completas, 15), 2011.

_____. (1923a). Uma neurose do Século XVII envolvendo o demônio. In: SOUZA, P. C. (Trad.), *Sigmund Freud: obras completas*. São Paulo: Companhia das Letras. (Obras completas, 15), 2011.

_____. (1923b). O eu e o id. In: SOUZA, P. C. (Trad.), *Sigmund Freud: obras completas*. São Paulo: Companhia das Letras. (Obras completas, 16), 2011.

_____. (1923c). A organização genital infantil. In: SOUZA, P. C. (Trad.), *Sigmund Freud: obras completas*. São Paulo: Companhia das Letras. (Obras completas, 16), 2011.

_____. (1924a). O problema econômico do masoquismo. In: SOUZA, P. C. (Trad.), *Sigmund Freud: obras completas*. São Paulo: Companhia das Letras. (Obras completas, 16), 2011.

_____. (1924b). A dissolução do complexo de Édipo. In: SOUZA, P. C. (Trad.), *Sigmund Freud: obras completas*. São Paulo: Companhia das Letras. (Obras completas, 16), 2011.

_____. (1925a). Autobiografia. In: SOUZA, P. C. (Trad.), *Sigmund Freud: obras completas*. São Paulo: Companhia das Letras. (Obras completas, 16), 2011.

_____. (1925b). A negação. In: SOUZA, P. C. (Trad.), *Sigmund Freud: obras completas*. São Paulo: Companhia das Letras. (Obras completas, 16), 2011.

_____. (1925c). Algumas consequências psíquicas da diferença anatômica entre os sexos. In: SOUZA, P. C. (Trad.), *Sigmund Freud: obras completas*. São Paulo: Companhia das Letras. (Obras completas, 16), 2011.

_____. (1926). Inibição, sintoma e angústia. In: SOUZA, P. C. (Trad.), *Sigmund Freud: obras completas*. São Paulo: Companhia das Letras. (Obras completas, 17), 2014.

_____. (1927). Fetichismo. In: SOUZA, P. C. (Trad.), *Sigmund Freud: obras completas*. São Paulo: Companhia das Letras. (Obras completas, 17), 2014.

_____. (1930). O mal-estar na civilização. In: SOUZA, P. C. (Trad.), *Sigmund Freud: obras completas*. São Paulo: Companhia das Letras. (Obras completas, 18), 2010.

_____. (1931). Sobre a sexualidade feminina. In: SOUZA, P. C. (Trad.), *Sigmund Freud: obras completas*. São Paulo: Companhia das Letras. (Obras completas, 18), 2010.

_____. (1933a). Novas conferências introdutórias sobre psicanálise. Conferência 29: Revisão da teoria dos sonhos. In: SOUZA, P. C. (Trad.), *Sigmund Freud: obras completas*. São Paulo: Companhia das Letras. (Obras completas, 18), 2010.

_____. (1933b). Novas conferências introdutórias sobre psicanálise. Conferência 31: Dissecção da personalidade psíquica. In: SOUZA, P. C. (Trad.), *Sigmund Freud: obras completas*. São Paulo: Companhia das Letras. (Obras completas, 18), 2010.

_____. (1933c). Novas conferências introdutórias sobre psicanálise. Conferência 32: Angústia e instintos. In: SOUZA, P. C. (Trad.), *Sigmund Freud: obras completas*. São Paulo: Companhia das Letras. (Obras completas, 18), 2010.

_____. (1933d). Novas conferências introdutórias sobre psicanálise. Conferência 33: A feminilidade. In: SOUZA, P. C. (Trad.), *Sigmund Freud: obras completas*. São Paulo: Companhia das Letras. (Obras completas,18), 2010.

_____. (1937a). Análise terminável e interminável. In: SOUZA, P. C. (Trad.), *Sigmund Freud: obras completas*. São Paulo: Companhia das Letras. (Obras completas, 19), 2018.

_____. (1937b). Construções na análise. In: SOUZA, P. C. (Trad.), *Sigmund Freud: obras completas*. São Paulo: Companhia das Letras. (Obras completas, 19), 2018.

_____. (1939). Moisés e o monoteísmo: três ensaios. In: SOUZA, P. C. (Trad.), *Sigmund Freud: obras completas*. São Paulo: Companhia das Letras. (Obras completas, 19), 2018.

_____. (1940). Compêndio de psicanálise. In: SOUZA, P. C. (Trad.), *Sigmund Freud: obras completas*. São Paulo: Companhia das Letras. (Obras completas, 19), 2018.

GARCIA-ROZA, Luiz A. (1995). *Introdução à metapsicologia freudiana, vol. III*. Rio de Janeiro: Zahar, 1995.

_____. *Sexualidade e pulsão de morte*. Palestra proferida no Centro de Estudos Psicanalíticos de Porto Alegre, Porto Alegre, 1998.

_____. *Introdução à metapsicologia freudiana, vol. I*. Rio de Janeiro: Zahar, 2008.

HABER-GODFRIND, Jacqueline. Pacto negro. *Boletim Formação Psicanalítica*, São Paulo, v. 16, p. 83-95, 2008.

HAUSEN, Denise. *Filha: um olhar da mãe*. Dissertação de Mestrado. Programa de Pós-Graduação em Psicologia, Faculdade de Psicologia da Pontifícia Universidade Católica do RS, 2000.

_____. Mãe: o gérmen da terra. "Um corpo para dois". *Revista Barbaroi*, Santa Cruz do Sul, n. 22/23, p. 83-89, 2005.

HAUSEN, Denise; VEIGA, Sandra; ACCIOLY, Adriana; FIRPO, Luciana; NEUENFELDT, Ana Luiza. Vazio teórico, inquietações na clínica. In: CEPdePA. *SexualidadE*. Porto Alegre: CEPdePA/Evangraf, 2016.

HAUSEN, Denise; VEIGA, Sandra; ACCIOLY, Adriana; MONDARDO, Anelise; NEUENFELDT, Ana Luiza *et al*. Tracejando o Édipo. In: LIMA, Juliana L.; MEIRA, Ana C.; HAUSEN, Denise (Orgs.). *Édipo: enigma da atualidade*. Porto Alegre: Sulina, 2018.

JULIEN, Philippe. *Abandonarás teu pai e tua mãe*. Rio de Janeiro: Companhia de Freud, 2000.

KOREN, Daniel. Destinos do pai. In: FUKS, Betty B.; BASUALDO, Carina; BRAUNSTEIN, Néstor A. *100 anos de Totem e Tabu*. Rio de Janeiro: Contra Capa, 2013.

LEBRUN, Jean-Pierre. *O futuro do ódio*. Porto Alegre: CMC, 2008.

LECLAIRE, Serge. *Mata-se uma criança*. Rio de Janeiro: Zahar, 1977.

LINDENMEYER, Cristina. *Uma versão do Édipo feminino e o objeto anorético do ódio*. Conferência proferida na Jornada do Centro de Estudos Psicanalíticos de Porto Alegre, 2018.

MARUCCO, Norberto. *Cura analítica y transferencia: de la represión a la desmentida*. Buenos Aires: Amorrortu, 1998.

_____. Entre a recordação e o destino: a repetição. *Revista Brasileira de Psicanálise*, São Paulo, v. 41, n. 1, p. 121-136, 2007.

_____. A prática psicanalítica contemporânea: as zonas psíquicas e os processos de em conscientização. *Psicanálise*, Porto Alegre, v. 15, n. 1, p. 113-136, 2013.

McDOUGALL, Joyce. *Teatros do corpo: o psicossoma em psicanálise*. São Paulo: Martins Fontes, 2000.

MOULIN, Jacqueline. Um silêncio tão lento... Um silêncio de morte. In: NASIO, Juan-David (Org.). *O silêncio na psicanálise*. Rio de Janeiro: Zahar. 2010.

NASIO, Juan-David. *O livro da dor e do amor*. Rio de Janeiro: Zahar, 1997.

PAIM FILHO, Ignácio A. Freud reinventando Freud: um retorno às origens (Por uma metapsicologia da pulsão de morte). In: _____. *Metapsicologia: um olhar à luz da pulsão de morte*. Porto Alegre: Movimento, 2014.

_____. O real na sedução fantasiada e o irreal na sedução não fantasiada. In: BORGES, Giovana; PAIM FILHO, Ignácio A. *Sobre o filicídio: uma introdução*. Porto Alegre: Sulina, 2017.

PAIM FILHO, Ignácio A.; FRIZZO, Paula. O pulsar da pulsão e os enigmas da criação. In: _____. *Metapsicologia: um olhar à luz da pulsão de morte*. Porto Alegre: Movimento, 2014.

PAIM FILHO, Ignácio A.; LEITE, Lisia C. *Novos tempos, velhas recomendações: sobre a função analítica. Freud 100 anos depois*. Porto Alegre: Sulina, 2012.

358 REFERÊNCIAS

PAIM FILHO, Ignácio A. *et al. Unheimlich*: um estrangeiro iluminando a escuridão. *Revista do CEPdePA*, Porto Alegre, v. 16, p. 85-97, 2009.

PARAT, Hélène. O erótico maternal e suas encruzilhadas. *Jornal de Psicanálise*, São Paulo, v. 44, n. 81, p. 127-144, 2011.

QUINET, Antonio. *Édipo ao pé da letra*. Rio de Janeiro: Zahar, 2015.

ROUDINESCO, Elisabeth; PLON, Michel. *Dicionário de psicanálise*. Rio de Janeiro: Zahar, 1998.

SAVIETTO, Bianca B. "Este (meu) corpo, a quem pertence?": considerações metapsicológicas e clínicas sobre a drogadição. *Revista Brasileira de Psicanálise*, São Paulo, v. 45, n. 4, p. 57-68, 2011.

TERRA MACHADO, Ana Paula; PAIM FILHO, Ignácio A. O trauma primordial na dialética do representável e do irrepresentável. *Psicanálise*, Porto Alegre, v. 7, n. 2, p. 329-345, 2005.

TESONE, Juan. Da língua da mãe à língua materna ou como construir sua língua. *Revista Brasileira de Psicanálise*, São Paulo, v. 40, n. 2, p. 124-143, 2006.

_____. No hay dos sin tres... en las lenguas que convergan. *Controversias en Psicoanálisis de Niños y Adolescentes*, n. 16, p. 35-47, 2015.

VALLS, José Luis. *Diccionario freudiano*. Madrid: Julian Yebenes, 1995.

ZAK GOLDSTEIN, Raquel. *Erótica: um estudo psicanalítico da sexualidade feminina*. Porto Alegre: Criação Humana, 2000.

ZALCBERG, Malvine. *A relação mãe e filha*. 4. ed. Rio de Janeiro: Campus, 2003.

ZALTZMAN, Nathalie. *A pulsão anarquista*. São Paulo: Escuta, 1993.

ZYGOURIS, Radmila. *Ah! As belas lições*. São Paulo: Escuta, 1995.

_____. *O vínculo inédito*. São Paulo: Escuta, 2002.